Schriften zum deutschen und
internationalen Persönlichkeits- und
Immaterialgüterrecht

Band 46

Herausgegeben von Professor Dr. Haimo Schack, Kiel,
Direktor des Instituts für Europäisches und
Internationales Privat- und Verfahrensrecht

Hannes Henke

E-Books im Urheberrecht

Kollision von Buchkultur und digitaler
Wissensgesellschaft

V&R unipress

Bibliografische Information der Deutschen Nationalbibliothek
Die Deutsche Nationalbibliothek verzeichnet diese Publikation in der Deutschen
Nationalbibliografie; detaillierte bibliografische Daten sind im Internet über
http://dnb.d-nb.de abrufbar.

Gedruckt mit freundlicher Unterstützung der Studienstiftung ius vivum.

© 2018, V&R unipress GmbH, Robert-Bosch-Breite 6, D-37079 Göttingen
Alle Rechte vorbehalten. Das Werk und seine Teile sind urheberrechtlich geschützt.
Jede Verwertung in anderen als den gesetzlich zugelassenen Fällen bedarf der vorherigen
schriftlichen Einwilligung des Verlages.

Druck und Bindung: CPI books GmbH, Birkstraße 10, D-25917 Leck
Printed in the EU.

Vandenhoeck & Ruprecht Verlage | www.vandenhoeck-ruprecht-verlage.com

ISSN 2198-6398
ISBN 978-3-8471-0904-4

Inhalt

Vorwort 11

1. Kapitel: Einleitung 13
   A. Thematische Kontextualisierung 13
   B. Bücher und sonstige Trägermedien im Urheberrecht 15
      I. Technologieneutralität im Urheberrecht 15
      II. Das Buch als urheberrechtliche Triebkraft 16
      III. Bibliotheken als urheberrechtsrelevante Institutionen . . . 18
      IV. Rechtliche Anerkennung des Kulturguts »Buch« 19
   C. Zielstellung und Gang der Untersuchung 20

2. Kapitel: Begriffsbestimmung 23
   A. Abgrenzung zum E-Book-Reader 23
   B. Der duale Charakter von E-Books 25
   C. E-Book-Datei 27
   D. E-Book-Content 28
      I. Arten von E-Books 28
         1. Klassische E-Books 28
         2. Enhanced E-Books 28
      II. Anforderungen an den E-Book-Content 29
         1. Zwingendes Kriterium 29
         2. Normatives Kriterium 31
   E. Arbeitsdefinition 33

3. Kapitel: Technische Funktionsweise von E-Books 35
   A. Informationsträger 35
      I. Dateien im Allgemeinen 35
      II. HTML-Dateien 36
      III. Spezielle Dateiformate für E-Books 38
         1. ePUB 38

	2. Kindle-Formate	40
	3. ibooks	41
IV.	PDF-Dateien	41
V.	Apps	42
VI.	Zusammenfassung	43
B.	Erstellung von Informationsträgern	44
C.	Verarbeitung der Informationen	44

4. Kapitel: Urheberrechtliche Schutzfähigkeit von E-Books und Einordnung relevanter Nutzungsvorgänge 47
A. Objekte urheberrechtlichen Schutzes und ihr Verhältnis zueinander 47
    I.   E-Book-Datei 47
        1. Schutz als Computerprogramm 48
           a. Klassische E-Books 49
           b. Enhanced E-Books 50
        2. Schutz als Sprachwerk 52
        3. Schutz als Datenbankwerk 53
        4. Zwischenergebnis 55
    II. E-Book-Content 56
        1. Einzelne Schutzobjekte 56
        2. Einheitliches Schutzobjekt 56
           a. Schutz als Ausdrucksform des Computerprogrammes 57
           b. Schutz als Datenbankwerk 60
           c. Schutz als Filmwerk bzw. filmähnliches Werk 60
           d. Schutz als Multimediawerk 61
        3. Zwischenergebnis 62
    III. Einheitliches Schutzobjekt 63
B. Technische Vorgänge im Umfeld der Nutzung von E-Books 64
    I.   Publikation 64
        1. Veröffentlichung gemäß § 6 Abs. 1 UrhG 64
        2. Erscheinen gemäß § 6 Abs. 2 S. 1 UrhG 64
    II. Datenübermittlung 66
    III. Speicherung 67
    IV. Datenverarbeitung 69
        1. Funktionsweise 69
        2. Temporäre Vervielfältigung 70
        3. Partielle Vervielfältigung 71
        4. Zwischenergebnis 73
    V. Wiedergabe durch E-Paper-Displays 73
    VI. Ergebnis 75

5. Kapitel: Der urheberrechtliche Buchbegriff 77
A. Absolutes Kopierverbot für E-Books gemäß § 53 Abs. 4 lit. b UrhG . 78
   I. Wortlaut 79
   II. Entstehungsgeschichte 80
   III. Telos 81
      1. Schutz von Primärliteratur 81
      2. Relevanz der Privatkopie für den Werkgenuss 84
         a. Anwendungsbereich des § 44a Nr. 2 UrhG 84
         b. Bedürfnis der Privilegierung nach § 53 Abs. 1, 2 UrhG . 86
      3. Zwischenergebnis 86
   IV. Systematik 87
      1. Bücher im Sinne des BuchPrG 87
      2. Bücher im Sinne des UStG 88
   V. Richtlinienkonforme Auslegung 89
      1. Harmonisierungsgrad der RL 2001/29/EG 89
      2. Vorgaben der RL 2001/29/EG 91
   VI. Konsequenzen 92
      1. Zulässigkeit der Konvertierung von E-Book-Dateien 93
      2. Hybride E-Books 93
         a. Meinungsstand 94
           (1) Vorrang der Sondervorschriften 94
           (2) Restriktive Auslegung der Sondervorschriften 95
           (3) Schwerpunkt-Theorie 95
           (4) Parallele Anwendbarkeit der Regelungsregime 96
           (5) Einzelfallabhängige Beurteilung 97
         b. Stellungnahme 98
         c. Anwendung auf die Zulässigkeit der Privatkopie 100
   VII. Ergebnis 100
B. Verwaiste Werke in E-Books 101
   I. Entstehungsgeschichte 101
   II. Telos 102
      1. Zugang zu Kulturgütern 102
      2. Überwindung unklarer Rechtslagen 103
   III. Systematik 105
      1. Grundsatz der engen Auslegung von
         Schrankenbestimmungen 105
      2. Gleichstellung mit anderen Schriften 106
   IV. Richtlinienkonforme Auslegung 107
      1. Auslegung der RL 2012/28/EU 107
      2. Folgen für die Auslegung des § 61 UrhG 109
   V. Hybride E-Books 110

	VI. Ergebnis	111
C.	Vergriffene Werke in E-Books	111
	I. Vergriffensein	112
	II. Ergebnis	114
D.	Zusammenfassung	115

6. Kapitel: E-Books in Bibliotheken 117
A. Der urheberrechtliche Bibliotheks- und Büchereibegriff 118
B. E-Books im Bibliotheksbestand 120
   I. Bestandsaufbau 120
      1. Erwerb von E-Books 121
      2. E-Books als Pflichtexemplare 122
   II. Der Bestandsbegriff 123
      1. Digitale Werkexemplare 124
      2. Eigene Werkexemplare 124
      3. Hybride E-Books 127
   III. Ergebnis 128
C. Bestandsvermittlung in Form des elektronischen Verleihs 128
   I. Bibliothekarische Praxis 129
   II. Dogmatik des Verleihrechts 130
      1. Das Verleihrecht gemäß der RL 2006/115/EG 130
         a. Rechtsnatur 130
         b. Anwendbarkeit auf den elektronischen Verleih 131
         c. Der elektronische Verleih nach Ansicht des EuGH 132
           (1) Systematische Argumentation 132
           (2) Teleologische Argumentation 133
           (3) Anforderungen an den elektronischen Verleih 135
           (4) Unzulässige elektronische Leihvorgänge 136
      2. Das Verleihrecht im UrhG 137
         a. Rechtsnatur 137
           (1) Umfang des Verbreitungsrechts 137
           (2) Erschöpfung des Verbreitungsrechts 139
         b. Unmittelbare Anwendbarkeit auf den elektronischen
           Verleih 139
         c. Analoge Anwendbarkeit auf den elektronischen Verleih . 140
           (1) § 27 Abs. 2 UrhG analog 140
           (2) § 27 Abs. 2 i. V. m. § 17 Abs. 2 UrhG analog 140
           (3) Zwischenergebnis 143
         d. Hybride E-Books 144
      3. Verhältnis der Regelungen 145

		a. Schutzniveau hinsichtlich der körperlichen Gebrauchsüberlassung	146
		(1) Ausdrücklicher Anwendungsbereich des § 27 Abs. 2 UrhG	146
		(2) Erweiterter Anwendungsbereich des § 27 Abs. 2 UrhG	146
		b. Schutzniveau hinsichtlich der unkörperlichen Gebrauchsüberlassung	149
		c. Richtlinienkonformität	150
	III.	Ergebnis	150
D.	Sonstige Formen der Bestandsvermittlung		151
	I.	Zugänglichmachung von E-Books an Terminals	152
	II.	Kopienversand von E-Books	154
	III.	Ergebnis	155
E.	Bestandserhaltung		155
F.	Zusammenfassung		156

7. Kapitel: E-Books in Bildung und Wissenschaft 159

A.	Nutzung von E-Books geringen Umfangs		161
	I.	Quantifizierbarkeit von E-Books	162
	II.	Normative Gesamtbetrachtung	163
	III.	Ergebnis	164
B.	Nutzung von E-Book-Teilen		165
	I.	Klarstellung durch das UrhWissG	165
	II.	Absolute Höchstgrenze	166
	III.	Bestimmung des nutzbaren Teiles	167
	IV.	Praktische Umsetzungsmöglichkeiten	169
C.	Hybride E-Books		171
D.	Zusammenfassung		172

8. Kapitel: Auswirkungen technischer Schutzmaßnahmen auf die E-Book-Nutzung 175

A.	Umgehungsverbot		175
B.	Durchsetzbarkeit der Schrankenbestimmungen		177
C.	Relevanz des Online-Vertriebs		178
	I.	Ausschluss der Durchsetzbarkeit der Schrankenbestimmungen	178
	II.	Reichweite der Ausnahme	178
		1. Begrenzung auf den Online-Zugang	178
		2. Umfassende Geltung	179
		3. Stellungnahme	179
D.	Zusammenfassung		182

9. Kapitel: Kollektive Rechtewahrnehmung durch
Verwertungsgesellschaften 183
   A. Allgemeines 183
   B. Rechtewahrnehmung durch die VG Wort 185
      I. Tätigkeitsbereich 185
      II. Ausschüttungen für E-Books 186
         1. Ausschluss aufgrund fehlender Kopierrelevanz 187
           a. Einsatz technischer Schutzmaßnahmen 187
           b. Verschiedene Dateiformate 188
         2. Ausschluss aufgrund ungeklärter Zuständigkeiten 189
           a. Einfachgesetzliche Vorgaben 189
           b. Grundrechtliche und unionsrechtliche Implikationen . . 190
           c. Konsequenzen 191
              (1) Einfluss technischer Schutzmaßnahmen 191
              (2) Ausschluss der Schrankenanwendung 192
              (3) Modifizierung des Maßstabs für die
                  Einnahmenverteilung 194
         3. Ausschluss aufgrund von Unwirtschaftlichkeit 195
      III. Ergebnis 195
   C. Rechtewahrnehmung durch die VG Bild-Kunst 196
      I. Tätigkeitsbereich 196
      II. Verteilung der Einnahmen 197
   D. Zusammenfassung 197

10. Kapitel: Perspektiven für die Wissensgesellschaft 199
   A. Begründung urheberrechtlichen Schutzes 199
   B. Schutzumfang 200
   C. Grenzen des Postulats der Technologieneutralität 201
   D. Subsidiarität urheberrechtlicher Schranken 203
      I. Relevanz kommerzieller Online-Angebote 203
      II. Vorgaben des Dreistufentests 204
      III. Gesamtabwägung 206
      IV. Konsequenzen für den Einsatz technischer Schutzmaßnahmen . 207

11. Kapitel: Gesamtergebnis 209

Literaturverzeichnis 213

Vorwort

Die vorliegende Arbeit wurde im Sommersemester 2018 von der Juristischen und Wirtschaftswissenschaftlichen Fakultät der Martin-Luther-Universität Halle-Wittenberg als Dissertation angenommen. Literatur und Rechtsprechung konnten bis Juni 2018 berücksichtigt werden.
Herzlich danken möchte ich meinem Doktorvater Professor Dr. Malte Stieper, der auf vielfältige Weise frühzeitig und nachhaltig mein Interesse an der Wissenschaft gefördert und durch wertvolle Anregungen zur Entstehung der Arbeit beigetragen hat. Für die spannenden Jahre an seinem Lehrstuhl danke ich ihm ebenso wie den Mitarbeitern und Mitarbeiterinnen des Lehrstuhls, allen voran Marie Sophie Arendt, aufgrund derer ich diese Zeit stets in bester Erinnerung behalten werde.
Besonderer Dank gilt auch Frau Professorin Dr. Katharina de la Durantaye für die zügige Erstellung des Zweitgutachtens sowie der Studienstiftung ius vivum für den großzügigen Druckkostenzuschuss.
Zu guter Letzt bedanke ich mich von ganzem Herzen bei meinen Eltern, Großeltern und Mareike für die immerwährende Unterstützung und den steten Zuspruch.

Halle, im Juli 2018
Hannes Henke

1. Kapitel: Einleitung

A. Thematische Kontextualisierung

Spätestens mit der Erfindung des modernen Buchdrucks im 15. Jahrhundert entwickelte sich das Buch zum maßgeblichen Medium zur Speicherung und Übermittlung von Informationen.[1] Angesichts der Interaktionsarmut bei der Kommunikation zwischen Autor und Leser war die Autorität dieses Mediums jedoch nicht zwingend vorgezeichnet.[2] Die Beschleunigung und Vergesellschaftung der Kommunikation durch das Buch bereitete dennoch den Weg für die Entwicklung des monologischen Vernetzungsmediums hin zur Norm der Informationsverarbeitung. Der Buchdruck stellte sich als eine gesamtgesellschaftliche Schlüsseltechnologie heraus, die zur Alphabetisierung beitrug und einen beachtlichen Bildungsschub auslöste.[3] »Ohne dieses Medium keine allgemeine Schulpflicht, keine Aufklärung, keine industrielle Massenproduktion und auch keine Wissenschaft, die nach allgemeinen Wahrheiten sucht.«[4]

Im Vergleich zu anderen Medien konnte das Buch später unter anderem auch von der gewachsenen Infrastruktur – bestehend aus Verlagen, Druckereien und Buchhandlungen[5] – profitieren. Einerseits versprach die Qualitätssicherung seitens der Verlage mittels sprachlicher, formaler und inhaltlicher Lektorate[6] die inhaltliche Integrität des Buches. Andererseits stellte ein dichtes Buchhandelsnetz die hohe Verfügbarkeit des Mediums sicher.[7] Neben dieser organisatorischen Stabilität erwies sich auch die äußere Beständigkeit des gedruckten Wortes, die Gewähr für eine langfristige Speicherung von Informationen bietet,[8]

---

1 *Jochum*, S. 102.
2 *Giesecke*, S. 33.
3 *Prase*, in: Altendorfer/Hilmer, Medienmanagement, S. 153 (155).
4 *Giesecke*, S. 11.
5 *Prase*, in: Altendorfer/Hilmer, Medienmanagement, S. 153 (155).
6 *Hagner*, S. 142.
7 *Hagner*, S. 156.
8 *Hagner*, S. 217.

von Vorteil. Auf dieser Basis genießt das Buch bis heute eine besondere Reputation; es steht für Integrität und Stabilität.[9]

Vor dem Hintergrund der technischen Herstellungsweise wird unter einem »Buch« klassischerweise ein nicht periodisch erscheinendes Druckwerk verstanden.[10] Darüber hinaus treten »Bücher« aber mehr als 500 Jahre nach Erfindung des Buchdrucks mit beweglichen Lettern auch in elektronischer Form in Erscheinung. Ausgehend von der standardisierten Kommunikation in Form von gedruckten Büchern wurden diese zunächst elektronisch simuliert. Um von der erlangten Geltung der Buchkultur zu profitieren, wurden die technischen Innovationen dabei – trotz Abkehr von der Drucktechnik und damit der maßgeblichen technischen Grundlage für die Buchkultur – begrifflich normalisiert.[11] So konnte sich auch das »elektronische Buch« (im Folgenden auch »E-Book«) zu einem mittlerweile fest etablierten Kommunikationsmedium entwickeln. Angesichts dieser Verwurzelung des E-Books in der analogen Buchkultur liegt es nahe, dass auch dem elektronischen Buch grundsätzlich eine besondere gesellschaftliche Relevanz zukommt und es an einer umfassenden Buchkultur partizipiert. Nach wie vor ist die Nutzung von E-Books im Vergleich zum analogen Buch zwar statistisch im Nachteil. So konnte im Jahr 2015 mit E-Books am Buchmarkt in Deutschland nur ein Umsatz von 957 Millionen Euro erwirtschaftet werden, dem ein Umsatz von 8,231 Milliarden Euro mit Printprodukten gegenübersteht.[12] Dementsprechend lesen etwa 2 % aller »Buchleser« nur E-Books, wohingegen 32 % nur gedruckte Bücher lesen.[13] Unterdessen nutzen 24 % der Leser analoge und elektronische Bücher gleichermaßen. Nach Prognosen soll der Umsatz mit elektronischen Büchern jedoch bis zum Jahr 2020 auf etwa 1,755 Milliarden Euro ansteigen, wohingegen für Printprodukte sinkende Umsatzzahlen prognostiziert werden.[14] Insgesamt wird mit einer Zunahme der Nutzung elektronischer Bücher gerechnet.[15]

In der Informationsgesellschaft trat neben die zentrale Bedeutung des Buches als Informationsträger die generelle Bedeutung von Informationen. Anders als noch in der Industriegesellschaft stehen nicht mehr materielle Güter im Mittelpunkt ökonomischen Schaffens, sondern vielmehr Informationen, die eine

---

9 *Hagner*, S. 244.
10 *Bialek*, Stichwort: Buch, in: Sjurts, Gabler Lexikon Medienwirtschaft, S. 68.
11 *Giesecke*, S. 45.
12 *PwC*, Umsätze im Buchmarkt in Deutschland in den Jahren 2011 bis 2020 (in Millionen Euro), in: Statista, Dossier E-Books, S. 7.
13 *Statista*, Lesen Sie eher E-Books oder eher gedruckte Bücher?, in: Statista, Dossier E-Books, S. 26.
14 *PwC*, Umsätze im Buchmarkt in Deutschland in den Jahren 2011 bis 2020 (in Millionen Euro), in: Statista, Dossier E-Books, S. 7.
15 Siehe auch *Statista*, Wie werden Ihrer Meinung nach in 10 Jahren in Deutschland Bücher gelesen werden?, in: Statista, Dossier E-Books, S. 44.

zentrale wirtschaftliche Ressource darstellen. Darüber hinaus ist die Anwendung von Informations- und Kommunikationstechnologien fester Bestandteil der alltäglichen Kommunikation,[16] was wiederum selbst innovative Wirkung entfaltet.[17] Auf der Grundlage der damit einhergehenden gesamtgesellschaftlichen Ausprägungen der Informationsgesellschaft entwickelte sich die Wissensgesellschaft heraus, in der – bedingt durch die »Bereitschaft zur Infragestellung von etablierten Regeln und Normen«[18] – die Bedeutsamkeit von Bildung und gleichzeitig die organisierte Produktion von Wissen sowie sonstige wissensbasierte Tätigkeiten zunehmen.[19] Auch wenn eine genaue Abgrenzung von Informations- und Wissensgesellschaft schwerfällt, bleiben Informationen aber grundsätzlich auf Trägermedien angewiesen,[20] weshalb die Buchkultur in der Wissensgesellschaft weiter Bestand haben kann.

Damit erfasst das seitens der EU-Kommission erklärte politische Ziel der Gestaltung der Informationsgesellschaft, wonach »die der Information innewohnenden Kräfte freizusetzen« sind und ein Ungleichgewicht zwischen den Informationsreichen und Informationsarmen zu verhindern ist,[21] jedenfalls mittelbar auch die Buchkultur. Grundlage für die Gestaltung der Informationsgesellschaft ist dabei auch die Urheberrechtsgesetzgebung,[22] die eine zentrale Regulierungsinstanz für die mediale Kommunikation ist.[23] Davon ausgehend soll im Folgenden analysiert werden, inwiefern die bestehenden urheberrechtlichen Mechanismen die Kommunikation speziell in Form von E-Books regulieren.

B. Bücher und sonstige Trägermedien im Urheberrecht

I. Technologieneutralität im Urheberrecht

Im Hinblick auf die Rechtsnatur des Urheberrechts als Immaterialgüterrecht erscheint die Analyse der urheberrechtlichen Regulierung der Buchkultur als dissonant. Das Urheberrecht schützt den Urheber für seine geistige Schöpfung (§ 2 Abs. 2 UrhG), womit sich der Schutz auf das unkörperliche Werk bezieht.

---

16 Siehe umfassend das Grünbuch »Leben und Arbeiten in der Informationsgesellschaft: im Vordergrund der Mensch«, KOM (96) 389 endg.
17 *OECD*, The Knowledge-based Economy, OECD/GD(96)102, S. 7.
18 *Heidenreich*, S. 8.
19 *Heidenreich*, S. 10 ff.
20 *Stalder*, S. 18 f.; *Giesecke*, S. 21.
21 KOM (96) 389 endg., S. 3.
22 Mitteilung der Kommission »Initiativen zum Grünbuch über Urheberrecht und verwandte Schutzrechte in der Informationsgesellschaft«, KOM (96) 568 endg., S. 7.
23 *Dreier*, in: Dreier/Schulze, UrhG, Einl. Rn. 1.

Aus der Immaterialität des Schutzgegentandes folgt, dass die urheberrechtlichen Regelungen grundsätzlich nicht an eine bestimmte Erscheinungsform anknüpfen. Daher erfasst das Urheberrecht sämtliche Nutzungsformen eines Werkes und ist insofern technologieneutral ausgestaltet.[24] Für die Begründung des urheberrechtlichen Schutzes kommt es demzufolge auf die Technologie »Buch« nicht an.

Darüber hinaus ergibt sich hinsichtlich des Umfangs des urheberrechtlichen Schutzes aus dem Erfordernis der möglichst umfassenden Regulierung des ausschließlichen Rechts an Werken im Einklang mit dem technologischen Fortschritt das Bedürfnis einer technologieneutralen Ausgestaltung. Technologiebezogene Regelungen laufen Gefahr, durch neue Technologien überholt zu werden. Sofern eine technologiebezogene Regelung den Inhalt des Urheberrechts bestimmt, droht der Urheberrechtsschutz durch den technologischen Fortschritt lückenhaft zu werden.[25] Ein lückenhafter Schutz des Urhebers ist angesichts seiner in Art. 14 Abs. 1 GG bzw. Art. 17 Abs. 2 GrCh verankerten Position aber jedenfalls rechtfertigungsbedürftig.[26] Andererseits steht bei technologiespezifischen Schrankenregelungen zu befürchten, dass eine wirksame Verfolgung der gesetzgeberischen Ziele und eine Umsetzung von gegebenenfalls verfassungsrechtlich gesicherten Positionen der Nutzer eine stetige Anpassung der Regelungen erfordern. Urheberrechtliche Vorschriften, die an konkrete technische Gegebenheiten anknüpfen, sollen daher vermieden werden.[27]

II. Das Buch als urheberrechtliche Triebkraft

Der Forderung nach einem technologieneutralen Urheberrecht widersprechen Regelungen, die an ein konkretes Trägermedium wie etwa das Buch anknüpfen. Dieses ist als ein Mittel der Informationsspeicherung und -weitergabe eine mögliche Erscheinungsweise von verschiedenartigen geistigen Gütern. Das Trägermedium »Buch« ist daher von dem in ihm enthaltenen Werk als primär urheberrechtlich relevantes Rechtsobjekt zu trennen. Dennoch verwendet der Gesetzgeber den Begriff des »Buches« im Urheberrecht explizit an drei Stellen: Gemäß § 53 Abs. 4 lit. b UrhG ist abweichend von § 53 Abs. 1, 2 UrhG die Vervielfältigung eines Buches grundsätzlich unzulässig, wenn es sich um eine im Wesentlichen vollständige Vervielfältigung handelt. Anderes gilt aber für verwaiste Werke gemäß § 61 UrhG, die unter anderem Werke in Büchern aus

---

24 *Schulze*, in: Dreier/Schulze, UrhG, § 2 Rn. 199.
25 *Dreier*, CR 2000, 45 (49).
26 BGH GRUR 2010, 999 Rn. 64 – Drucker und Plotter.
27 *Poeppel*, S. 54.

Sammlungen von öffentlich zugänglichen Bibliotheken und anderen privilegierten Einrichtungen umfassen, deren Rechtsinhaber nicht festgestellt oder ausfindig gemacht werden konnte, § 61 Abs. 2 Nr. 1 UrhG. Schließlich regelt § 51 Abs. 1 Nr. 1 VGG die Wahrnehmungsbefugnis von Verwertungsgesellschaften für vergriffene Werke, die vor dem 1. Januar 1966 in Büchern oder anderen Schriften veröffentlicht wurden.

Angesichts der Entstehungsgeschichte des Urheberrechtsschutzes in Deutschland ist es dennoch sogar überraschend, dass das Medium »Buch« ausdrücklich nur den erwähnten Niederschlag im Gesetzestext gefunden hat. Dass gerade Buchautoren schon frühzeitig besonders für das geistige Eigentum sensibilisiert waren, zeigt der Einsatz von sog. Bücherflüchen, die das jeweilige Buch durch eine Inschrift unter anderem auch vor Abschriften schützen sollten.[28] Später war die Erfindung des modernen Buchdrucks die wesentliche Triebkraft zur Herausbildung des Privilegienwesens und damit ein bedeutsamer Markstein auf dem Weg zur Entwicklung eines Urheberrechts.[29] Zwar wurden im 15. Jahrhundert zunächst bloße Druckerprivilegien vergeben,[30] die dem Drucker ein Monopol zum Abdruck eines literarischen Werkes verschafften. Jedoch traten neben diese Monopole später auch Autorenprivilegien, die nunmehr dem Autor ein exklusives Verwertungsrecht zuwiesen.[31] Wiederum war es dann der Buchhandel, der die Abschaffung des Privilegienwesens vorantrieb und so die Entwicklung eines modernen Urheberrechts ermöglichte.[32] Auch das erste einheitliche »Gesetz vom 11. Juni 1870 betreffend das Urheberrecht an Schriftwerken, Abbildungen, musikalischen Kompositionen und dramatischen Werken«[33], das sich überwiegend dem Schutz von Schriftwerken und der Regelung ihres Nachdrucks widmete, kann zu weiten Teilen auf die Bemühungen von Autoren, Verlegern sowie Buchhändlern und damit zentralen Akteuren der Buchkultur zurückgeführt werden.[34] Diese litten aufgrund ihrer bundesweit einheitlichen, sich verfestigenden Organisation (vor allem in Form des Börsenvereins der Deutschen Buchhändler) in besonderem Maße unter der bis dahin geltenden Zersplitterung auf dem Gebiet des Autoren- und Verlagsrechtes. Die Entwicklung der Buchkultur und die Entwicklung des Urheberrechtsschutzes sind damit eng miteinander verflochten.[35]

---

28 *Hrubesch-Millauer*, in: Schmitz, Probleme des neuen Urheberrechts, S. 49.
29 Ausführlich *Bappert*, S. 126 ff.; *Wadle*, S. 63 (66 ff.); siehe auch *Schack*, UrhR, Rn. 105 ff.
30 Siehe auch *Jochum*, S. 103.
31 Ausführlich *Pohlmann*, UFITA 1961, 169 ff.; siehe auch *Ulmer*, UrhR, S. 51 ff.; *Schack*, UrhR, Rn. 107.
32 *Beisler*, in: Schmitz, Probleme des neuen Urheberrechts, S. 23 (25).
33 Abgedruckt in *Schulze*, Materialien zum Urheberrechtsgesetz, Bd. 1, S. 5 ff.
34 *Dambach*, S. 1 f.
35 Anschaulich auch *Seifert*, NJW 1992, 1270 ff.

III. Bibliotheken als urheberrechtsrelevante Institutionen

Über die explizite Anknüpfung an das Medium »Buch« hinaus wird auch an anderen Stellen erkennbar, dass die Buchkultur besondere Berücksichtigung durch das UrhG erfährt. So gehören vor allem Bibliotheken gemäß §§ 60e, 61 Abs. 2 UrhG zu den explizit privilegierten Einrichtungen.

Eine Bibliothek definiert sich allgemein über einen systematisch gesammelten und Benutzern zentral zur Verfügung gestellten Bibliotheksbestand.[36] Auf das Sammeln des konkreten Mediums »Buch« kommt es daher nicht zwingend an. Obwohl die Art des Medienwerkes somit grundsätzlich irrelevant ist (siehe etwa auch § 3 DNBG), zeigt schon der Begriff »Bibliothek« (vom Griechischen βιβλιοθήκη: eine Sammlung mehrerer gebundener Bücher)[37], dass der Gesetzgeber jedenfalls zentral eine geordnete Sammlung von Büchern vor Augen hatte. Seit jeher werden in Bibliotheken vor allem Bücher gelesen und abgeschrieben. Später wurde das Abschreiben durch neue Technologien wie die Fotokopie und den Mikrofilm ersetzt. In Bibliotheken treten urheberrechtliche Fragestellungen durch die Nutzung urheberrechtlich geschützter Werke zur Verbreitung von Wissen in Buchform damit in besonderem Maße auf.

Durch die Sammlung, Erhaltung und Erschließung von Büchern sind Bibliotheken als »Horte des Wissens« wichtige Intermediäre bei der Verbreitung von Informationen.[38] Daher hat der Gesetzgeber auch von der gemäß Art. 6 RL 2006/115/EG[39] eingeräumten Möglichkeit Gebrauch gemacht und den Verleih »durch eine der Öffentlichkeit zugängliche Einrichtung (Bücherei, Sammlung von Bild- oder Tonträgern oder anderer Originale oder Vervielfältigungsstücke)« entgegen einem uneingeschränkten Ausschließlichkeitsrecht des Urhebers einer vergütungspflichtigen Schranke unterworfen, § 27 Abs. 2 S. 1 UrhG.[40] Mit der exemplarischen Nennung der Bücherei ist explizit die Beziehung zur Sammlung des Mediums »Buch« hergestellt.

---

36 BGH NJW 1997, 3440 (3443) – Betreibervergütung.
37 *Adelung*, Grammatisch-kritisches Wörterbuch der hochdeutschen Mundart, Bd. 1, Stichwort: Bibliothek, Sp. 1002.
38 *Dora*, in: Schmitz, Probleme des neuen Urheberrechts, S. 101 (101f.).
39 Richtlinie 2006/115/EG des Europäischen Parlaments und des Rates vom 12. Dezember 2006 zum Vermietrecht und Verleihrecht sowie zu bestimmten dem Urheberrecht verwandten Schutzrechten im Bereich des geistigen Eigentums.
40 BT-Drucks 13/115, S. 8.

IV. Rechtliche Anerkennung des Kulturguts »Buch«

Neben Büchern finden nur Zeitungen,[41] Zeitschriften[42] und Informationsblätter[43] als konkrete Trägermedien unabhängig vom darin enthaltenen Werk im urheberrechtlichen Sinne unmittelbare Erwähnung im UrhG. Obgleich ohne eine einheitliche Verwendung der Begriffe oder darüber hinaus eine gesetzliche Definition[44], wird damit nur im Bereich der Printmedien explizit an konkrete körperliche Kommunikationsmittel angeknüpft, wohingegen ansonsten generell auf Bild- und Tonträger abgestellt wird. Dabei wird vor allem in den Schrankenbestimmungen zugunsten der Nutzung von Werken für Bildungs- und Forschungszwecke gemäß §§ 60a, 60b, 60c UrhG der Bezug zu den konkreten Trägermedien »Fachzeitschrift« und »wissenschaftliche Zeitschrift« hergestellt. Die Nutzung von Werken in »Zeitungen« bleibt hier entgegen der vorherigen Rechtslage gemäß §§ 52a Abs. 1, 53 Abs. 3 UrhG a. F. und dem ursprünglichen Regierungsentwurf eines Gesetzes zur Angleichung des Urheberrechts an die aktuellen Erfordernisse der Wissensgesellschaft[45] (UrhWissG) allerdings ausgeschlossen.[46]

Als besondere Ausprägung von Trägermedien werden Printmedien somit aus dem Kreis sonstiger Formen der Verkörperung von Werken herausgehoben. Ausgehend von der Prämisse, dass das Urheberrecht in seiner Gesamtheit jedenfalls auch der Förderung von Kultur dient,[47] lassen die konkret technologiebezogenen Regelungen auf ein gesteigertes Interesse an der Förderung gerade der Kultur in Form von Büchern, Zeitungen und Zeitschriften schließen. Insofern sind Bücher damit auch im Urheberrecht als Kulturgüter anerkannt, die sich durch ihren sozialbezogenen Wert auszeichnen.[48] Das Urheberrecht fügt sich insoweit in eine Reihe von gesetzgeberischen Maßnahmen ein, welche die Buchkultur unter besonderen Schutz stellen. Außerhalb des Urheberrechts lässt sich ein besonderes gesetzgeberisches Interesse am Medium »Buch« besonders deutlich im BuchPrG erkennen, das gemäß § 1 S. 1 ausdrücklich »dem Schutz des Kulturguts Buch« dient. Zweck des BuchPrG ist der Erhalt eines breiten

---

41 §§ 38 Abs. 3, 41 Abs. 2, 48 Abs. 1 Nr. 1, 49 Abs. 1, 50, 53 Abs. 2 S. 1 Nr. 4 lit. a, Abs. 6, 60e Abs. 2, 61 Abs. 2 Nr. 1, 63 Abs. 3 UrhG sowie Anlage zu § 61a UrhG, Nr. 2, 3.
42 §§ 41 Abs. 2, 48 Abs. 1 Nr. 1, 50, 53 Abs. 2 S. 1 Nr. 4 lit. a, 60a Abs. 2, 60c Abs. 3, 60e Abs. 4, 5, 61 Abs. 2 Nr. 1 UrhG sowie Anlage zu § 61a UrhG, Nr. 2, 3.
43 §§ 49 Abs. 1, 63 Abs. 3 UrhG.
44 Bezüglich der Begriffe »Zeitung« und »Zeitschrift« siehe *Melichar*, ZUM 1988, 14.
45 BT-Drucks 18/12329, S. 12f.
46 Nach *Schack* ist diese Einschränkung »so widersinnig wie skandalös«, siehe ZUM 2017, 802 (804); zu den Hintergründen siehe auch *de la Durantaye*, GRUR 2017, 558 (564).
47 *Rehbinder/Peukert*, UrhR, Rn. 3, 8ff.; *Schack*, UrhR, Rn. 5; *Lenski*, S. 203ff.
48 *Lenski*, S. 40; vgl. auch *Rehbinder/Peukert*, UrhR, Rn. 93, wonach Geisteswerke offenbar generell Kulturgüter sein sollen.

Buchangebots durch die Festsetzung verbindlicher Preise beim Verkauf an Letztabnehmer (§ 1 S. 2 BuchPrG).[49] Indem das BuchPrG durch die Förderung einer großen Zahl von Verkaufsstellen den Zugang zum Buchangebot für eine breite Öffentlichkeit gewährleisten soll (§ 1 S. 3 BuchPrG), wird aber auch deutlich, dass das Buch zugleich ein Wirtschaftsgut ist.[50] Neben den sozialen Nutzen von Büchern tritt damit der subjektive Nutzen der Ware »Buch« zur individuellen Bedürfnisbefriedigung. Bücher sind folglich meritorische Güter.

Diese Doppelfunktion wird auch vom Steuerrecht anerkannt, indem für die Lieferung von Büchern gemäß § 12 Abs. 2 Nr. 1 UStG i. V. m. Anlage 2 Nr. 49 der ermäßigte Steuersatz von 7 % Anwendung findet.[51] In der Gesetzesbegründung hierzu heißt es: »Bei Überlegungen kulturpolitischer Art, insbesondere bei allen Bemühungen, die Erziehung, zumal die gesellschaftliche, staatsbürgerliche und sittliche, zu fördern, spielt das gedruckte Wort und seine sinnvolle Verbreitung die entscheidende Rolle. Immer steht seine geistige und kulturelle Bedeutung im Vordergrund.«[52]

C. Zielstellung und Gang der Untersuchung

Trotz einer generellen Forderung nach Technologieneutralität des Urheberrechts knüpft dieses sowohl explizit als auch implizit an das konkrete Trägermedium »Buch« an. Im Folgenden soll vor diesem Hintergrund die Frage beantwortet werden, ob die vom Urheberrecht geschützte Buchkultur auch elektronische Bücher erfasst.

Zweifel daran bestehen zunächst aufgrund der Tatsache, dass E-Books kraft des digitalen Formates im Vergleich zu analogen Büchern andere Inhalte vermitteln können. Hiermit geht einher, dass sich auch die Schaffung von E-Book-Inhalten von der Erzeugung klassischer Buchinhalte unterscheiden kann. Je nach Komplexität kann die Erstellung von E-Book-Inhalten zusätzliches technisches Vorwissen erfordern, was im Einzelfall bis hin zu fundierten Kenntnissen der Programmierung reichen kann.[53] Neben diesen inhaltlich bedingten, technischen Anforderungen bei der Herstellung eines E-Books sind die Produktion und der Vertrieb auch dadurch gekennzeichnet, dass für das einzelne E-Book wegen der leichten Kopierbarkeit digitaler Güter keine Material- oder

---

49 Zur Schwierigkeit der Konkretisierung der Schutzrichtung der Buchpreisbindung siehe *Monopolkommission*, Sondergutachten 80, Rn. 130 ff.
50 *Kübler*, in: Ulmer-Eilfort/Obergfell, Verlagsrecht, 1. Teil, Kap. K Rn. 28 ff.; zur historischen Entwicklung des industriellen Buches siehe auch *Jochum*, S. 106 ff.
51 Zur Anwendbarkeit des ermäßigten Steuersatzes auf E-Books siehe unten S. 88 f.
52 BT-Drucks 3/2101, S. 3.
53 *Ulmer*, in: Ulmer-Eilfort/Obergfell, Verlagsrecht, 1. Teil, Kap. F Rn. 112.

Fertigungseinzelkosten anfallen. Das digitale Format des E-Books führt folglich dazu, dass sich auch die Märkte für analoge und elektronische Bücher hinsichtlich wirtschaftlicher Verwertungsprozesse unterscheiden. Gleichzeitig bedingt das digitale Format von E-Books eine im Vergleich zu analogen Büchern verschiedene Nutzung, die aus Sicht der Leser vor allem Vorteile hinsichtlich der Praktikabilität (Ubiquität der Zugriffsmöglichkeiten, Platzersparnis)[54] bietet.

Aus der Diversität von digitalen Inhalten ergeben sich schon auf tatsächlicher Ebene Schwierigkeiten bei der Abgrenzung zu anderen Mediengütern. Zunächst sollen daher eine Begriffsbestimmung des E-Books (2. Kapitel) sowie eine Beschreibung seiner technischen Umgebung (3. Kapitel) erfolgen. Darauf basierend werden sowohl der Untersuchungsgegenstand als auch typische Vorgänge dessen Nutzung (4. Kapitel) urheberrechtlich eingeordnet. Im Anschluss hieran stellt sich die Frage, ob bzw. in welchem Umfang E-Books kraft Gesetzes genutzt werden können und ihrer Nutzung damit jedenfalls mittelbar ein öffentliches Interesse bescheinigt wird. Hier soll zwischen den explizit Bücher betreffenden Vorschriften (5. Kapitel), den bibliothekarischen Privilegierungen (6. Kapitel) und den Nutzungserlaubnissen für Zwecke der Bildung und Wissenschaft (7. Kapitel) differenziert werden. Für Urheber und sonstige Rechteinhaber geht dies mit den Fragen einher, inwieweit sie E-Books durch den Einsatz von technischen Schutzmaßnahmen vom gesetzlich vorgesehenen Interessenausgleich ausnehmen (8. Kapitel) oder jedenfalls innerhalb des Systems der kollektiven Rechtewahrnehmung wirtschaftlich an der Nutzung der Werke partizipieren können (9. Kapitel). Auf Grundlage dieser Untersuchung sollen hiernach ausgewählte Perspektiven der urheberrechtlichen Gestaltung der digitalen Wissensgesellschaft aufgezeigt werden (10. Kapitel). Abschließend werden die gewonnenen Erkenntnisse in einem Gesamtergebnis (11. Kapitel) zusammengeführt.

---

54 Siehe *Bitkom*, Aus welchen der folgenden Gründe lesen Sie E-Books?, in: Statista, Dossier E-Books, S. 27, wonach 86 % der Befragten E-Books lesen, weil diese jederzeit zur Verfügung stehen. 69 % der Befragten gaben an, Grund für die Nutzung von E-Books sei die Platzersparnis.

2. Kapitel: Begriffsbestimmung

Mit der im Jahr 2016 erfolgten Klarstellung in § 2 Abs. 1 Nr. 3 BuchPrG, wonach nun auch zum dauerhaften Zugriff angebotene elektronische Bücher ausdrücklich der Buchpreisbindung unterliegen können, findet das E-Book über seine deutsche Übersetzung erstmals Eingang in die Sprache des nationalen Gesetzgebers. Eine Legaldefinition, wie sie etwa der österreichische Gesetzgeber in § 2 Nr. 7 des Bundesgesetzes über die Preisbindung bei Büchern[55] für das »E-Book« vornimmt, fehlt. Trotz des kontinuierlichen Wandels, dem sowohl der E-Book-Markt als auch die Erscheinungsformen von E-Books unterliegen, bedarf es einer genauen Arbeitsdefinition des E-Books. Da der Begriff des elektronischen Buches im Gesetzeswortlaut des BuchPrG ausdrücklich seinen Niederschlag gefunden hat, soll die Begriffsbestimmung im Folgenden ausgehend von § 2 Abs. 1 Nr. 3 BuchPrG entwickelt und von der konkreten gesetzgeberischen Verwendung abstrahiert werden.

A. Abgrenzung zum E-Book-Reader

Im umgangssprachlichen Gebrauch umfasst der Begriff des »E-Books« regelmäßig ein spezielles technisches Ausgabegerät zur Darstellung digitaler Buchinhalte.[56] Jedenfalls nach § 2 Abs. 1 Nr. 3 BuchPrG ist das E-Book jedoch vom Ausgabegerät zu trennen. Danach sind der Buchpreisbindung unterliegende Bücher auch Produkte, die Bücher, Musiknoten oder kartographische Produkte reproduzieren oder substituieren, und bei Würdigung der Gesamtumstände als überwiegend verlags- oder buchhandelstypisch anzusehen sind. Die exemplarische Nennung von zum dauerhaften Zugriff angebotenen elektronischen Büchern für Reproduktionen oder Substitutionen von Büchern impliziert, dass es

---

55 BGBl. I Nr. 45/2000, zuletzt geändert durch das Bundesgesetz BGBl. I Nr. 79/2014.
56 Siehe etwa Duden Online-Wörterbuch, Stichwort: »Electronic Book« Bedeutung 1, <https://www.duden.de/rechtschreibung/Electronic_Book>.

sich bei dem elektronischen Buch um ein buchnahes Produkt handelt. Grundlegend für die Buchnähe verschiedener Produkte ist die Lesbarkeit und Bildhaftigkeit des Inhalts,[57] was somit auch für E-Books angenommen werden muss. Den bloßen Ausgabegeräten fehlt es jedoch an der Lesbarkeit oder Bildhaftigkeit. Sie dienen vielmehr der Wahrnehmbarkeit der lesbaren oder bildhaften, vom Ausgabegerät unabhängigen Inhalte. Mangels Buchnähe sind die Lesegeräte demnach keine elektronischen Bücher i. S. d. BuchPrG. Aufgrund der Zweckbestimmung sind die Ausgabegeräte in Abgrenzung zu den Buchinhalten genauer als »E-Book-Reader« zu bezeichnen.[58] An dieser begrifflichen Differenzierung wird im Folgenden festgehalten.

Von sonstigen Endgeräten wie beispielsweise Tablets oder Smartphones grenzen sich E-Book-Reader vor allem durch die Verwendung von E-Paper-Displays ab. Diese ermöglichen – basierend auf verschiedenen Technologien – eine möglichst papiernahe Darstellung der Inhalte. Durchgesetzt hat sich dabei aktuell die Nutzung der Elektrophorese als Technologie hinter dem E-Paper. Die Technologie – die gemeinhin auch als »E-Ink« bezeichnet wird, was im ursprünglichen Sinne der Markenname eines Produkts der *E Ink Corporation* ist – nutzt dabei die Bewegung kolloidaler Teilchen durch ein elektrisches Feld. E-Paper-Displays bestehen daher im Wesentlichen aus Mikrokapseln, die positiv geladene weiße Pigmentpartikel und negativ geladene schwarze Pigmentpartikel in einer Flüssigkeit enthalten.[59] Das Anlegen einer kurzzeitigen Spannung verursacht, dass sich die Partikel in der Kapsel nach oben oder unten bewegen. Hierdurch entsteht an der Oberseite der Kapsel ein schwarzer, weißer oder grauer Bildpunkt, der auf dem Display sichtbar wird. Auch farbige E-Paper-Displays werden zunehmend verwendet. Gewöhnlich basieren diese gleicherweise auf der Elektrophorese, wobei der Schwarz-Weiß-Anzeige eine transparente Farbfilteranordnung nachgeschaltet wird.

E-Paper-Displays bieten gegenüber herkömmlichen LCDs und TFT-Displays den Vorteil, dass für die bloße Anzeige nur wenig Energie benötigt wird, da nur für die Änderung der Anzeige Stromfluss erforderlich ist. Es handelt sich um sog. bistabile Displays, bei denen eine einmal erzeugte Anzeige dauerhaft stabil bleiben kann. Damit geht einher, dass ein Flimmern der Anzeige ausbleibt. Vorteilhaft ist zudem, dass die Anzeige durch den geringen Abstand der bildgebenden Elemente zur Oberfläche aus jedem Blickwinkel gleich aussieht.[60] Da die bildgebenden Elemente reflektiv sind, sind die jeweiligen Inhalte auch bei Sonnenlicht gut lesbar. Insgesamt dienen E-Paper-Displays also der als ange-

---

57 *Fezer*, WRP 1994, 669 (677); *Wallenfels/Russ*, BuchPrG, § 2 Rn. 5, 9; siehe auch U.S. District Court for the Southern District of New York GRUR Int 2002, 364 (365).
58 So auch *Orgelmann*, S. 25.
59 *Janello*, S. 90.
60 *Blümlein*, S. 40.

nehm empfundenen Lesbarkeit von digitalen Inhalten. Nachteil der E-Paper-Technologien ist, dass sich die Anzeige nur relativ träge ändern lässt, weshalb sich E-Paper-Displays derzeit nicht zur Anzeige bewegter Inhalte eignen.[61]

Neben speziellen E-Book-Readern werden zur Darstellung von E-Books auch multifunktionale Geräte genutzt. So können E-Books durch die Verwendung geeigneter Software auch auf PCs oder Laptops bzw. Notebooks wahrnehmbar gemacht werden, was jedoch nur bedingt dem Nutzerverhalten beim Lesen eines Buches entspricht.[62] Diesem werden eher portable Handhelds wie Smartphones oder Tablets gerecht, mit denen elektronische Bücher mittels geeigneter Software ebenfalls lesbar gemacht werden können. Durch die Verwendung von LCDs oder TFT-Displays entfernt sich das Lesen eines elektronischen Buches aber weiter vom Lesen von bedrucktem Papier.

Insgesamt ist bei Betrachtung der verschiedenen Geräteklassen eine Konvergenz zu erkennen. Einerseits werden die klassischen E-Book-Reader zunehmend mit weiteren Funktionen ausgestattet. Die farbige E-Paper-Anzeige war hierfür ein wesentlicher Schritt. Zudem verfügen aktuelle E-Paper-Lesegeräte mittlerweile über einen Touchscreen und die Möglichkeit der Datenübertragung per WLAN. Auch können die speziellen Lesegeräte Grafiken und Audiodateien wiedergeben. Andererseits fördern Innovationen auf den Gebieten der Displaytechnologie und der Stromversorgung den Komfort beim Lesen von E-Books auf Smartphones und Tablets.

B. Der duale Charakter von E-Books

Regelmäßig wird bei der Auseinandersetzung mit dem E-Book von einer Datei gesprochen,[63] die etwa heruntergeladen oder zum Online-Abruf auf einer Website bereitgehalten wird. Eine Datei ist eine Darstellung von Informationen in einer formalisierten Art und Weise, die für die Kommunikation, Interpretation oder Verarbeitung geeignet ist.[64] Sie bildet damit eine Einheit, in der die Informationen durch entsprechende Software in den Endgeräten verarbeitet und so für den Nutzer wahrnehmbar gemacht werden können. Neben Informationen hinsichtlich des in einer bestimmten Art darzustellenden Inhaltes enthalten Dateien unter anderem auch Steueranweisungen. Dies sind Informationen, die einem Programm darüber Auskunft geben, wie die Datei zu verwenden ist.[65]

---

61 *Janello*, S. 91; *Wang*, S. 35.
62 *Janello*, S. 89.
63 Siehe etwa *Ulmer*, in: Ulmer-Eilfort/Obergfell, Verlagsrecht, 1. Teil, Kap. F Rn. 97; *Schmaus*, S. 17f.; *Kuß*, K&R 2012, 76 (77); *Stieper*, AfP 2010, 217; *Rehbinder/Schmaus*, ZUM 2002, 167.
64 Siehe ISO/IEC 2382:2015, Information technology – Vocabulary.
65 *Kersken*, IT-Handbuch, S. 885.

Auch das in den jeweiligen Dateien integrierte Digital Rights Management (DRM) kann diesen Informationen zugeordnet werden. Damit sind über den rezipierbaren E-Book-Inhalt auch Informationen enthalten, die lediglich der Verwaltung des für den Nutzer bestimmten Inhaltes dienen.[66] Wie jedes Medienprodukt hat das E-Book damit einen dualen Charakter und besteht aus zwei voneinander zu unterscheidenden Teilen.[67] Ein Bestandteil ist der E-Book-Inhalt (Content), der aus – unter Zuhilfenahme verschiedener Ausgestaltungsoptionen – in verschiedener Form abgebildeten Informationen gebildet wird.[68] Es handelt sich hierbei um ein Perzeptionsmedium, das für die Wahrnehmung durch den Nutzer bestimmt ist und daher der Nutzerebene zuzuordnen ist.[69] Dieses immaterielle Medienprodukt erfordert stets einen Medienträger als Mittel zur Speicherung und Übertragung.[70] Als ein solches Informationsaustauschmedium fungiert die E-Book-Datei, die der verarbeitungsbezogenen Computerebene zuzuordnen ist.

Dieser duale Charakter von Mediengütern spiegelt sich mittelbar auch im BuchPrG wider. § 2 Abs. 1 Nr. 3 BuchPrG bestimmt als Bücher i. S. d. BuchPrG auch Produkte, die Bücher, Musiknoten oder kartographische Produkte reproduzieren oder substituieren, wie zum Beispiel zum dauerhaften Zugriff angebotene elektronische Bücher, und bei Würdigung der Gesamtumstände als verlags- oder buchhandelstypisch anzusehen sind. Es handelt sich bei solchen Produkten um sog. buchnahe Produkte.[71] Zur Bestimmung der Buchnähe eines Erzeugnisses ist generell danach zu fragen, ob dieses nach seinem Inhalt, seinem Zweck, der überkommenen Herstellungsweise und Vertriebsmethode mit denen eines Buches vergleichbar ist,[72] wobei der inhaltlichen Übereinstimmung besondere Bedeutung zukommt.[73] Sofern nach dem Inhalt und dem Zweck eines Erzeugnisses gefragt wird, ist auf die jeweils abgebildeten Informationen und damit auf das Perzeptionsmedium abzustellen. Zur Bestimmung der Vertriebsmethode ist hingegen an den jeweiligen Medienträger anzuknüpfen, der gerade der Speicherung und Übertragung des Medieninhaltes und damit dem

---

66 Genauer zum Aufbau und Inhalt von Dateien siehe unten S. 35 ff.
67 Zum dualen Charakter von Mediengütern siehe *Urban/Carjell*, Praxishandbuch Multimedia-Marketing, S. 26.
68 Zum Begriff »Content« siehe *Anding/Hess*, Arbeitspapiere des Instituts für Wirtschaftsinformatik und Neue Medien 05/2003, S. 9.
69 *Wiebe/Funkat*, MMR 1998, 69 (70); zur Differenzierung von Content und Datei siehe auch *Anding/Hess*, Arbeitspapiere des Instituts für Wirtschaftsinformatik und Neue Medien 05/2003, S. 4 f.
70 *Friedrichsen/Grüblbauer/Haric*, S. 10.
71 *Wallenfels/Russ*, BuchPrG, § 2 Rn. 5.
72 BGH GRUR 1977, 506 (507) – Briefmarkenalben; *Wallenfels/Russ*, BuchPrG, § 2 Rn. 5.
73 BGH NJW 1997, 1911 (1913) – NJW auf CD-ROM; BeckOK-InfoMedienR/*Hennemann*, § 30 GWB Rn. 14.

Vertrieb dient. Bei der Herstellungsweise eines Medienproduktes besteht letztlich ein gegenseitiges Abhängigkeitsverhältnis zwischen Trägermedium und Perzeptionsmedium.[74] Der konkrete Inhalt wird regelmäßig die Wahl des Trägermediums zur Herstellung des Medienproduktes bestimmen, der wiederum die Möglichkeiten der technischen Umsetzung des Inhaltes vorgibt. Die Kriterien zur Bestimmung der Buchnähe beziehen sich damit sowohl auf das Perzeptions- als auch auf das Informationsaustauschmedium, womit dem dualen Charakter von Mediengütern Rechnung getragen wird.

C. E-Book-Datei

Das elektronische Buch definiert sich damit jedenfalls über den in einem Informationsträger vorliegenden Inhalt.[75] Von sonstigen digitalen Mediengütern lassen sich E-Books dabei jedoch nicht sinnvoll anhand von konkreten Informationsträgern abgrenzen. Aufgrund der Digitalisierung können vielmehr sämtliche Informationen auf eine einheitliche Datenbasis zurückgeführt werden.[76] Es könnte mithin lediglich an die konkrete Strukturierung der Informationen in einem Informationsträger angeknüpft werden. Aufgrund der vielfältigen Gestaltungsmöglichkeiten erscheint eine Eingrenzung hier jedoch als willkürlich. Ein konkretes Dateiformat oder eine konkrete Ausgestaltung der Computerebene kann für das Vorliegen eines E-Books damit nicht gefordert werden.[77] Neben den klassischen Vertriebsformen von E-Books in einer Datei, die zum Download bereitgestellt und mittels eines E-Book-Readers wahrnehmbar gemacht werden, können E-Books beispielsweise auch in Form einer Mobile App[78] genutzt werden. Damit geht einher, dass auch die Art des Zugangs irrelevant ist. Ob ein digitaler Inhalt online via Stream genutzt wird oder offline zur Nutzung zur Verfügung steht, ist für dessen Einordnung als E-Book nicht entscheidend.[79] Auch eine Kombination von Offline- und Online-Nutzung ist

---

74 Siehe auch unten S. 44.
75 Vgl. auch *Hartmann*, GRUR Int 2012, 980 (987), der unter einem E-Book einen in Buchstruktur elektronisch verfassten Lesestoff versteht, der für gewöhnlich in Dateiformaten wie PDF, HTML oder XML abrufbar gehalten wird.
76 Siehe hierzu auch unten S. 56.
77 Siehe auch *Ganzhorn*, S. 27, 31; *Schapiro*, in: Bräutigam/Rücker, E-Commerce, S. 514 Rn. 2, in Anlehnung an die Begriffsbestimmung des E-Books nach § 2 Abs. 1 der Bekanntmachung über die Festsetzung eines Tarifs zur Regelung der Vergütung von Ansprüchen nach § 137 l Abs. 5 S. 1 UrhG für zuvor in gedruckter Form verlegte Sprachwerke, abrufbar unter: <http://www.vgwort.de/fileadmin/pdf/tarif_uebersicht/141210_Tarif_137 l_print_2014_.pdf>.
78 A. A. *Obergfell*, in: Ulmer-Eilfort/Obergfell, Verlagsrecht, 1. Teil, Kap. F Rn. 262, wonach sich E-Books und Apps im Grundsatz gegenseitig ausschließen; so wohl auch *Schapiro*, in: Bräutigam/Rücker, E-Commerce, S. 514 Rn. 6.
79 Siehe *Kuß*, K&R 2012, 76 (79); *Schulz/Ayar*, MMR 2012, 652 (654).

daher möglich. Zu denken ist hier etwa daran, dass innerhalb eines offline zur Verfügung stehenden E-Books Frames eingebettet sind, deren Inhalt wiederum nur mit einer bestehenden Internetverbindung genutzt werden kann. Letztlich sind an die E-Book-Dateien hinsichtlich der Einordnung eines Mediengutes damit keine konkreten Anforderungen zu stellen.

D. E-Book-Content

Eine Abgrenzung von E-Books zu sonstigen digitalen Mediengütern muss folglich auf der Nutzerebene erfolgen.

I. Arten von E-Books

Anhand der Gestaltung des Contents werden zunächst zwei grundlegende Arten von E-Books unterschieden.

1. Klassische E-Books

Klassische Form und Ausgangspunkt des E-Books sind sog. E-Texte, die als digitale Ausgabe des analogen Buches fungieren. Diese E-Books unterscheiden sich hinsichtlich ihres Inhaltes nicht von analogen Büchern. Sie bestehen damit vornehmlich aus Text und Bildern. Regelmäßig sind sie auch in Bezug auf das Layout den analogen Büchern nachempfunden. Ein seitenfestes Layout führt in Abgrenzung zu einem sich dynamisch anpassenden Layout (sog. reflowable Layout) sogar dazu, dass das jeweilige E-Book das digitale Faksimile des analogen Buches sein kann. Grundsätzlich können daher auch historische Schriften als digitales Faksimile in Form eines E-Book in Erscheinung treten. So digitalisiert die Österreichische Nationalbibliothek im Rahmen der »Austrian Books Online« seinen urheberrechtsfreien Buchbestand ab 1501. Die hieraus entstehenden E-Books werden als Volltext zum Download angeboten.[80]

2. Enhanced E-Books

Neben den digitalen Ausgaben von analogen Büchern gibt es auch E-Books, die zwar grundsätzlich auf analogen Büchern basieren, jedoch kein Äquivalent im analogen Bereich finden können, da sie mit zusätzlichen Elementen angereichert sind. Solche sog. enhanced E-Books sind vor allem dadurch charakterisiert, dass

---

80 Siehe *Kann/Hintersonnleitner*, Bibliothek – Forschung und Praxis 2015, 73 ff.

sie multimediale Elemente wie animierte Grafiken oder eingebettete Videos enthalten.[81] Einen informativen oder unterhaltenden Mehrwert bieten enhanced E-Books zudem durch ihre Interaktivität. Eine Wechselbeziehung zwischen Nutzer und E-Book wird dadurch hergestellt, dass bestimmte Elemente Eingaben durch den Nutzer erfordern und auf diese reagieren. Beispiele für solche interaktiven Elemente sind Diagramme, deren Parameter und Werte durch Zahleneingabe oder Schieberegler geändert werden können, oder Fragen und Übungen, die etwa als Multiple Choice oder Drag & Drop-Elemente gestaltet sein und unmittelbare Rückmeldung liefern können.[82] Darüber hinaus sind auch Verknüpfungen zu Social-Media-Plattformen oder kleine Spiele Bestandteile von E-Books. Aber auch die Gestaltung eines Inhaltsverzeichnisses als »Linksammlung« oder die Verwendung sonstiger interner Verweise mittels Hyperlinks kann bereits als Anreicherung im Vergleich zum analogen Buch verstanden werden. Der Übergang zwischen klassischen und enhanced E-Books ist fließend.[83]

II. Anforderungen an den E-Book-Content

Aufgrund der Varietät ihres Contents können E-Books mehr als einen gleichwertigen Ersatz für das analoge Buch darstellen. Interaktivität, Multimedialität und die Verknüpfung zu Social Media vergrößern dabei jedoch den Abstand von digitalen Mediengütern zum analogen Buch, sodass die Einordnung eines Medienproduktes als E-Book im Einzelfall fraglich sein kann. Um den Untersuchungsgegenstand der vorliegenden Arbeit einzugrenzen, sind daher Kriterien zu formulieren, mittels derer ein E-Book von sonstigen Mediengütern abzugrenzen ist.

1. Zwingendes Kriterium

Die exemplarische Nennung von E-Books in § 2 Abs. 1 Nr. 3 BuchPrG impliziert, dass E-Books Bücher reproduzieren oder substituieren. Das BuchPrG geht folglich davon aus, dass E-Books buchnahe Produkte sind, die dem allgemeinen Sprachempfinden entsprechend durch einen lesbaren oder bildhaften Inhalt gekennzeichnet sind.[84] Darauf basierend können Definitionen, wonach ein

---

81 *Graef*, Rn. 17; *Warner*, S. 72 f.; *Singer*, Aktueller Begriff – E-Books, 02/12; anschaulich zu dem komplexen enhanced E-Book von Al Gore »Our Choice: A Plan to Solve the Climate Crisis« siehe *Orgelmann*, S. 94 ff.
82 *Raunig/Lackner/Geier*, S. 16.
83 *Warner*, S. 72 f.
84 *Fezer*, WRP 1994, 669 (677); *Wallenfels/Russ*, BuchPrG, § 2 Rn. 5, 9.

E-Book im Ausgangspunkt die digitale Ausgabe eines Sprachwerkes i. S. d. Urheberrechts ist,[85] nicht überzeugen. Zum einen werden elektronische Bücher, die vorwiegend aus bildhaften Inhalten bestehen, aus der Definition ausgeschlossen.[86] Zum anderen muss einem E-Book nach diesem Verständnis stets Werkqualität i. S. d. § 2 Abs. 2 UrhG zukommen, was hinsichtlich einer Begriffsbestimmung auf tatsächlicher Ebene nicht überzeugt. Vielmehr sind ausgehend von der Wertung des BuchPrG für die Vergleichbarkeit von E-Book und analogem Buch zunächst lediglich die Lesbarkeit und Bildhaftigkeit des E-Book-Inhaltes maßgeblich.[87]

Wie festgestellt, zeichnen sich moderne E-Books aber gerade durch ihre Multimedialität aus, womit ihr Inhalt nicht nur lesbar und bildhaft ist. Damit stellt sich die Frage, wie weit die Verschmelzung von Text, Ton und Bild für die Einordnung eines digitalen Inhaltes als E-Book reichen darf. Jedenfalls im Rahmen des § 2 Abs. 1 Nr. 3 BuchPrG bedarf es einer Wertung, ob und unter welchen Umständen auch enhanced E-Books Bücher substituieren und als verlags- oder buchhandelstypisch anzusehen sind. Nach Ansicht des BGH ist ein der Preisbindung unterfallendes Verlagserzeugnis dadurch geprägt, dass es ein Träger eines mit seiner Hilfe dem »Betrachter« vermittelten Gedankens oder einer Empfindung ist.[88] Ausdrücklich offen gelassen hat der BGH aber, ob auch multimediale Erzeugnisse als verlagstypisch erachtet werden können.[89] Hiergegen soll sprechen, dass schon Hörbücher laut der Beschlussempfehlung zum Gesetzesentwurf[90] ausdrücklich vom Anwendungsbereich des BuchPrG ausgeschlossen werden und damit nicht als Buchsubstitut oder verlagstypisch angesehen werden.[91] Anders als Hörbücher können multimediale Inhalte allerdings durch »Betrachtung« ihres lesbaren oder bildhaften Inhaltes Gedanken und Empfindungen vermitteln, womit sie den grundlegenden Anforderungen des BGH gerecht werden können. Multimediale Inhalte schließen daher nicht per se aus, ein E-Book als Buchsubstitut anzusehen.[92] Da die Lesbarkeit und Bildhaftigkeit bei einem Buch jedoch im Vordergrund stehen, darf die Multimedialität

---

85 So aber *Ganzhorn*, S. 31.
86 Dies berücksichtigt *Graef*, Rn. 15, wonach auch Kombinationen des Schriftwerkes »mit Werken der bildenden Kunst oder angewandten Künste wie Grafiken und Illustrationen und/oder Lichtbildwerken und/oder Lichtbildern« grundsätzlich als E-Book einzuordnen sind.
87 *Fezer*, WRP 1994, 669 (677); siehe auch U.S. District Court for the Southern District of New York GRUR Int 2002, 364 (365).
88 BGH GRUR 1977, 506 (507) – Briefmarkenalben.
89 BGH NJW 1997, 1911 (1914) – NJW auf CD-ROM, wobei die Vorinstanz davon ausgeht, dass ein multimedialer Inhalt im Vergleich zum Verlagserzeugnis ein »qualitativ andersartiges Erzeugnis« darstellt, KG Berlin WRP 1995, 938 (945).
90 BT-Drucks 14/9422, S. 11.
91 *Kübler*, in: Ulmer-Eilfort/Obergfell, Verlagsrecht, 1. Teil, Kap. K Rn. 41; siehe auch *Wallenfels/Russ*, BuchPrG, § 2 Rn. 23.
92 So auch *Fezer*, WRP 1995, 946 (947).

auch bei einem E-Book nur eine untergeordnete und dienende Funktion haben.[93] Auch bei enhanced E-Books, die gerade durch ihre Multimedialität, Interaktivität und Social Media Features gekennzeichnet sind, muss für die Einordnung als Buch i. S. d. BuchPrG und damit für die Geltung der Preisbindung die Lesbarkeit und Bildhaftigkeit den Charakter des gesamten Contents wesentlich bestimmen.[94]

Diese rechtliche Wertung beansprucht auch über das BuchPrG hinaus Geltung. Eine allgemeine Begriffsbestimmung muss einerseits dem allgemeinen Sprachgebrauch Rechnung tragen, der enhanced E-Books trotz ihrer Multimedialität, Interaktivität und der Verknüpfung zu Social Media den E-Books zuordnet. Andererseits rechtfertigt die sprachliche Nähe zum analogen Buch die Begrenzung des E-Book-Begriffes auf Inhalte, bei denen multimediale und interaktive Elemente lediglich eine untergeordnete Funktion haben.

2. Normatives Kriterium

Angesichts der Lesbarkeit und Bildhaftigkeit von gängigen Homepages oder Social Media und dem Abstand in ihrer äußeren Gestaltung zu E-Books kann allein in der Lesbarkeit und Bildhaftigkeit des Contents aber noch keine hinreichende Bedingung gesehen werden. Es ist vielmehr nach weiteren Kriterien zu suchen, durch die das elektronische Buch gekennzeichnet ist, wobei erneut das analoge Buch als Vergleichsmaßstab dienen soll.[95] Allerdings besteht bereits keine einheitliche Begriffsbestimmung für das analoge Buch.[96] Weitestgehende Einigkeit besteht lediglich darin, dass unter dem klassischen Buch eine nicht periodisch gedruckte Publikation mit mehreren Seiten zu verstehen ist.[97] Da-

---

93 *Wallenfels/Russ*, BuchPrG, § 2 Rn. 11, 23, wonach multimediale Faktoren im Verhältnis zum Text eine ganz untergeordnete, nur veranschaulichende, die Wahrnehmung erleichternde und dienende Funktion haben dürfen; siehe auch *Schapiro*, in: Bräutigam/Rücker, E-Commerce, S. 514 Rn. 3; a. A. noch *Wallenfels*, in: Wegner/Wallenfels/Kaboth, Recht im Verlag, S. 267 Rn. 12.
94 In diese Richtung auch *OECD*, E-books: Developments and Policy Considerations, S. 11: »[...] an e-book is defined as a book-length publication, consisting of text (and, sometimes, images) [...]«; siehe auch *Kuß*, K&R 2012, 76 (79).
95 Nach *Hartmann*, GRUR Int 2012, 980 (987), kommt es auf die »Buchstruktur« des elektronisch verfassten Lesestoffs an; siehe auch *Schippel*, MMR 2016, 802, wonach das E-Book im Ausgangspunkt ein »digitales Buch« ist; ähnlich auch *Wallenfels/Russ*, BuchPrG, § 2 Rn. 10, wonach man unter E-Books »Buchinhalte in digitaler Form« versteht; vgl. auch § 2 Nr. 7 des österreichischen Bundesgesetzes über die Preisbindung bei Büchern, nach dem ein E-Book »ein digital abrufbarer und speicherbarer Buchinhalt« ist.
96 So auch *Orgelmann*, S. 30; siehe eine Übersicht verschiedener Definitionen bei *Janello*, S. 53 f.; zu einzelnen Definitionen siehe auch unten S. 79.
97 *Hiller/Füssel*, S. 61; *Bialek*, Stichwort: Buch, in: Sjurts, Gabler Lexikon Medienwirtschaft, S. 68; *UNESCO*, Überarbeitete Empfehlung über die internationale Standardisierung von Statistiken, Abschnitt 11.a.

rüber hinaus kann aber kein allgemeingültiger Katalog an Kriterien für die Qualifikation eines Medienproduktes als Buch ausgemacht werden. Auch zur Bestimmung der Buchnähe eines digitalen Medienproduktes können damit nur Indizien herangezogen werden, anhand derer die Buchnähe im Einzelfall wertend festzustellen ist.[98]

Ausgehend von dem Grundkonsens hinsichtlich des klassischen Buchbegriffes kann ein Anhaltspunkt für die Buchnähe das Vorhandensein von Seitenangaben sein.[99] Gerade mit Rücksicht auf das reflowable Layout, das regelmäßig als besonderer Vorteil von E-Books gilt,[100] kann die Paginierung eines E-Books aber nicht als zwingendes Kriterium gefordert werden. In einem allgemeineren Sinne ist die Seitennummerierung für das analoge Buch aber insoweit charakteristisch, als sie eine äußere Gliederung des Inhaltes darstellt. Gleiches wird bei reflowable Layouts regelmäßig durch Positionsnummern erreicht. Umfassender kann damit die äußere Gestaltung als Kriterium zur Bestimmung der Buchnähe dienen. Hierzu zählt auch das Vorhandensein von Paratexten (wie beispielsweise Titel, Inhaltsverzeichnis, Vorwort, Kapitelüberschriften usw.).[101]

Das Kriterium der äußeren Gestaltung kann zugleich einen Anhaltspunkt für die Abgrenzung des E-Books vom E-Journal, also der elektronischen Zeitung bzw. Zeitschrift, bieten, das ebenfalls regelmäßig einen im Wesentlichen lesbaren oder bildhaften Content enthält.[102] Gleichzeitig bietet der Grundkonsens hinsichtlich des klassischen Buchbegriffes ein weiteres Merkmal zur Abgrenzung elektronischer Bücher von elektronischen Zeitungen und Zeitschriften, die sich auch durch ihre Periodizität auszeichnen.[103] Damit wird mangels Buchnähe regelmäßig dann kein E-Book mehr vorliegen, wenn das digitale Medienprodukt fortlaufend unter einem Titel erscheint. Für das Buch ist gerade die Beständigkeit seines Inhaltes unter seinem Titel prägend. Diese Beständigkeit ist vor allem im Hinblick auf die Möglichkeiten, die der Online-Vertrieb bezüglich der Variabilität von Inhalten bietet, zu fordern. Lediglich minimale Änderungen wie etwa die Korrektur eines Rechtschreibfehlers oder auch eines Softwarefehlers vermögen die Beständigkeit dabei aber nicht zu erschüttern.

Das klassische Verständnis des Buchbegriffes bietet damit Anhaltspunkte für die Einordnung eines Medienprodukts als E-Book. Insgesamt ist die Ver-

---

98 So im Ergebnis auch *Orgelmann*, S. 34.
99 *Russ*, VerlG, § 21 Rn. 44.
100 68 % von E-Book-Lesern schätzen an E-Books besonders die Möglichkeit zur Veränderung von Schrift, Größe, Zeilenabstand oder Schrifttyp, siehe <https://www.bitkom.org/Presse/Presseinformation/Pressemitteilung_3346.html>.
101 *Wallenfels/Russ*, BuchPrG, § 2 Rn. 11; *Russ*, VerlG, § 21 Rn. 44.
102 *Ganzhorn*, S. 32 f., stellt wiederum nur auf die digitale Ausgabe eines Sprachwerkes ab.
103 *Emmerich*, in: Immenga/Mestmäcker, GWB, § 30 Rn. 22; siehe auch *Ganzhorn*, S. 32 f.

gleichbarkeit mit einem analogen Buch im Einzelfall wertend anhand der Gesamtumstände festzustellen.[104]

E. Arbeitsdefinition

Festgehalten werden kann damit, dass ein E-Book ein digital und in einem Informationsträger beliebiger Art vorliegender und im Wesentlichen lesbarer oder bildhafter Inhalt ist, dessen Aufbereitung mit einem Buch vergleichbar ist. Für die Bestimmung der Buchnähe muss im Einzelfall auf verschiedene Indizien zurückgegriffen werden. Die E-Book-Datei ist das verarbeitungsbezogene Informationsaustauschmedium, das für die Nutzung des E-Book-Contents als nutzerbezogenes Perzeptionsmedium zentral ist und daher nicht von diesem getrennt werden kann. Sofern mehrere E-Books gemeinsam in einer Datei übertragen und gespeichert werden, hat die Abgrenzung untereinander anhand des Kriteriums der Buchnähe zu erfolgen. In einer Datei liegen dann mehrere E-Books vor, wenn die jeweiligen Medienprodukte für sich mit einem Buch vergleichbar sind.

---

104 *Armstrong*, Journal of Librarianship and Information Science 2008, 193 (197 ff.), spricht von »book-like« bzw. »book-ness«.

3. Kapitel: Technische Funktionsweise von E-Books

Das E-Book ist notwendigerweise auf eine technische Umgebung angewiesen, die im Folgenden skizziert werden soll. Dabei werden sowohl verschiedenartige Informationsträger sowie deren Erstellung als auch die Verarbeitung der verschiedenen Informationen beschrieben.

A. Informationsträger

Namensgebend für das elektronische Buch ist die elektronische Verarbeitung der digitalen Informationen. Digitale Informationen liegen in diskreter Form vor, das heißt, dass sich alle Informationen auf eine kleinste Einheit zurückführen lassen. In der Informationstechnologie ist diese Einheit ein Bit, das zwei verschiedene Zustände haben kann.[105] Unabhängig von der Art der Speicherung werden diese Zustände mathematisch durch die Ziffern »null« und »eins« dargestellt. Die Umwandlung analoger und damit kontinuierlicher Informationen in diese Werte heißt Digitalisierung. Eine erkennungsfähige Form erhalten die digitalisierten Informationen durch die Strukturierung in einer Datei.

I. Dateien im Allgemeinen

Dateien lassen sich anhand ihrer verschiedenen Formate gruppieren. Dateiformate ergeben sich aus den Regeln, welche die Speicherung, Kodierung und Anordnung der verschiedenen Daten innerhalb einer Datei betreffen.[106] Dies unterstreicht den dualen Charakter von digitalen Mediengütern wie E-Books. Hinter der nutzerbezogenen Ebene, auf der das E-Book durch ein Endgerät dargestellt und durch den Nutzer wahrgenommen wird, steht stets eine verar-

---
105 Zum Ganzen siehe *Kersken*, IT-Handbuch, S. 52 ff., 79.
106 *Blümlein*, S. 26.

beitungsbezogene Computerebene.[107] Das am weitesten verbreitete Dateiformat für E-Books war lange Zeit das Portable Document Format (PDF).[108] Daneben existieren mittlerweile spezielle Dateiformate für E-Books wie das electronic publication-Format (ePUB), verschiedene exklusive Kindle-Formate von *Amazon* sowie das exklusive Format ibooks von *Apple*. Darüber hinaus können E-Books aber auch in Form einer App vertrieben werden, die wiederum in verschiedenen Formaten auftreten kann. Das E-Book kann weiter auch als Website in Erscheinung treten,[109] die aus jedenfalls einer Hypertext-Markup-Language-Datei, einer sog. HTML-Datei, besteht.[110]

II. HTML-Dateien

Sowohl das ePUB-Format als auch die proprietären Kindle-Formate und das ibooks-Format basieren auf HTML.[111] Daher sollen zunächst HTML-Dateien näher beschrieben werden.

HTML ist eine Hypertext-Auszeichnungssprache, die gegenwärtig in der fünften Version existiert (HTML5). Sie beschreibt die logischen Bestandteile textorientierter Inhalte und ist daher eine Computersprache zur Strukturierung von Texten.[112] Sie ermöglicht die Auszeichnung typischer Elemente wie Überschriften, Textabsätze, Listen, Tabellen oder Grafikreferenzen und hierdurch eine dynamische Darstellung auf den jeweiligen Ausgabegeräten. Zu diesem Zweck enthalten HTML-Dateien die entsprechenden HTML-Befehle (Tags),[113] die vermittelt über die Interpretation durch den Browser die Darstellung auf dem Ausgabegerät bestimmen. HTML-Dateien bestehen grundsätzlich aus einer

---

107 *Manovich*, S. 46, der von »computer layer« spricht, das von dem »cultural layer« zu unterscheiden ist. Diese Differenzierung ist der aus dem Bereich der Informationstechnik ähnlich, die bei den Schichten einer Software zwischen Frontend und Backend unterscheidet.
108 Mehr als 60 % der im Oktober 2011 befragten E-Book-Käufer haben bei belletristischen E-Books vornehmlich das PDF genutzt, siehe *Universität Hamburg* (Research Center for Media and Communication), Welche Formate haben Sie bei belletristischen E-Books vornehmlich genutzt?, Statista, <http://de.statista.com/statistik/daten/studie/218662/umfrage/bevorzugte-e-book-formate-in-deutschland/>.
109 11 % der im Oktober 2011 befragten E-Book-Käufer haben belletristische E-Books vornehmlich über Websites genutzt, siehe *Universität Hamburg* (Research Center for Media and Communication), Welche Formate haben Sie bei belletristischen E-Books vornehmlich genutzt?, Statista, <http://de.statista.com/statistik/daten/studie/218662/umfrage/bevorzugte-e-book-formate-in-deutschland/>.
110 *Münz/Gull*, HTML5, S. 15.
111 Siehe unten S. 38 ff.
112 *Münz/Gull*, HTML5, S. 21.
113 *Münz/Gull*, HTML5, S. 43.

Dokumenttypdeklaration (Angabe der verwendeten Dokumenttypdefinition) und einem HTML-Kopf (head), der vorwiegend technische oder dokumentarische Informationen enthält, die nicht im Browser dargestellt werden. Erst daran schließt sich der HTML-Körper (body) an, der die darzustellenden Informationen beinhaltet.[114]

Da HTML-Dateien Textdateien im Klartextformat sind,[115] können diverse textuelle Elemente unmittelbar in die HTML-Datei aufgenommen werden. Alle nicht-textuellen Inhalte wie zum Beispiel Bild-, Ton-, oder Videoinhalte können in ein HTML-Dokument über Referenzen eingebunden werden. Dazu wird in dem HTML-Dokument die Quelle (sog. Pfad) des Elements angegeben, das an einem beliebigen Ort gespeichert sein kann. Diese nicht-textuellen Inhalte sind selbst nicht unmittelbarer Bestandteil des HTML-Dokuments,[116] was zu einer modularen Beschaffenheit von Websites führt. Diese wird durch die Strukturierung eines Projektes mittels Hyperlinks verstärkt, was prägend für das HTML-Format ist.[117] Ein Hyperlink ist ein Verweis in einem Hypertext, der funktional einen Sprung zu einem anderen elektronischen Dokument oder an eine andere Stelle innerhalb des Dokuments ermöglicht.[118] Aufgrund der Konstruktion einer Website mittels Verweisungen können die einzelnen Elemente ohne großen Aufwand bearbeitet, ersetzt oder gelöscht werden. Mit der Modularität geht folglich eine hohe Variabilität einher.[119]

Zu trennen von der Strukturierung eines Textes durch HTML ist sein Layout. Für die visuelle Darstellung werden Gestaltungsvorlagen und dabei vor allem Cascading Style Sheets (CSS) genutzt.[120] Die Darstellung von Websites wird damit durch eine separate Datei (Stylesheet) festgelegt, was der Anpassungsfähigkeit der Darstellung an das jeweilige Ausgabegerät dient. Auch die CSS-Dateien werden in der HTML-Datei referenziert.

Neben Audio-, Video- und Bild-Ressourcen sowie den CSS-Dateien lassen sich auch aktive Inhalte oder Skripte in Form einer Referenz in der HTML-Datei notieren. Besondere Relevanz kommt hierbei Flash-Inhalten zu. Flash bietet die Möglichkeit, neben Multimedia-Effekten auch Anwendungen wie Spiele oder Simulationen in die Website zu integrieren,[121] wenngleich Flash wegen der

---

114 Zum Grundgerüst eines HTML-Dokuments siehe *Münz/Gull*, HTML5, S. 58 ff.
115 *Münz/Gull*, HTML5, S. 22.
116 Zum Referenzieren siehe *Münz/Gull*, HTML5, S. 52 ff.
117 *Kersken*, IT-Handbuch, S. 982.
118 *Münz/Gull*, HTML5, S. 159 ff.
119 *Manovich*, S. 36.
120 *Münz/Gull*, HTML5, S. 23 ff., 375 ff.
121 *Münz/Gull*, HTML5, S. 27.

funktionellen Gleichartigkeit und einer verbesserten Umsetzung durch HTML5 an Bedeutung verliert.[122]

Interaktivität ermöglicht das HTML-Format zudem dadurch, dass es eine Schnittstelle für die Erweiterungssprache JavaScript enthält.[123] JavaScript ist eine Programmiersprache und besteht aus Befehlen, die unmittelbar durch den JavaScript-Interpreter des Browsers verarbeitet werden können. Dadurch können Benutzerinteraktionen ausgewertet, Inhalte verändert oder generiert werden.[124]

Websites bestehen damit aus mehreren Modulen wie HTML-Dokumenten, Stylesheets, JavaScripts und referenzierten Inhalten. Die dadurch ermöglichten multimedialen und interaktiven Funktionen befähigen Websites vor allem zur Umsetzung von enhanced E-Books. HTML selbst eignet sich hingegen weniger für die Umsetzung eines digitalen Faksimiles eines Buches. Allerdings lässt sich ein solches als Website auch über das Referenzieren eines Inhaltes mit fester Darstellung realisieren. Zudem sind via Websites dargestellte E-Books leicht veränderbar.

III. Spezielle Dateiformate für E-Books

Überwiegend werden E-Books in speziellen E-Book-Formaten genutzt. Am weitesten verbreitet sind dabei die Formate ePUB, die Kindle-Formate und ibooks. Diese Endformate basieren ihrerseits auf Ausgangsformaten, in denen die Produktion der E-Book-Datei erfolgt.[125] Eine zentrale Rolle spielt dabei das Quelldatenformat OEBPS (Open eBook Publication Structure), aus dem unmittelbar das ePUB-Format hervorging und auf dem auch die Kindle- und das ibooks-Format basieren.[126] Die Kindle-Formate und das ibooks-Format sind damit über weite Teile dem ePUB-Format ähnlich. Darüber hinaus ist über den Aufbau dieser Formate jedoch wenig bekannt.[127] Sie sind proprietäre Formate.

1. ePUB

Das ePUB-Format ist ein offener Standard, der von der Handels- und Standardisierungsorganisation *International Digital Publishing Forum* (IDPF) erarbeitet wurde und plattformunabhängig nutzbar ist.[128] Das Kürzel »ePUB« wurde

---

122 Siehe *Hurtz*, SZ v. 03.12.2015.
123 *Münz/Gull*, HTML5, S. 21, 25.
124 *Münz/Gull*, HTML5, S. 541.
125 *Wang*, S. 37.
126 *Wang*, S. 57.
127 In Bezug auf das Kindle Format 8 siehe *Kämmerle*, S. 67.
128 *Wang*, S. 53 ff.; *Blümlein*, S. 30.

2007 für eine OEBPS-Publikation eingeführt.[129] Das ePUB-Format zeichnet sich vor allem durch seine Transparenz und Kompatibilität aus, da es seinerseits auf offenen Standards basiert. Hervorzuheben sind hier die Basiskonzepte XML (Extensible Markup Language) bzw. XHTML (Extensible Hypertext Markup Language), die sowohl dem ePUB- als auch den Kindle- und ibooks-Formaten zugrunde liegen. XML ist eine sog. Metasprache, die der Strukturierung hierarchisch organisierter Inhalte dient.[130] In dieser Hinsicht ähnelt es HTML. Allerdings besitzt HTML nur eine begrenzte, fest vorgegebene Menge von Strukturelementen. Dagegen schreibt XML keine Tags vor. Es können vielmehr beliebig viele Strukturelemente festgelegt werden. XML stellt ein Regelwerk zur Verfügung, mit dessen Hilfe neue Auszeichnungssprachen entwickelt werden können.[131] Abgeleitet aus HTML und XML wurde später XHTML, in der HTML nach dem Regelwerk von XML neu formuliert wurde.[132] Die grundsätzliche Funktionsweise von HTML bleibt hiervon aber unberührt, sodass es große Parallelen zwischen dem Erstellen einer Website und dem Erstellen einer ePUB-Datei gibt.[133]

EPUB selbst fasst drei Substandards in einem Format zusammen.[134] Darunter zählt zunächst das Open Packaging Format (OPF), das vor allem die Metadaten der Publikation enthält, das Handling der benötigten Dateien übernimmt und die Reihenfolge der Inhalte bestimmt.[135]

Ein weiterer im ePUB-Format enthaltener Substandard ist Open Publication Structure (OPS), der zur Strukturierung der Inhalte und deren Darstellung dient.[136] Die vom OPS umfassten Inhaltsdaten sind zunächst XHTML-Dateien oder (an die Struktur von HTML angelehnte) DTBook-Dateien (Daisy Digital Talking Book), welche die XML-Textinhalte enthalten. Darüber hinaus handelt es sich bei den Inhaltsdaten um weitere Ressourcen wie beispielsweise Bild-, Audio-, Video- oder sonstige Dateien, die in den XHTML- oder DTBook-Dateien referenziert werden.[137] Dieses System des Referenzierens entspricht dabei dem oben beschriebenen System bei HTML-Dateien. Daraus folgt, dass das ePUB-Format im Grundsatz die gleichen Möglichkeiten für die Realisierung von E-Books wie Websites bereithält.[138] Damit sind auch in ePUB umgesetzte E-Books strukturell modular aufgebaut und funktionell durch die Möglichkeiten

---

129 *Wang*, S. 56.
130 *Wang*, S. 92.
131 *Münz/Gull*, HTML5, S. 28.
132 *Wang*, S. 102.
133 *Blümlein*, S. 31.
134 *Wang*, S. 219.
135 *Wang*, S. 219 ff.
136 *Wang*, S. 249 ff.
137 *Wang*, S. 249.
138 *Blümlein*, S. 31.

von Multimedialität und Interaktivität gekennzeichnet. Zugleich bedingt der modulare Aufbau wiederum eine große Variabilität.

Der dritte vom ePUB-Format enthaltene Substandard ist das Open Container Format (OCF), das schließlich alle Daten in ein gemeinsames Endformat verpackt.[139] Dazu werden sämtliche einzelne Dateien in einer Archivdatei zusammengefasst. Dies bietet den Vorteil des einfachen Transportes und damit des besseren Vertriebs. Ein im ePUB-Format vertriebenes E-Book tritt damit nur für den Nutzer als eine Datei in Erscheinung, wohingegen es aus technischer Sicht eine Container-Datei bzw. ein Archiv – bestehend aus mehreren einzelnen Dateien – ist. Das ePUB-Format liegt derzeit in der dritten Version vor (ePUB3), die auch ein seitenfestes Layout von E-Books erlaubt.[140]

2. Kindle-Formate

Der Online-Händler *Amazon* ist aufgrund seiner großen Anteile auf dem E-Book-Markt[141] auch für die technische Gestaltung von E-Books ein zentraler Akteur.[142] *Amazon* nutzt für seine E-Book-Reader der Produktserie Kindle die proprietären Formate mobi, AZW[143] und KF8[144]. Dabei stehen alle drei Dateiformate in einer engen Beziehung zueinander. *Amazon* übernahm 2005 die Firma *Mobipocket*, womit das mobi-Format den Ausgangspunkt für den E-Book-Vertrieb von *Amazon* bildete. Hierauf basiert das AZW-Format, das derzeit in der dritten Version (AZW3) als KF8-Format existiert. Sie fußen alle auf OPF und OPS[145] und somit auf den Ausgangsformaten HTML und XML.[146] Auch wenn es sich bei den Formaten um binär kompilierte Endformate handelt,[147] womit Details zur Datenstruktur nicht offenliegen, gilt hinsichtlich der Struktur der Dateien und der verschiedenen Funktionen grundsätzlich das zum ePUB-Format Ausgeführte. Trotz der Unterstützung der meisten HTML5-Features durch das KF8-Format, fehlt es allerdings an einer geeigneten Schnittstelle für JavaScript,[148] was die Möglichkeiten hinsichtlich der Interaktivität einschränkt.

---

139 *Wang*, S. 335.
140 Siehe *International Digital Publishing Forum*, 4.3.3.
141 Siehe *Wischenbart*, S. 120, wonach *Amazon* auf dem E-Book-Markt schätzungsweise einen Anteil von über 90 % in Großbritannien, 50 % in Frankreich und weit über 40 % in Deutschland hat.
142 Siehe *Oprysk/Matulevičius/Kelli*, JIPITEC 2017, 128 Rn. 18 ff.
143 Die Abkürzung und Dateiendung AZW geht wohl auf das auf Mobilfunk basierende Netzwerk von *Amazon* »Amazon Whispernet« zurück, siehe *Wang*, S. 60.
144 Kurz für »Kindle Format 8«.
145 *Kämmerle*, S. 68.
146 *Wang*, S. 37, 51 ff.
147 Bezüglich des Formates KF8 siehe *Kämmerle*, S. 67.
148 *Amazon*, Amazon Kindle Publishing Guidelines, S. 20.

3. ibooks

Das proprietäre E-Book-Format von *Apple* ist ibooks. Sein Name steht dabei zugleich für das gesamte Vertriebssystem von *Apple* für E-Books. So können die über den »iBookStore« bezogenen E-Books über die Software »iBooks« verwaltet und gelesen werden.[149] Insgesamt ist über die konkrete Struktur des ibooks-Formates wenig bekannt. Zahlreichen Internetforen lässt sich aber entnehmen, dass es ebenfalls größtenteils auf ePUB3 basiert.[150] Daher lassen sich die Ausführungen zum ePUB-Format hinsichtlich der Grundlagen der Dateistruktur und auch der funktionellen Möglichkeiten für die multimediale und interaktive Gestaltung von E-Books auf das ibooks-Format übertragen.

IV. PDF-Dateien

Im Gegensatz zum ePUB-Format und den darauf basierenden Formaten ist das PDF kein spezielles E-Book-Format, sondern ein offener Standard einer Seitenbeschreibungssprache, der generell dem Austausch elektronischer Dokumente und als Druckvorstufe dient. Er wurde 1993 von *Adobe Systems* vorgestellt.[151] Eine PDF-Datei ist (wie die ePUB-Datei) eine Container-Datei, die aus einer Vielzahl unterschiedlicher Objekte unterschiedlicher Datenformate bestehen kann, die regelmäßig unmittelbar in der PDF-Datei gespeichert werden. Die Anordnung dieser Objekte in der Datei muss dabei nicht der Anordnung in dem dargestellten PDF-Dokument entsprechen.[152] Es bedarf lediglich einer Nummerierung, die eine Verweisung auf ein Objekt über seine Objektnummer ermöglicht. Die Art der Verknüpfung der verschiedenen Daten in einem PDF-Dokument verdeutlicht die Struktur einer PDF-Datei:[153] Nach dem Header, mit dem jede Datei beginnt und mit dessen Hilfe die Verarbeitung der Daten beschrieben wird, folgt der Body, der die Daten der Objekte enthält, aus denen das Dokument besteht. Über die Position der Objekte in dem Dokument gibt der sich anschließende Cross-Reference-Table Auskunft. Der Trailer, der dem Cross-Reference-Table folgt, definiert dann die Position des Cross-Reference-Tables und einzelner spezieller Objekte im Datei-Body.

Die Besonderheit eines PDF-Dokumentes ist sein festes Layout. Die vektor-

---

149 *Wang*, S. 489.
150 Siehe etwa <https://www.baldurbjarnason.com/notes/the-ibooks-textbook-format/>;<http://www.glazman.org/weblog/dotclear/index.php?post/2012/01/20/iBooks-Author-a-nice-tool-but>; <http://daringfireball.net/2012/01/ibooks_author_file_format>.
151 *Merz/Drümmer*, S. 3.
152 *Merz/Drümmer*, S. 525.
153 Ausführlich hierzu *Merz/Drümmer*, S. 525 ff.

basierte Seitenbeschreibungssprache ermöglicht es, die Inhalte plattform- und systemunabhängig zu speichern sowie unabhängig von den Endgeräten auszugeben.[154] Alle Elemente des Seiteninhaltes bleiben daher immer exakt an derselben Position. Das PDF eignet sich damit besonders für E-Books in Form von digitalen Faksimiles von Büchern. Allerdings lassen sich in PDF-Dateien mittlerweile auch Strukturinformationen, also Informationen über einzelne Elemente eines Dokuments sowie deren Beziehung zueinander, einbetten (TaggedPDF). Damit kann sich die Anzeige an die Größe des Bildschirms oder des Fensters anpassen.[155] Das Layout kann damit auch hier dynamisch gestaltet werden.

Über die Möglichkeit der Einbettung von Dateien in beliebiger Form lassen sich auch Multimedialität und Interaktivität durch das PDF verwirklichen. So lassen sich neben Texten und Bildern etwa auch Videos, Tonaufnahmen oder 3D-Inhalte in das PDF-Dokument aufnehmen.[156] Auch in der Programmiersprache JavaScript abgefasste Programmcodes lassen sich in PDF-Dokumente integrieren.[157] Damit können in einer PDF-Datei auch »Mini-Programme« enthalten sein, was diverse Möglichkeiten zur Interaktion mit dem Benutzer bietet. Gleiches ergibt sich auch daraus, dass in Flash erstellte interaktive Inhalte zu PDF-Dateien als ergänzende Werkzeuge für Text hinzugefügt werden können.[158] Folglich können PDF-Dokumente beispielsweise auch Rechenfunktionen, kleine Spiele oder Online-Karten enthalten. Auch Inhalte, die nicht selbst in der PDF-Datei integriert sind, lassen sich in das PDF-Dokument einbetten.[159] Damit können auch externe Inhalte beispielsweise von einer Internetquelle – ähnlich dem Referenzieren bei HTML-basierten Dateien – zum Inhalt eines E-Books im PDF-Format gemacht werden.

V. Apps

Die beschriebenen Dateiformate können regelmäßig auch durch spezielle Mobile Apps auf mobilen Endgeräten wie Smartphones oder Tablets verarbeitet und verwaltet werden (sog. Reader-App). Neben dieser durch eine Mobile App vermittelten Nutzung werden elektronische Bücher aber auch teilweise selbst als Mobile App vertrieben. Vor allem für umfassendere Inhalte wie etwa Lexika oder

---

154 *Merz/Drümmer*, S. 1, 7.
155 *Merz/Drümmer*, S. 102 ff.
156 *Blümlein*, S. 27.
157 *Merz/Drümmer*, S. 419 ff.
158 Siehe <https://helpx.adobe.com/de/acrobat/using/rich-media.html>.
159 Siehe <https://helpx.adobe.com/de/acrobat/using/rich-media.html>.

ähnlich umfangreiche Werke[160] wie auch für Lehrbücher werden eigenständige Mobile Apps entwickelt.

Als Mobile App wird eine Anwendungssoftware für mobile Endgeräte bezeichnet, die über drahtlose Kommunikationsnetzwerke direkt von einem zentralen Marktplatz installiert wird.[161] Dabei sind die sog. nativen Apps von den Web-Apps abzugrenzen. Web-Apps sind Web-Anwendungen, die nicht selbstständig, sondern durch einen Browser und damit plattformunabhängig ausgeführt werden.[162] Eine Web-App ist folglich eine Website auf der Grundlage von HTML, die lediglich auf der Benutzeroberfläche nativen Apps ähnelt. Native Apps werden im Gegensatz dazu durch Programmiersprachen verfasst.[163] Eine Programmiersprache ist eine formale Sprache zur Formulierung von Datenstrukturen und Algorithmen, die von einem Computer ausgeführt werden können. Besonders relevant für native Apps sind die Programmiersprachen Java (für das Betriebssystem Android), Objective-C und Swift (für das Betriebssystem iOS) sowie C# und C++ (für das Betriebssystem Windows).

Um über die reine Software – bestehend aus Befehlen und Algorithmen – auch sonstige Elemente wie etwa Bild-, Audio- oder Video-Dateien in die Benutzeroberfläche zu integrieren, werden diese wiederum im Programmcode referenziert, sodass auch eine App als Ganzes modular strukturiert ist. Durch die Umsetzung eines E-Books als App ergeben sich daher ebenfalls vielfältige Möglichkeiten zur Gestaltung eines E-Books.

VI. Zusammenfassung

Grundsätzlich bestehen zwischen dem Informationsträger und dem darin enthaltenen Inhalt hohe Interdependenzen, da der Informationsträger die Gestaltungsmöglichkeiten für den Inhalt vorgibt. Speziell für E-Books ergeben sich bei der Wahl zwischen den vorgestellten Informationsträger jedoch nur geringe Konsequenzen für die Möglichkeiten ihrer Gestaltung. Bezüglich des Layouts, der Interaktivität und der Multimedialität bieten die verschiedenen Formate nahezu identische Möglichkeiten. Die Wahl zwischen den verschiedenen Formaten orientiert sich daher vorwiegend an dem wirtschaftlichen Kriterium des Marktes, der jeweils für ein Format besteht.

---

160 So beispielsweise die App der Lutherbibel 2017 der Deutschen Bibelgesellschaft oder die App des interaktiven E-Books von Al Gore »Our Choice: A Plan to Solve the Climate Crisis«.
161 *Denker/Hartl/Denker*, in: Solmecke/Taeger/Feldmann, Mobile Apps, S. 1 Rn. 14 f.; *Baumgartner/Ewald*, Apps und Recht, Rn. 1 f.; *Schoder/Madeja*, Stichwort: Applikation, mobile, in: Sjurts, Gabler Lexikon Medienwirtschaft, S. 26.
162 *Baumgartner/Ewald*, Apps und Recht, Rn. 3.
163 *Lachenmann*, in: Solmecke/Taeger/Feldmann, Mobile Apps, S. 25 Rn. 18.

B. Erstellung von Informationsträgern

Aus den Strukturen der Informationsträger lässt sich schließen, dass die verschiedenen Dateien zunächst unmittelbar durch das Schreiben des Quelltextes erstellt werden können. Demgegenüber können die Informationsträger unter Umständen selbst das Ergebnis der gestalterischen Umsetzung des E-Books auf der Nutzerebene sein. Dies ist der Fall, wenn das E-Book über sog. WYSIWYG-Editoren produziert wird. Bei echtem WYSIWYG[164] wird das E-Book über eine grafische Benutzeroberfläche eines Editors so gestaltet, wie es bei der Ausgabe angezeigt wird. Diese Reinform des WYSIWYG ist bei E-Books mit einem dynamischen Layout zwar nicht möglich. Allerdings wird auch hier über die Gestaltung des E-Books über eine grafische Benutzeroberfläche das separate Schreiben des Quelltextes entbehrlich.[165] Die E-Book-Datei bzw. der Quelltext wird durch den Editor automatisch erzeugt. Damit sind bei dieser Vorgehensweise keine Kenntnisse hinsichtlich der verschiedenen Computersprachen nötig. Regelmäßig bieten Editoren aber das Arbeiten sowohl unmittelbar im Quelltext als auch über die grafische Benutzeroberfläche an.[166]

C. Verarbeitung der Informationen

Aus dem der Computerebene zuzuordnenden Informationsträger wird die Nutzerebene durch Computerprogramme vermittelt, welche die Informationen der Dateien interpretieren und den Content damit gemäß den Befehlen in den Dateien darstellen. Die für den Nutzer wahrnehmbare Darstellung des E-Books ist damit das Ergebnis der Interpretation des jeweiligen Informationsträgers.

Daraus folgt, dass neben den Dateien auch den Computerprogrammen, mit denen die E-Books lesbar gemachen werden, eine zentrale Rolle für die Nutzung von E-Books zukommt.[167] Sofern ein E-Book in Form einer Website auftritt, übernimmt der Webbrowser die Darstellung des Contents. Der jeweils verwendete Webbrowser bedingt die Verarbeitung der verschiedenen internen und externen (referenzierten) Elemente. Die meisten Browser sind in der Lage, verschiedene Dateiformate darzustellen. Referenziert eine HTML-Datei Elemente in Dateiformaten, die der Browser nicht unterstützt, so kann der Browser ein externes Programm starten (Plug-in), das die Darstellung des Inhaltes übernimmt.

---

164 Akronym für »What you see is what you get«, siehe *Kersken*, IT-Handbuch, S. 1239.
165 Zur Erstellung eines E-Books mit dem Mobipocket Creator siehe *Wang*, S. 71 ff.
166 So etwa die freie Software zum Lesen, Verwalten und Erstellen von E-Books »Calibre«.
167 Zu ausgewählten Programmen zum Lesen von E-Books siehe *Orgelmann*, S. 41 ff.

Da die Formate ePUB und PDF offene Standards sind, können sie durch Computerprogramme verschiedener Hersteller interpretiert werden. Im Gegensatz dazu sind die proprietären E-Book-Formate von *Amazon* und *Apple* durch ihre unzureichende Dokumentation nur durch spezielle Computerprogramme interpretierbar. Dies führt dazu, dass sie nur durch die hauseigenen Computerprogramme gelesen werden können, wodurch die von den Anbietern gewünschte Marktabgrenzung erfolgt. Über das verarbeitende Computerprogramm, das in den jeweiligen E-Book-Readern vorinstalliert ist, kommt es so zu einer Bindung an die jeweiligen Geräte des Anbieters des Formates. Gleichzeitig unterstützen die Kindle-Geräte das ePUB-Format standardmäßig nicht, sodass ein solches Gerät wiederum nur die speziellen E-Book-Formate von *Amazon* verarbeiten kann. Beim Angebot der Endgeräte sowie dem Vertrieb von speziellen E-Book-Dateien provozieren *Amazon* und *Apple* damit indirekte Netzeffekte innerhalb ihres Vertriebssystems, bei denen der Nutzen des einen Produkts indirekt durch die Verbreitung des anderen komplementären Produkts steigt.[168] Im Ergebnis soll damit eine langfristige Kundenbindung erreicht werden.

Wird das E-Book in Form einer App vertrieben, so bedarf es keines zusätzlichen Computerprogrammes zur Interpretation der Computerebene. Vielmehr liegt der Content hier unmittelbar in Form eines Computerprogrammes vor. Dennoch muss dieses selbst erst ausgeführt werden, um die Nutzerebene zu generieren.

---

168 Siehe *Schumann/Hess/Hagenhoff*, Medienwirtschaft, S. 31.

4. Kapitel: Urheberrechtliche Schutzfähigkeit von E-Books und Einordnung relevanter Nutzungsvorgänge

A. Objekte urheberrechtlichen Schutzes und ihr Verhältnis zueinander

Aus dem dualen Charakter des E-Books folgt, dass mit der Computerebene (E-Book-Datei) sowie der Nutzerebene (E-Book-Content) verschiedene Anknüpfungspunkte für mögliche Ausschließlichkeitsrechte bestehen. Anders als beim analogen Buch, wo ebenfalls die Ausschließlichkeitsrechte am materiellen Träger (Eigentum) und am Buchinhalt (Urheberrecht) zu unterscheiden sind, kommt aufgrund der körperlichen Unabhängigkeit sowohl der Nutzer- als auch der Computerebene jeweils ein urheberrechtlicher Schutz in Betracht.[169] Darüber hinaus lässt sich auch das E-Book in seiner Gesamtheit auf seine urheberrechtliche Schutzfähigkeit hin untersuchen.

I. E-Book-Datei

In Bezug auf die urheberrechtliche Schutzfähigkeit des Informationsträgers sind HTML-Dateien bzw. die auf HTML basierenden ePUB-, Kindle- und ibooks-Dateien, PDF-Dateien sowie Apps zu unterscheiden, für die jeweils ein Schutz als Computerprogramm (§§ 2 Abs. 1 Nr. 1, 69a UrhG), als Sprachwerk (§ 2 Abs. 1 Nr. 1 UrhG) und als Datenbankwerk (§ 4 Abs. 2 UrhG) in Betracht kommt. Dafür muss der Informationsträger selbst eine persönliche geistige Schöpfung i. S. d. § 2 Abs. 2 UrhG sein, was zunächst eine menschlich-gestalterische Tätigkeit erfordert.[170] Für diese kann sich der Urheber Maschinen als Hilfs- bzw. Ausführungsmittel bedienen.[171] Allerdings genießen reine Maschinenprodukte

---

169 Diesen dualen Charakter übergeht *Orgelmann*, S. 79 ff.
170 Siehe nur *Loewenheim*, in: Schricker/Loewenheim, UrhR, § 2 Rn. 38; *Loewenheim/Spindler*, in: Schricker/Loewenheim, UrhR, § 69a Rn. 15 m. w. N.
171 *Loewenheim*, in: Schricker/Loewenheim, UrhR, § 2 Rn. 40; BeckOK-UrhR/*Ahlberg*, § 2

keinen Urheberrechtsschutz.[172] Vielmehr muss die Schöpfung das Ergebnis eines unmittelbaren geistigen Schaffensprozesses darstellen, weshalb auch reine Zufallswerke nicht schutzfähig sind.[173] Soweit der Informationsträger in Form des Quelltextes eines E-Books automatisch durch einen WYSIWYG-Editor erstellt wird,[174] stellt sich die Erzeugung der Computerebene aus Sicht des Schöpfers der Nutzerebene als beliebig dar. Der E-Book-Autor benutzt die Software mithin nicht nur als ein bloßes Hilfsmittel, mittels dessen er eindeutige Anweisungen zur Erzeugung der Computerebene gibt. Die Gestaltung der Computerebene lässt sich daher nicht mehr auf einen geistigen Schöpfungsakt des E-Book-Autors zurückführen. Mangels eines unmittelbaren Zusammenhanges zwischen Schaffensprozess und Ergebnis kann der durch den Editor konkret erzeugte Informationsträger urheberrechtlich auch nicht dem Urheber des Editors zugerechnet werden. Folglich scheidet ein urheberrechtlicher Schutz der Computerebene insoweit aus, als diese allein automatisiert durch einen Editor erzeugt wird.[175]

1. Schutz als Computerprogramm

Sofern die Schutzfähigkeit des Informationsträgers nicht bereits mangels einer menschlich-gestalterischen Tätigkeit ausscheidet, kommt zunächst ein Schutz als Computerprogramm gemäß §§ 2 Abs. 1 Nr. 1, 69a UrhG infrage. Ein Computerprogramm ist eine Folge von Befehlen, die nach Aufnahme in einen maschinenlesbaren Datenträger bewirken können, dass eine Maschine mit informationsverarbeitenden Fähigkeiten eine bestimmte Funktion oder Aufgabe oder ein bestimmtes Ergebnis anzeigt, ausführt oder erzielt.[176] Schutzfähig ist das Computerprogramm gemäß § 69a Abs. 3 S. 1 UrhG dann, wenn es ein individuelles Werk in dem Sinne darstellt, dass es das Ergebnis der eigenen geistigen Schöpfung seines Urhebers ist. Daher sind einfache Programme, die lediglich aus wenigen Befehlen oder der bloßen Aneinanderreihung allgemein

---

Rn. 55; *A. Nordemann*, in: Fromm/Nordemann, UrhR, § 2 Rn. 25; *Schulze*, in: Dreier/Schulze, UrhG, § 2 Rn. 8.

172 *Loewenheim/Spindler*, in: Schricker/Loewenheim, UrhR, § 69a Rn. 15; *Haberstumpf*, in: Lehmann, Rechtsschutz und Verwertung von Computerprogrammen, S. 69 Rn. 34.
173 *A. Nordemann*, in: Fromm/Nordemann, UrhR, § 2 Rn. 25; BeckOK-UrhR/*Ahlberg*, § 2 Rn. 54.
174 Zur Erstellung der Informationsträger siehe oben S. 44.
175 Bezüglich eines HTML-Codes einer Website siehe OLG Rostock GRUR-RR 2008, 1; zur Erstellung einer XML-Datei durch eine Datenbanksoftware siehe auch LG Frankfurt a. M., Urt. v. 08.11.2012, Az. 2–03 O 269/12, juris, Rn. 35.
176 BGH GRUR 1985, 1041 (1047) – Inkasso-Programm, in Anlehnung an § 1 Abs. 1 der Mustervorschriften für den Schutz von Computersoftware der WIPO, abgedruckt in GRUR Int 1978, 286 (290); BeckOK-UrhR/*Kaboth/Spies*, § 69a Rn. 2; *Dreier*, in: Dreier/Schulze, UrhG, § 69a Rn. 12.

bekannter Bausteine bestehen, nicht geschützt.[177] Vielmehr muss sich die Individualität gerade in der Ausnutzung eines bestehenden Gestaltungsspielraumes insbesondere hinsichtlich Form und Art der Sammlung, Einteilung und Anordnung des Materials bei der Problemanalyse sowie der Erstellung des Datenfluss- und des Programmablaufplans niederschlagen.[178] Zentral sowohl für die Frage nach dem Vorliegen eines Computerprogrammes als auch für dessen Individualität ist damit die Analyse eines konkreten Problems und dessen Lösung durch den Ablauf von Befehlen.[179]

a.   Klassische E-Books
Fraglich ist zunächst, ob die jeweiligen Informationsträger von klassischen E-Books den Anforderungen der Begriffsbestimmung von Computerprogrammen gerecht werden können. E-Book-Dateien, die Text und sonstige Elemente lediglich mittels einer Auszeichnungssprache (HTML,[180] XML, XHTML) strukturieren und gliedern, bewirken durch die jeweiligen Befehle eine bestimmte Anzeige des Contents durch eine Maschine. Mit HTML- und speziellen E-Book-Dateien vergleichbar sind diesbezüglich PDF-Dateien. PDF ist eine Seitenbeschreibungssprache. Über verschiedene Befehle wird eine konstante grafische Darstellung der in der PDF-Datei enthaltenen Inhalte auf einer Seite von fester Größe erreicht.[181] Unabhängig von der Verwendung einer bestimmten Computersprache bewirken die Dateien klassischer E-Books nach Aufnahme in einen maschinenlesbaren Datenträger damit, dass die jeweiligen Lesegeräte mittels geeigneter Software den E-Book-Inhalt nach den vorgegebenen Anweisungen anzeigen.

Für die Einordnung der Informationsträger als Computerprogramm muss die Anzeige des E-Book-Inhaltes dabei aber das Ergebnis einer Abfolge von Befehlen darstellen. An einer ablauffähigen Folge von Befehlen fehlt es indes. Befehle über die Art und Weise der Darstellung verschiedener Elemente dienen als ein bloßes Hilfsmittel zur Kommunikation von Daten.[182] Die Befehle führen

---

177 *Marly*, Praxishandbuch Softwarerecht, Rn. 108 m. w. N.
178 *Dreier*, in: Dreier/Schulze, UrhG, § 69a Rn. 26; siehe auch BGH GRUR 1985, 1041 (1047f.) – Inkasso-Programm.
179 *Marly*, Praxishandbuch Softwarerecht, Rn. 112.
180 Bis zur vierten Version von HTML handelte es sich um eine reine Auszeichnungssprache. Die Funktionen von HTML5 gehen mit der Bereithaltung von Eingabeelementen und der Integration von Video- und Audio-Inhalten weit über die reine Strukturierung verschiedener Elemente hinaus. Der Einsatz dieser Möglichkeiten ist jedoch nicht zwingend, sodass nicht per se zwischen HTML und HTML5 unterschieden werden muss, so aber *Grützmacher*, in Wandtke/Bullinger, UrhR, § 69a Rn. 18.
181 Siehe oben S. 41f.
182 Hinsichtlich HTML OLG Rostock GRUR-RR 2008, 1; so auch OLG Frankfurt a. M. GRUR-RR 2005, 299 (300), wonach das Codieren von Informationen in HTML keine Program-

dabei nicht zu einem Prozess, sondern ermöglichen lediglich umgekehrt den Abruf der Daten mittels einer dafür geeigneten Software. Sie dienen damit allein der Übersetzung des Inhaltes in eine maschinenlesbare Sprache, was für eine Einordnung der Dateien als Computerprogramm nicht genügt.[183] Gegen eine solche Einordnung spricht auch, dass ansonsten sämtliche digitale Inhalte als Computerprogramme zu qualifizieren wären, sofern sich die Inhalte computergestützt anzeigen oder abspielen lassen. Der Begriff des Computerprogramms würde damit erheblich an Konturen verlieren. Informationsträger, die den Content lediglich mittels einer Auszeichnungs-, Seitenbeschreibungs- oder sonstigen Computersprache strukturieren und so dessen Darstellung organisieren, sind folglich keine Computerprogramme.[184]

Dies gilt im Ausgangspunkt auch für eine ePUB-Datei, die neben dem XHTML-nahen OPS auch die Substandards OPF und OCF umfasst. Funktion des OPF ist neben der Strukturierung der Inhalte die Aufnahme von Metadaten. Das OCF verpackt schließlich alle Teildateien zu einer einheitlichen Container-Datei. Eine ePUB-Datei an sich ist damit lediglich ein Agglomerat von Daten, das Gegenstand einer Verarbeitung durch ein Computerprogramm sein kann. Das bloße Format des Datenbestandes vermag eine Schutzfähigkeit als Computerprogramm nicht begründen.[185] Gleiches gilt für die auf ePUB beruhenden Kindle-Formate und ibooks. Unabhängig davon, ob ein klassisches E-Book in Form einer HTML-Datei, einer speziellen E-Book-Datei oder einer App vorliegt, ist der Informationsträger in seiner Gesamtheit damit kein Computerprogramm i. S. d. § 69a UrhG.

b. Enhanced E-Books

Von der bloßen Organisation verschiedener Objekte in einem E-Book zu unterscheiden sind die interaktiven Elemente von enhanced E-Books bzw. je nach Komplexität und Umfang der Interaktivität auch das enhanced E-Book insgesamt. Die wechselseitige Kommunikation von E-Book und Nutzer erfordert eine Abfolge von Befehlen, die den Austausch und die Verwertung der ausgetauschten Informationen bewerkstelligt. Es bedarf damit eines Computerprogrammes, das eine Schnittstelle i. S. d. ErwGr 10 S. 3 RL 2009/24/EG[186] enthält.

---

    mierleistung darstellt; siehe auch *Leistner/Bettinger*, CR-Beilage 1999, 1 (18); in Bezug auf XML LG Frankfurt a. M., Urt. v. 08.11.2012, Az. 2–03 O 269/12, juris, Rn. 27.
183 *Marly*, Praxishandbuch Softwarerecht, Rn. 26; *Ulmer/Hoppen*, CR 2008, 681.
184 *Czychowski*, in: Fromm/Nordemann, UrhR, § 69a Rn. 8; *Grützmacher*, in: Wandtke/Bullinger, UrhR, § 69a Rn. 18; *Dreier*, in: Dreier/Schulze, UrhG, § 69a Rn. 16; *Orgelmann*, S. 81 f.; a. A. *Cichon*, ZUM 1998, 897 (899); *Leistner/Bettinger*, CR-Beilage 1999, 1 (17); *Bechtold*, ZUM 1997, 427 (428).
185 EuGH GRUR 2012, 814 Rn. 39, 42 – SAS Institute.
186 Richtlinie 2009/24/EG des Europäischen Parlaments und des Rates vom 23. April 2009 über den Rechtsschutz von Computerprogrammen.

Bei HTML- bzw. den hierauf beruhenden speziellen E-Book-Dateien können die dafür nötigen Steuerungsbefehle unmittelbar in der (X)HTML-Datei (etwa durch JavaScript) integriert sein. Zudem kann auch HTML5 eine ablauffähige Folge von Steuerungsbefehlen enthalten. Neben der unmittelbaren Einbindung einer solchen Befehlsfolge ermöglicht auch das Referenzieren die Verknüpfung mit einem Computerprogramm. Da auch PDF-Dateien grundsätzlich verschiedene Dateien aufnehmen können, ist es wie bei HTML- und den speziellen E-Book-Dateien möglich, dass auch Computerprogramme Bestandteile der PDF-Datei sind. Soweit Apps Steuerungsbefehle zur Realisierung eines enhanced E-Books enthalten, sind auch diese als Computerprogramme i. S. d. § 69a UrhG einzuordnen. Dies wird jedenfalls bei nativen Apps[187] regelmäßig der Fall sein, die in Programmiersprachen verfasst werden und von einem Computer ausführbare Datenstrukturen und Algorithmen enthalten.

An die Frage nach dem Vorliegen eines Computerprogrammes i. S. d. § 69a UrhG schließt sich die Frage nach dessen Schutzfähigkeit an. Computerprogramme werden geschützt, wenn sie individuelle Werke in dem Sinne darstellen, dass sie das Ergebnis der eigenen geistigen Schöpfung ihres Urhebers sind, § 69a Abs. 3 S. 1 UrhG. Das Vorliegen der erforderlichen Individualität des Computerprogrammes kann dabei insoweit fraglich sein, als es als Mittel zur technischen Umsetzung des E-Book-Contents geschaffen wird. Zwar ist es irrelevant, dass die Datei eine dienende Funktion hat. Ein Gebrauchszweck ist für den Urheberrechtsschutz unschädlich.[188] Aus einer konkreten Zielvorgabe für die Gestaltung des E-Book-Inhaltes und damit der Nutzerebene kann sich jedoch ein äußerer Zwang für die Erstellung des hierfür nötigen Informationsträgers ergeben. Damit muss sich das individuelle Wirken gerade in der Umsetzung der Content-bedingten Vorgaben entfalten.[189] Bei der Erstellung des Informationsträgers darf es sich folglich nicht nur um eine bloße handwerkliche Leistung handeln. Die Tätigkeit muss vielmehr analytisch-konzeptionelle Fähigkeiten, Geschick, Einfallsreichtum und planerisch-konstruktives Denken erfordern.[190] Ein über die Voraussetzung der Individualität hinausgehender Maßstab ist

---

187 Zur Abgrenzung von Web-Apps und nativen Apps siehe oben S. 42 f.
188 BGHZ 22, 209 (214 f.) – Europapost; BGH GRUR 1987, 903 (904) – Le-Corbusier-Möbel; *Loewenheim*, in: Schricker/Loewenheim, UrhR, § 2 Rn. 66; *Bullinger*, in: Wandtke/Bullinger, UrhR, § 2 Rn. 29 f.
189 Wird in der strukturierten Darstellung des Contents bereits eine ausreichende Funktion i. S. d. Begriffsbestimmung für ein Computerprogramm gesehen, fehlt es jedenfalls bei der Strukturierung eines E-Books mittels HTML an einem Gestaltungsspielraum, da die Anordnung des Textes und sonstiger Elemente lediglich schematisch durch die von der Auszeichnungssprache selbst vorgegebenen Befehle umgesetzt wird, siehe *Leistner/Bettinger*, CR-Beilage 1999, 1 (18).
190 OLG München CR 2000, 429 (430); *Loewenheim/Spindler*, in: Schricker/Loewenheim, UrhR, § 69a Rn. 19; *Leistner/Bettinger*, CR-Beilage 1999, 1 (18).

gemäß § 69a Abs. 3 S. 2 UrhG dabei jedoch nicht anzulegen. Vor allem dürfen keine qualitativen oder ästhetischen Kriterien für die Bestimmung der Schutzfähigkeit eines Computerprogrammes angewendet werden. Dieser auf Art. 1 Abs. 3 RL 2009/24/EG basierende, unionsweit geltende Maßstab steht damit der Forderung einer besonderen Schöpfungshöhe etwa in Form einer »deutlich über dem Durchschnitt liegende[n] schöpferische[n] Leistung«[191] entgegen. Vielmehr ist ein Minimum an Individualität ausreichend, sodass auch die kleine Münze des Programmierens urheberrechtlich geschützt ist.[192] Ausgeschlossen bleibt ein Schutz damit allein für völlig banale Programmierleistungen, die jeder Programmierer auf die gleiche Weise erbringen würde.[193] Die Schutzfähig des Computerprogrammes wird daher bei der Verwendung von komplexen Computersprachen, die für interaktive E-Books nötig werden, regelmäßig gegeben sein.[194] Bei komplexen Programmen soll sogar eine tatsächliche Vermutung für die hinreichende Individualität sprechen.[195] Die Vorgaben für die Gestaltung des Informationsträgers durch die Gestaltung des E-Book-Contents schließen somit nicht die Individualität des Computerprogramms und damit die Schutzfähigkeit der E-Book-Datei aus, die im Einzelfall festgestellt werden muss.

2. Schutz als Sprachwerk

E-Book-Dateien, die keine Computerprogramme i. S. d. § 69a UrhG sind, könnten als sonstige Sprachwerke i. S. d. § 2 Abs. 1 Nr. 1 UrhG geschützt sein. Sprachwerke sind solche Werke, bei denen der gedankliche Gehalt mit Mitteln der Sprache ausgedrückt wird.[196] Auch Informationsträger, die mangels einer ablauffähigen Folge von Befehlen keine Computerprogramme sind, vermitteln durch eine Computersprache (etwa einer Auszeichnungs- oder Seitenbeschreibungssprache) eine Information, die zu einer konkreten Darstellung des Contents auf der Nutzerebene führt. Die Schutzfähigkeit kann sich hierbei sowohl durch eine schöpferische Leistung in Bezug auf die Form der Darstellung als

---

191 So noch die frühere Rechtsprechung, siehe BGH GRUR 1985, 1041 (1048) – Inkasso-Programm; BGH GRUR 1991, 449 (451) – Betriebssystem.
192 BT-Drucks 12/4022, S. 9; so dann auch die Rechtsprechung, siehe BGH GRUR 2005, 860 (861) – Fash 2000; BGH GRUR 2013, 509 Rn. 24 – UniBasic-IDOS; OLG Frankfurt a. M. GRUR 2015, 784 Rn. 36.
193 BGH GRUR 2005, 860 (861) – Fash 2000; BGH GRUR 2013, 509 Rn. 24 – UniBasic-IDOS; *Loewenheim/Spindler*, in: Schricker/Loewenheim, UrhR, § 69a Rn. 20; *Grützmacher*, in: Wandtke/Bullinger, UrhR, § 69a Rn. 34; *Dreier*, in: Dreier/Schulze, UrhG, § 69a Rn. 26.
194 *Leistner/Bettinger*, CR-Beilage 1999, 1 (18).
195 BGH GRUR 2005, 860 (861) – Fash 2000; BGH GRUR 2013, 509 Rn. 24 – UniBasic-IDOS; OLG Frankfurt a. M. GRUR 2015, 784 Rn. 36 – Objektcode; *Czychowski*, in: Fromm/Nordemann, UrhR, § 69a Rn. 35; *Loewenheim/Spindler*, in: Schricker/Loewenheim, UrhR, § 69a Rn. 22; *Marly*, Praxishandbuch Softwarerecht, Rn. 118.
196 Siehe nur BeckOK-UrhR/*Ahlberg*, § 2 Rn. 4; *Schulze*, in: Dreier/Schulze, UrhG, § 2 Rn. 81.

auch hinsichtlich des Inhaltes ergeben.¹⁹⁷ Im Hinblick auf die Form besteht bei der Verwendung von Computersprachen jedoch die Besonderheit, dass – bedingt durch die Fähigkeit der verarbeitenden Software – jeweils auf ein festes endliches Grundvokabular und eine feste Syntax sowie Semantik zurückgegriffen werden muss.¹⁹⁸ Die maschinengesteuerte Erfassung von Datenstrukturen und Algorithmen wird nur gewährleistet, wenn sie konkreten Regeln folgen. Insoweit fehlt es mithin an der Möglichkeit zur individuellen Verwendung des Ausdrucksmittels »Sprache«.¹⁹⁹ Die für einen Schutz als Sprachwerk nötige Individualität lässt sich damit nicht mit der Form bzw. Anordnung der Sprache begründen.

Mangels Formfreiheit bei der Verwendung von Computersprachen gilt Gleiches zwar auch für Computerprogramme gemäß §§ 2 Abs. 1 Nr. 1, 69a UrhG.²⁰⁰ Bei Computerprogrammen kann die eigenschöpferische Leistung jedoch in der Analyse eines konkreten Problems und dessen Lösung durch den Ablauf von Befehlen liegen.²⁰¹ Auch bei den sonstigen E-Book-Dateien könnte damit der Inhalt die Schutzfähigkeit als ein Sprachwerk i. S. d. § 2 Abs. 1 Nr. 1 UrhG begründen.²⁰² Dem steht jedoch entgegen, dass die Gestaltung des Informationsträgers von den Zielvorstellungen bezüglich der Nutzerebene abhängig ist. Soll der Informationsträger lediglich eine konkrete Darstellung des Contents auf der Nutzerebene gewährleisten, wird dies auf der Computerebene schematisch unter Verwendung der jeweiligen Computersprache angewiesen.²⁰³ Anders als bei der Programmierung einer ablauffähigen Folge von Befehlen ist für ein individuelles Schaffen auf der Computerebene kraft dieser Abhängigkeit kein Raum. Bei dem Informationsträger handelt es sich somit lediglich um ein auf handwerklichen Fähigkeiten beruhendes Hilfsmittel zur Kommunikation.²⁰⁴ Damit sind vor allem die Informationsträger von klassischen E-Books nicht separat als Sprachwerke schutzfähig.

3. Schutz als Datenbankwerk

Schließlich kommt ein Schutz des Informationsträgers als Datenbankwerk gemäß § 4 Abs. 2 i. V. m. § 4 Abs. 1 UrhG in Betracht. Hierfür ist eine Sammlung

---

197 *Loewenheim*, in: Schricker/Loewenheim, UrhR, § 2 Rn. 76 ff.; BeckOK-UrhR/*Ahlberg*, § 2 Rn. 58; *Schack*, UrhR, Rn. 188.
198 *Marly*, Praxishandbuch Softwarerecht, Rn. 110 f.; *König*, Rn. 448.
199 *V. Hellfeld*, GRUR 1989, 471 (472).
200 *Marly*, Praxishandbuch Softwarerecht, Rn. 110 f.
201 Anschaulich *Hoeren/Wehkamp*, CR 2018, 1 (6 f.).
202 BT-Drucks IV/270, S. 38; *Loewenheim*, in: Schricker/Loewenheim, UrhR, § 2 Rn. 80, 102.
203 *Leistner/Bettinger*, CR-Beilage 1999, 1 (18).
204 So fehlte es an dem Nachweis der Individualität einer XML-Datei in LG Frankfurt a. M., Urt. v. 08.11.2012, Az. 2–03 O 269/12, juris, Rn. 33.

von unabhängigen Elementen erforderlich, die aufgrund der Auswahl oder Anordnung der Elemente eine persönliche geistige Schöpfung ist. Dabei müssen die Elemente systematisch oder methodisch angeordnet und einzeln mit Hilfe elektronischer Mittel oder auf andere Weise zugänglich sein.

Sofern E-Books über einfache Texte hinaus auch Grafiken, Videos, Tonaufnahmen und Multimedia-Produkte enthalten, liegen diese Elemente auf der Computerebene zunächst als separate Dateien vor, die durch Verweise miteinander verbunden und lediglich im Endformat und damit aus Nutzersicht als eine einheitliche Archivdatei in Erscheinung treten. Vor allem ePUB-Dateien und die auf ePUB basierenden Dateiformate sowie PDF-Dateien stellen als Container-Dateien damit eine Sammlung von unabhängigen Elementen dar. Allerdings ist fraglich, ob die verschiedenen Elemente in einer E-Book-Datei auch mit Hilfe elektronischer Mittel oder auf andere Weise einzeln zugänglich sind. Hierfür wird gefordert, dass jedes in der Sammlung enthaltene unabhängige Element durch ein technisches oder sonstiges Mittel lokalisiert werden kann.[205] Obgleich die Elemente in der E-Book-Datei als unabhängige Elemente vorliegen, ist ein separater Zugriff auf diese aber regelmäßig ausgeschlossen. Zwar lassen sich Texte und Bilder einer ePUB-Datei separat durch geeignete Software abrufen.[206] Bei E-Books in den proprietären Formaten von Amazon und Apple sowie bei PDF-Dateien und Apps bleibt dem Nutzer jedoch schon im Grundsatz der Zugriff auf einzelne Bestandteile der Computerebene verwehrt. Hier kann der Nutzer das jeweilige E-Book allein über die Nutzerebene wahrnehmen, auf der die Elemente als eine Einheit in Erscheinung treten.[207] Insoweit scheidet neben dem Schutz als Datenbankwerk gemäß § 4 Abs. 2 i. V. m. § 4 Abs. 1 UrhG auch ein Schutz als Datenbank gemäß § 87a UrhG aus, wofür es zudem an der nach Art oder Umfang wesentlichen Investition fehlen wird.

Auch für E-Book-Dateien, bei denen die einzelnen Elemente mit Hilfe elektronischer Mittel oder auf andere Weise einzeln zugänglich sind, ist aufgrund der Abhängigkeit zwischen Computer- und Nutzerebene fraglich, ob im Hinblick auf die Sammlung eine persönliche geistige Schöpfung vorliegt. Anknüpfungspunkte sind hierfür sowohl die Auswahl als auch die Anordnung der einzelnen Elemente.[208] Damit muss sich die schöpferische Leistung entweder in der Entscheidung über die Aufnahme der Elemente in die Sammlung oder in dem konkreten Zusammenfügen der Elemente niederschlagen.[209] Basierend auf Art. 3

---

205 EuGH GRUR 2005, 254 Rn. 30 – Fixtures-Fußballspielpläne II.
206 So etwa im Bearbeitungsmodus der Software »Calibre«.
207 Siehe hierzu unten S. 60.
208 *Leistner*, in: Schricker/Loewenheim, UrhR, § 4 Rn. 23, 50; *Dreier*, in: Dreier/Schulze, UrhG, § 4 Rn. 11, 19; siehe auch EuGH GRUR 2012, 386 Rn. 32 – Football Dataco/Yahoo.
209 Siehe *Czychowski*, in: Fromm/Nordemann, UrhR, § 4 Rn. 12.

Abs. 1 RL 96/9/EG[210] muss die Sammlung dafür nach Ansicht des EuGH Originalität im Sinne einer eigenen geistigen Schöpfung aufweisen,[211] wofür ein hinreichender Gestaltungsspielraum für freie und kreative Entscheidungen gegeben sein muss.[212] Eine persönliche geistige Schöpfung scheidet daher dann aus, wenn sowohl die Auswahl als auch die Anordnung durch technische Erwägungen, Regeln oder Zwänge bestimmt werden.[213] Bereits im Hinblick auf die Untersuchung der Schutzfähigkeit der E-Book-Dateien als Sprachwerk wurde festgestellt, dass es sich bei den verschiedenen E-Book-Dateien lediglich um ein auf handwerklichen Fähigkeiten beruhendes Hilfsmittel zur Kommunikation des jeweiligen E-Book-Contents handelt, das der maschinenlesbaren Festlegung von Inhalten dient. Die Anordnung der einzelnen Elemente muss daher technischen Vorgaben folgen, die regelmäßig keinen Raum für individuelles Schaffen bieten. Auch für die Auswahl der Elemente fehlt es hinsichtlich der Computerebene an einem Freiraum für Originalität. Da die E-Book-Datei lediglich ein Mittel zur Speicherung und Übermittlung des E-Book-Contents darstellt, gibt vielmehr die Nutzerebene die Auswahl der einzelnen Elemente vor. Mangels einer eigenschöpferischen Leistung sind E-Book-Dateien folglich nicht als Datenbankwerke gemäß § 4 Abs. 2 i. V. m. § 4 Abs. 1 UrhG geschützt.[214]

4. Zwischenergebnis

Damit lässt sich festhalten, dass lediglich die Interaktivität von enhanced E-Books eine schöpferische Leistung auf Ebene des Informationsträgers erforderlich machen kann, deren Ergebnis gemäß §§ 2 Abs. 1 Nr. 1, 69a UrhG als Computerprogramm schutzfähig ist. Darüber hinaus handelt es sich bei den Informationsträgern der klassischen E-Books um ein bloßes handwerkliches Werkzeug für die Kommunikation von (gegebenenfalls geschützten) Inhalten. Für eine persönliche geistige Schöpfung bleibt dabei kein Raum.

---

210 Richtlinie 96/9/EG des Europäischen Parlaments und des Rates vom 11. März 1996 über den rechtlichen Schutz von Datenbanken.
211 EuGH GRUR 2012, 386 Rn. 37 – Football Dataco/Yahoo.
212 EuGH GRUR 2012, 386 Rn. 38 – Football Dataco/Yahoo; *Schack*, UrhR, Rn. 290.
213 EuGH GRUR 2012, 386 Rn. 39 – Football Dataco/Yahoo.
214 In Bezug auf die technische Umsetzung einer Website, siehe OLG Frankfurt a. M. GRUR-RR 2005, 299 (300f.) – Online-Stellenmarkt.

II. E-Book-Content

1. Einzelne Schutzobjekte

E-Books bestehen per definitionem im Wesentlichen aus geschriebenem Text und Bildern. Besonders für klassische E-Books, die ausschließlich aus Text bestehen, wird für den E-Book-Content regelmäßig ein Schutz als Sprachwerk gemäß § 2 Abs. 1 Nr. 1 UrhG gegeben sein. Enhanced E-Books zeichnen sich hingegen dadurch aus, dass sie Videos, Tonaufnahmen oder interaktive Elemente enthalten. Dass die einzelnen Elemente alle digital und damit in gleicher Form vorliegen, ist für die urheberrechtliche Zuordnung zu einer Werkart unbedeutend.[215] Die Digitalisierung hat zur Folge, dass jegliche Informationen und damit auch Werke verschiedener Art auf binäre Informationswerte zurückgeführt werden können.[216] Diese einheitliche Grundlage ermöglicht es, verschiedenste Werke in einem Medium wie etwa dem E-Book zusammenzufassen.[217] Die binäre Datenbasis berührt jedoch nicht die Merkmale, die den urheberrechtlichen Schutz begründen und für die Zuordnung zu einer bestimmten Werkart entscheidend sind. Der Urheberrechtsschutz knüpft an das geistige Wesen eines Werkes an.[218] Die digitale Form betrifft hingegen die Art der körperlichen Festlegung des Werkes,[219] die weder für die Begründung des urheberrechtlichen Schutzes noch für die Zuordnung zu einer Werkart entscheidend ist.[220] Daraus ergibt sich, dass ein E-Book-Content eine Vielzahl von Werken enthalten kann, die jeweils unterschiedlichen Werkarten zugeordnet werden können.

2. Einheitliches Schutzobjekt

Besteht ein E-Book-Inhalt aus mehreren urheberrechtlich geschützten Elementen, stellt sich die Frage nach dem Schutz der Nutzerebene in ihrer Gesamtheit. Maßgebend ist dabei der Gesamteindruck des geistigen Gehalts in seiner konkreten Form.[221] Dafür kann die Nutzerebene des E-Books gerade bei

---

215 *Schricker*, in: Schricker, Urheberrecht auf dem Weg zur Informationsgesellschaft, S. 19 (39 f.).
216 *Koch*, GRUR 1997, 417.
217 *Koch*, GRUR 1997, 417; *Loewenheim*, GRUR 1996, 830 (831 f.); *Schricker*, in: Schricker, Urheberrecht auf dem Weg zur Informationsgesellschaft, S. 19 (31).
218 *Schricker*, in: Schricker, Urheberrecht auf dem Weg zur Informationsgesellschaft, S. 19 (28).
219 *Loewenheim*, in: Schricker/Loewenheim, UrhR, § 2 Rn. 94.
220 *Loewenheim*, in: Schricker/Loewenheim, UrhR, § 2 Rn. 47.
221 *Schulze*, in: Dreier/Schulze, UrhG, § 2 Rn. 11.

einem dynamischen Layout aber nicht unmittelbar mit der Summe aus einzelnen Darstellungen auf dem Display gleichgesetzt werden.²²²

Unschädlich für den Schutz des E-Book-Contents in seiner Gesamtheit ist, dass sich die Einheit aus verschiedenen Elementen erst beim Abrufen des E-Books entwickelt.²²³ Zwar sind die verschiedenen Elemente auf der Computerebene regelmäßig anders als auf der Nutzerebene angeordnet. Durch das Referenzieren wird den verschiedenen Objekten jedoch eine konkrete Position auf der Nutzerebene zugewiesen, sodass seitens des interpretierenden Computerprogrammes kein Spielraum bei der Darstellung der Nutzerebene besteht. Die geistige Wesenheit des E-Book-Inhalts, die in der jeweiligen Datei niedergelegt ist, bleibt damit beim Abrufen der Datei unangetastet. Auch das Abrufen selbst ist für die Begründung des Urheberrechtsschutzes entbehrlich. Zwar bedarf es für die urheberrechtliche Schutzfähigkeit einer wahrnehmbaren Formgestaltung.²²⁴ Dabei genügt jedoch die bloße Möglichkeit zur Wahrnehmung unter Zuhilfenahme technischer Einrichtungen.²²⁵ Entscheidend ist lediglich, dass das E-Book an sich eine Verselbstständigung erfahren hat.²²⁶ Auf dieser Grundlage fragt sich, ob der E-Book-Content insgesamt als ein einheitliches Schutzobjekt eingeordnet werden kann.

a.   Schutz als Ausdrucksform des Computerprogrammes

Sofern auf der Computerebene ein Computerprogramm i. S. d. §§ 2 Abs. 1 Nr. 1, 69a Abs. 1 UrhG gegeben ist, kommt zunächst ein Schutz des E-Book-Contents als eine Ausdrucksform des Computerprogrammes i. S. d. § 69a Abs. 2 S. 1 UrhG in Betracht. Da der urheberrechtliche Schutz des E-Book-Contents dann über die Computerebene vermittelt wäre, würde sich sein Schutzumfang nach den Vorschriften der §§ 69a ff. UrhG richten.

Das OLG Karlsruhe urteilte noch im Jahr 1994, dass auf die Gestaltung einer Bildschirmmaske §§ 69a ff. UrhG Anwendung finden. Dass es sich hierbei nicht um eine Programmierleistung im engeren Sinne handelt, sei unschädlich, da § 69a Abs. 1, 2 UrhG Computerprogramme in jeder Gestalt und in jeder Ausdrucksform schützt.²²⁷ Demgegenüber unterschied das OLG Düsseldorf in einem Urteil aus dem Jahr 1999 zwischen dem Computerprogramm und seinen

---

222 Siehe *Schlatter*, in: Lehmann, Rechtsschutz und Verwertung von Computerprogrammen, S. 169 Rn. 68.
223 Siehe *Schricker*, in: Schricker, Urheberrecht auf dem Weg zur Informationsgesellschaft, S. 19 (32).
224 BGH GRUR 1985, 1041 (1046) – Inkasso-Programm; *Loewenheim*, in: Schricker/Loewenheim, UrhR, § 2 Rn. 47 ff. m. w. N.
225 *Loewenheim*, in: Schricker/Loewenheim, UrhR, § 2 Rn. 48.
226 BGHZ 37, 1 (7) – AKI.
227 OLG Karlsruhe GRUR 1994, 726 (729) – Bildschirmmasken.

Ausdrucksformen einerseits sowie dem auf dem Bildschirm sichtbar gemachten Arbeitsergebnis andererseits.[228] Mit § 69a Abs. 1 und Abs. 2 UrhG sei klargestellt, »dass der Schutz [...] vor allem den Programmcode sowie die innere Struktur und Organisation des Programms umfasst.«[229] Hierauf stützte sich auch das OLG Frankfurt a. M. in einem Urteil aus dem Jahr 2005, dessen Gegenstand die Schutzfähigkeit einer Website als Ausdrucksform der zugrundeliegenden HTML-Datei war.[230] Dieser Ansicht schloss sich das OLG Karlsruhe 2010 in ausdrücklicher Abkehr von seiner Entscheidung aus dem Jahr 1994 an.[231]

Unberücksichtigt blieb in den genannten Entscheidungen die europarechtliche Grundlage der §§ 69a ff. UrhG. Wie im Wortlaut des § 69a UrhG finden sich allerdings auch hier nur vage Anhaltspunkte für die Beantwortung der Frage, ob die Nutzeroberfläche als Ausdrucksform des Computerprogrammes geschützt ist. § 69a Abs. 2 UrhG dient der Umsetzung von Art. 1 Abs. 2 RL 2009/24/EG, wonach der gemäß der Richtlinie gewährte Schutz für alle Ausdrucksformen von Computerprogrammen gilt. Was unter den Ausdrucksformen eines Computerprogrammes zu verstehen ist, wird nicht definiert. ErwGr 7 S. 1 RL 2009/24/EG besagt lediglich, dass für die Zwecke der Richtlinie der Begriff »Computerprogramm« Programme in jeder Form umfassen soll. Diesbezüglich soll auch das Entwurfsmaterial geschützt sein, ErwGr 7 S. 2 RL 2009/24/EG. Dem Wortlaut der RL 2009/24/EG kann damit keine Aussage darüber entnommen werden, ob die Nutzeroberfläche als eine Ausdrucksform des Computerprogrammes geschützt ist.

Allerdings lässt sich ErwGr 2 S. 2 RL 2009/24/EG entnehmen, dass Grund für den besonderen Schutz die in Relation zur Entwicklung stehenden geringen Kosten für die Kopie eines Computerprogrammes sind. Aus dem Bezug auf die leichte Kopierbarkeit geht hervor, dass die Richtlinie grundsätzlich den Schutz vor der Vervielfältigung eines Computerprogrammes gewährleisten soll. Die Vervielfältigung des Computerprogrammes ist jedoch nicht mit der Vervielfältigung der Benutzeroberfläche gleichzusetzen. Unter dieser Erwägung entschied der EuGH daher im Jahr 2010, dass eine grafische Benutzeroberfläche keine Ausdrucksform eines Computerprogrammes i. S. d. Art. 1 Abs. 2 RL 2009/24/EG darstellt.[232] Der Schutz bezieht sich vielmehr auf den Objekt- und Quellcode[233] sowie auf das diesbezügliche Entwurfsmaterial, vgl. § 69a Abs. 1 a. E. UrhG.

---

228 OLG Düsseldorf ZUM-RD 1999, 492 (494).
229 OLG Düsseldorf ZUM-RD 1999, 492 (493f.).
230 OLG Frankfurt a. M. GRUR-RR 2005, 299 (300) – Online-Stellenmarkt.
231 OLG-Karlsruhe GRUR-RR 2010, 234 (235) – Reisebürosoftware; gegen einen Schutz der Benutzeroberfläche als Ausdrucksform eines Computerprogrammes wohl auch das OLG Hamburg MMR 2012, 832 (833) – Typo 3.
232 EuGH GRUR Int 2011, 148 Rn. 35 ff. – BSA/Kultusministerium, wobei sich das Urteil auf die Richtlinie 92/250/EWG des Rates vom 14. Mai 1991 über den Rechtsschutz von Compu-

Dass die dargestellte Nutzerebene nicht mit dem Objekt- und Quellcode vergleichbar und daher keine Ausdrucksform eines Computerprogrammes ist,[234] stützt auch folgende Kontrollüberlegung: Die Nutzerebene ist das Ergebnis der Interpretation des Programmes auf der Computerebene. Dieses Ergebnis lässt sich aber über verschiedene Programme erzeugen.[235] In der Benutzeroberfläche kommt damit nicht die (schutzbegründende) schöpferische Qualität gerade des konkreten Computerprogrammes zum Ausdruck.[236] Zudem liegt die schöpferische Leistung in Bezug auf die Nutzerebene in der durch Sprache, Bild und Ton gemeinsam vermittelten gedanklichen Aussage, wohingegen Computerprogramme gemäß § 2 Abs. 1 Nr. 1 als Sprachwerke geschützt werden, deren geistiger Gehalt allein durch das *Mittel der Sprache* zum Ausdruck kommt.[237] Die Computersprache dient hier allein als Werkzeug zur Umsetzung der Nutzerebene.[238]

Damit lässt sich festhalten, dass ein E-Book-Content unabhängig davon, ob er durch HTML-Dateien, spezielle E-Book-Dateien, PDF-Dateien oder Apps realisiert wird, jedenfalls nicht vermittelt über den jeweiligen Informationsträger urheberrechtlich geschützt ist. Zwar wird das Perzeptionsmedium »E-Book« aus der Computerebene heraus generiert. Die schöpferische Leistung hinsichtlich des E-Book-Inhaltes ist dennoch von der schöpferischen Leistung bezüglich des jeweiligen Informationsträgers zu unterscheiden.

---

terprogrammen stützt, die durch die Richtlinie 2009/24/EG des Europäischen Parlaments und des Rates vom 23. April 2009 über den Rechtsschutz von Computerprogrammen ersetzt wurde, siehe Art. 10 RL 2009/24/EG.
233 EuGH GRUR Int 2011, 148 Rn. 34 – BSA/Kultusministerium; *Loewenheim/Spindler*, in: Schricker/Loewenheim, UrhR, § 69a Rn. 5; *Grützmacher*, in: Wandtke/Bullinger, UrhR, § 69a Rn. 4, 10f.
234 *Wiebe/Funkat*, MMR 1998, 69 (71); *Loewenheim*, GRUR 1996, 830 (832); *Dreier*, in: Dreier/Schulze, UrhG, § 69a Rn. 16; BeckOK-UrhR/*Kaboth/Spies*, § 69a Rn. 7; *Schack*, MMR 2001, 9 (12); *Wiebe*, in: Spindler/Schuster, Recht der elektronischen Medien, § 69a UrhG Rn. 11; *Lehmann/v. Tucher*, CR 1999, 700 (703); für die Benutzeroberfläche einer App siehe *Baumgartner/Ewald*, Apps und Recht, Rn. 391; a. A. *Koch*, GRUR 1997, 417 (420); *Cichon*, ZUM 1998, 897 (899); *Zscherpe*, MMR 1998, 404 (405).
235 OLG Düsseldorf ZUM-RD 1999, 492 (494); siehe auch *Loewenheim/Spindler*, in: Schricker/Loewenheim, UrhR, § 69a Rn. 7.
236 *Koch*, GRUR 1995, 459 (466).
237 BGH GRUR 1963, 633 (634) – Rechenschieber; *Schulze*, in: Dreier/Schulze, UrhG, § 2 Rn. 81; BeckOK-UrhR/*Ahlberg*, § 2 Rn. 4; *Loewenheim*, in: Schricker/Loewenheim, UrhR, § 2 Rn. 98.
238 *Loewenheim*, GRUR 1996, 830 (832); *Wiebe/Funkat*, MMR 1998, 69 (71); *Leistner/Bettinger*, CR-Beilage 1999, 1 (16); *Wiebe*, in: Spindler/Schuster, Recht der elektronischen Medien, § 69a UrhG Rn. 11.

b. Schutz als Datenbankwerk

Vor allem enhanced E-Books zeichnen sich dadurch aus, dass sie aus einer Vielzahl verschiedener Elemente wie Texten, Grafiken, Videos und Tonaufnahmen bestehen. Dies legt den Schutz als Datenbankwerk gemäß § 4 Abs. 2 i. V. m. § 4 Abs. 1 UrhG nahe. Hierfür ist zunächst eine Sammlung von unabhängigen Elementen erforderlich, deren Vorliegen im Hinblick auf den E-Book-Inhalt jedoch fraglich ist. Zwar liegen die einzelnen Elemente auf der Computerebene als separate Dateien vor.[239] Auf der Nutzerebene sind die verschiedenen Elemente aber typischerweise durch einen gemeinsamen Aussagegehalt untereinander verbunden.[240] Sie können nicht voneinander getrennt werden, ohne dass sie ihren in sich geschlossenen Informationsgehalt verlieren.[241] Die schöpferische Leistung hinsichtlich des E-Books-Inhaltes schlägt sich damit gerade in dem Gehalt nieder, der durch die Interaktion der verschiedenen Objekte entsteht.[242] Es fehlt mithin an einer Sammlung voneinander unabhängiger Elemente.[243] Da aber die Beurteilung der Schutzfähigkeit gemäß § 4 UrhG von der konkreten Gestaltung des Inhaltes abhängig ist, sind auch E-Books denkbar, in denen unabhängige Elemente angeordnet sind (etwa Enzyklopädien oder Gedichtbände).

c. Schutz als Filmwerk bzw. filmähnliches Werk

Teilweise wurde im Hinblick auf Websites vertreten, dass die Kombination verschiedener Ausdrucksmittel sowie ein hoher Investitionsaufwand einen Schutz als Filmwerk bzw. filmähnliches Werk gemäß § 2 Abs. 1 Nr. 6 UrhG begründen können.[244] Gleiches könnte insoweit auch für den E-Book-Inhalt gelten. Im Allgemeinen zeichnen sich Filme und damit Filmwerke wie auch Laufbilder (§ 95 UrhG) zunächst dadurch aus, dass verschiedene Ausdrucksmittel zu einer Einheit verschmelzen.[245] Dies ist teils auch bei den enhanced E-Books der Fall, in denen sich Texte, Bilder, Videos, Tonaufnahmen und interaktive Anwendungen zu einer gesamtkunstwerkartigen Schöpfung zusammenfügen. Charakteristisch für einen Film ist jedoch zudem eine bewegte Bildfolge oder Bild-Tonfolge.[246] Dem kann eine lediglich mittels »Durchblättern« bewegte Folge von verschie-

---

239 Siehe oben S. 53 ff.
240 Zur unabhängigen Beurteilung von Computer- und Nutzerebene siehe *Leistner/Bettinger*, CR-Beilage 1999, 1 (8).
241 *Leistner/Bettinger*, CR-Beilage 1999, 1 (8 f.); *Rehbinder/Peukert*, UrhR, Rn. 335.
242 *Schricker*, in: Schricker, Urheberrecht auf dem Weg zur Informationsgesellschaft, S. 19 (41).
243 Offenbar a. A. Orgelmann, S. 98 f.
244 Siehe *Cichon*, ZUM 1998, 897 (902).
245 *Rehbinder/Peukert*, UrhR, Rn. 300 f.
246 BayObLG GRUR 1992, 508 – Verwertung von Computerspielen; *J. B. Nordemann*, in: Fromm/Nordemann, UrhR, Vor §§ 88 ff. Rn. 9, § 95 Rn. 4; *Schulze*, in: Dreier/Schulze, UrhG, § 2 Rn. 204; *Loewenheim*, in: Schricker/Loewenheim, UrhR, § 2 Rn. 215.

denen Anzeigen von Auszügen aus einem E-Book nicht genügen. Auch wenn man dies als Folge von Bildern ansehen kann,[247] wird hierdurch nicht der Eindruck eines bewegten Bildes erzeugt.[248] Die bloße Aneinanderreihung von Ausschnitten aus einem E-Book genügt daher nicht für den Schutz des E-Book-Inhaltes in seiner Gesamtheit als Filmwerk gemäß § 2 Abs. 1 Nr. 6 UrhG bzw. als Laufbild gemäß § 95 UrhG.

Nach § 2 Abs. 1 Nr. 6 UrhG sind zwar auch Werke geschützt, die ähnlich wie Filmwerke geschaffen werden. Der Filmbegriff ist also weit zu fassen. Die Besonderheit der Herstellung von Filmwerken liegt jedoch darin, dass an ihr regelmäßig eine Vielzahl von Urhebern – wie etwa Regisseur, Drehbuchautor, Kameramann, Tonmeister, Cutter – auf verschiedene Weise schöpferisch beteiligt ist.[249] E-Books werden aber typischerweise nicht von einer solchen Vielzahl von Urhebern erstellt, die jeweils sehr unterschiedliche schöpferische Beiträge zu dem Gesamtwerk liefern. Selbst wenn bei der Schaffung eines auf dem technisch höchsten Stand befindlichen E-Books ein hoher Investitionsaufwand anfällt, was insoweit mit der Herstellung eines Filmes vergleichbar ist, rechtfertigt dies nicht den Schutz des E-Books als Filmwerk oder filmähnliches Werk.[250]

d.   Schutz als Multimediawerk

Der E-Book-Inhalt lässt sich in seiner Gesamtheit damit nicht pauschal einer der aufgezählten Werkkategorien des § 2 Abs. 1 UrhG zuordnen. Eine schöpferische Leistung, die sich gerade in der Interaktion verschiedener Ausdrucksformen niederschlägt, kann jedoch über die in § 2 Abs. 1 UrhG genannten Werkarten hinaus als Multimediawerk geschützt sein. Ermöglicht durch das digitale Format verknüpfen Multimediawerke verschiedene Werkarten miteinander, die zu einer neuen Einheit verschmelzen.[251] Das digitale Format erlaubt zudem die Interaktivität von Inhalten, was typischerweise ein weiteres Charakteristikum von

---

247   Nach *Koch*, GRUR 1991, 180 (189f.), schadet hierfür auch nicht, dass jedes Bild einzeln vom Nutzer abgerufen werden muss.
248   Daher sind auch Tonbildschauen keine Filmwerke i. S. d. § 2 Abs. 1 Nr. 6, §§ 88ff. UrhG, siehe *J. B. Nordemann*, in: Fromm/Nordemann, UrhR, Vor §§ 88ff. Rn. 13.
249   *A. Nordemann*, in: Fromm/Nordemann, UrhR, § 2 Rn. 201.
250   Siehe aber *Cichon*, ZUM 1998, 897 (902), die aufgrund des Investitionsaufwandes bei »aufwendigen und auf dem technisch höchsten Stand befindlichen interaktiven Websites« davon ausgeht, dass »die Anwendung von Filmwerksonderrecht interessengerecht ist.«
251   Zum Ganzen *Bullinger*, in: Wandtke/Bullinger, UrhR, § 2 Rn. 151 ff.; *Loewenheim*, in: Schricker/Loewenheim, UrhR, § 2 Rn. 96; *Loewenheim*, in: FS Piper, S. 709 (710 ff.); *Schack*, UrhR, Rn. 248.

Multimediawerken ist.[252] Bei Multimediawerken kann der Nutzer daher Informationen regelmäßig mitgestalten; das Werk verhält sich responsiv.

Auch hier kann nicht pauschal festgehalten werden, dass ein E-Book-Inhalt diese Merkmale stets erfüllt und damit generell als Multimediawerk eingeordnet werden kann.[253] Zwar liegt das E-Book per definitionem digital vor. Das Verschmelzen verschiedener Ausdrucksmittel zu einer neuen Einheit ist jedoch im Einzelfall zu prüfen. Hierfür wird gefordert, dass die schöpferischen Elemente in der Einheit aufgehen und sich nicht mehr voneinander trennen lassen, ohne dass sich ihr jeweiliges Wesen verändern würde.[254] An einem solchen einheitlichen Gesamtkunstwerk fehlt es jedenfalls, wenn die verschiedenen Elemente lediglich lose zusammengestellt werden, indem ein Text etwa mit einem Interview des Autors (per Video oder Tonmitschnitt) angereichert ist. Es bedarf vielmehr einer besonders engen Verbindung der verschiedenen Kommunikationsformen.[255] Andererseits ist eine solche Verschmelzung bei E-Books nicht grundsätzlich ausgeschlossen. Sofern durch die Kombination verschiedener Ausdrucksformen ein neuer, gemeinsamer Aussagegehalt geschaffen wird, ist die Nutzerebene von enhanced E-Books in seiner Gesamtheit als Multimediawerk schutzfähig.

3. Zwischenergebnis

Je nach Gestaltung des einzelnen E-Book-Contents kommt damit in seiner Gesamtheit vor allem ein Schutz als Sprachwerk bei klassischen E-Books bzw. als Multimediawerk bei komplexen enhanced E-Books in Betracht. Der Schutz des Gesamtwerkes berührt dabei nicht den Schutz der einzelnen Elemente, aus denen sich der E-Book-Content zusammensetzt.[256] Der Schutz der selbstständig geschützten Werkteile ist unabhängig vom Schutz des Gesamtwerkes.[257]

---

252 *Loewenheim*, in: FS Piper, S. 709 (710 ff.); BeckOK-UrhR/*Ahlberg*, § 2 Rn. 47; *Schack*, UrhR, Rn. 248.
253 Nach *Schapiro*, in: Bräutigam/Rücker, E-Commerce, S. 514 Rn. 6, soll die textuelle Prägung eines E-Books den Schutz als Multimediawerk ausschließen.
254 *Schack*, MMR 2001, 9 (12); *Schricker*, in: Schricker, Urheberrecht auf dem Weg zur Informationsgesellschaft, S. 19 (42).
255 *Loewenheim*, in: FS Piper, S. 709 (711).
256 EuGH GRUR 2009, 1041 Rn. 39 – Infopaq; BGH GRUR 1975, 667 (668) – Reichswehrprozess; *Dreier*, in: Dreier/Schulze, UrhG, § 2 Rn. 76.
257 *Schricker*, in: Schricker, Urheberrecht auf dem Weg zur Informationsgesellschaft, S. 19 (29 ff.); speziell zum Verhältnis von Multimediawerken und seinen Werkteilen siehe *Hoeren*, in: Loewenheim, Hdb. d. UrhR, § 9 Rn. 263.

III. Einheitliches Schutzobjekt

Mit dem dualen Charakter des digital vorliegenden Mediums »E-Book« geht einher, dass bei dessen Vertrieb und Nutzung mit der Computer- und der Nutzerebene verschiedene urheberrechtlich geschützte Objekte betroffen sein können. Vor allem bei komplexen enhanced E-Books wird der Informationsträger als Computerprogramm geschützt sein, wobei für die Nutzerebene ein Schutz als Multimediawerk in Betracht kommt. Ein solches hybrides[258] E-Book – bestehend aus Computerprogramm und sonstigen urheberrechtlich geschützten Werken – könnte in seiner Gesamtheit wiederum selbst als Multimediawerk geschützt sein.

Für ein einheitliches Schutzobjekt spricht bereits die faktische Abhängigkeit von Computer- und Nutzerebene bei der Schaffung, dem Vertrieb sowie der Nutzung eines hybriden E-Books, die einer jeweiligen separaten Verwertung von Benutzeroberfläche und Computerprogramm entgegensteht. Aufgrund der fehlenden unabhängigen Verwertbarkeit kann selbst bei einer Mehrheit von Urhebern, deren Beiträge sich erkennbar entweder auf die Computer- oder die Nutzerebene beziehen, nicht von einer bloßen Verbindung unabhängiger Werke i. S. d. § 9 UrhG ausgegangen werden.[259] Zudem hat auch das Computerprogramm an der einheitlichen schöpferischen Gestalt des E-Books teil. Das Computerprogramm vermittelt die Interaktivität des Contents, die über die bloße Kombination von Text, Bild, Video und Tonaufnahmen auf der Nutzerebene hinausgeht.[260] Die Verknüpfung von Computerprogramm und grafischen oder audiovisuellen Bestandteilen führt so zu einem gemeinsamen Aussagegehalt, der eine einheitliche Betrachtung des E-Books als Gesamtwerk gebietet. Dass der Informationsträger allein bereits als Computerprogramm nach §§ 2 Abs. 1 Nr. 1, 69a UrhG geschützt ist, das im Hinblick auf seine Verwertung den Sonderregelungen gemäß §§ 69a ff. UrhG unterliegt, schadet der Qualifizierung des E-Books in seiner Gesamtheit als ein einheitliches Schutzobjekt nicht.[261] Vielmehr stellen Multimediawerke stets das Ergebnis der Verschmelzung verschiedener Werkarten dar. Da hinsichtlich der Verwertung auch die Schrankenregelungen der §§ 44a ff. UrhG teils zwischen den verschiedenen Werkarten

---

258 Siehe BGH MMR 2013, 671 Rn. 21 ff. – Videospiel-Konsolen I, der von »hybriden Produkten« spricht; ähnlich auch *Kreutzer*, CR 2007, 1 (2), wonach eine Art »Hybrid-Werk« gegeben ist.
259 Siehe BeckOK-UrhR/*Ahlberg*, § 8 Rn. 9.
260 Siehe zum Schutz des Gesamtwerkes aus Computerprogramm und Benutzeroberfläche EuGH GRUR 2014, 255 Rn. 23 – Nintendo/PC Box; *Bullinger*, in: Wandtke/Bullinger, UrhR, § 2 Rn. 151; *A. Nordemann*, in: Fromm/Nordemann, UrhR, § 2 Rn. 231; *Schack*, UrhR, Rn. 248.
261 So aber BeckOK-UrhR/*Ahlberg*, § 2 Rn. 49, wonach Schutzgegenstand des Multimediawerkes nur die Benutzeroberfläche ist; so offenbar auch *Rehbinder/Peukert*, UrhR, Rn. 260.

des § 2 Abs. 1 UrhG differenzieren, ist nicht ersichtlich, warum gerade Computerprogramme nicht Teil eines einheitlichen Multimediawerkes sein sollen. Ein hybrides E-Book ist in seiner Gesamtheit daher als Multimediawerk geschützt.

B. Technische Vorgänge im Umfeld der Nutzung von E-Books

Wie in Bezug auf mögliche Gegenstände von Ausschließlichkeitsrechten unterscheiden sich gedruckte Bücher und E-Books auch hinsichtlich ihrer Nutzungen. Erfordert das Lesen eines Buches lediglich dessen einmalige Festlegung in Form des Drucks und den Vertrieb des gedruckten Exemplars, so kann bei den zur Nutzung des E-Books nötigen technischen Vorgängen eine Vielzahl von urheberrechtlich relevanten Nutzungshandlungen auftreten. Im Folgenden sollen diese urheberrechtsrelevanten Vorgänge ausgehend vom Vertrieb bis hin zum Lesen von E-Books dargestellt werden.

I. Publikation

1. Veröffentlichung gemäß § 6 Abs. 1 UrhG

Wurden elektronische Publikationen ursprünglich als digitale Offline-Produkte etwa in Form von CD-ROMs vertrieben,[262] erfolgt ihr Vertrieb mittlerweile nahezu ausschließlich online. E-Books werden daher entweder zum Download oder zum Online-Zugriff via Stream angeboten.[263] In beiden Fällen kann die Öffentlichkeit orts- und zeitunabhängig auf das E-Book zugreifen, sodass der Vertrieb von E-Books in Form der öffentlichen Zugänglichmachung gemäß § 19a UrhG erfolgt.[264] Sofern dies mit Zustimmung des Berechtigten erfolgt, gilt das E-Book mit der Eröffnung des Online-Zugriffes gemäß § 6 Abs. 1 UrhG als veröffentlicht.[265]

2. Erscheinen gemäß § 6 Abs. 2 S. 1 UrhG

Darüber hinaus könnte das E-Book mit der Eröffnung des Online-Zugriffes gleichzeitig i. S. d. § 6 Abs. 2 S. 1 UrhG erschienen sein. Die Frage nach dem Erscheinen von E-Books ist neben dem Fremdenrecht (§ 121 Abs. 1 S. 1 UrhG)

---

262 *Schmaus*, S. 36.
263 *Graef*, Rn. 42 ff.; *Ulmer*, in: Ulmer-Eilfort/Obergfell, Verlagsrecht, 1. Teil, Kap. F Rn. 114 ff.
264 *Graef*, Rn. 42.
265 *Schack*, GRUR 2007, 639 (644).

vor allem mit Blick auf die urheberrechtlichen Schrankenbestimmungen und damit für die Erlaubnisfreiheit von Nutzungshandlungen von Bedeutung, die teilweise das Erscheinen des Werkes voraussetzen.[266] Nach § 6 Abs. 2 S. 1 UrhG ist ein Werk erschienen, wenn mit Zustimmung des Berechtigten Vervielfältigungsstücke des Werkes nach ihrer Herstellung in genügender Anzahl der Öffentlichkeit angeboten oder in Verkehr gebracht worden sind. Problematisch ist dabei, dass beim Online-Vertrieb lediglich der Zugriff auf eine zentral abgelegte digitale Kopie eröffnet wird, auf deren Basis sich Nutzer weitere Vervielfältigungsstücke anfertigen können.[267] Die tatsächlich genutzten Vervielfältigungsstücke werden folglich erst mit dem jeweiligen Abruf erstellt. Damit kann zwar eine Vielzahl von Vervielfältigungsstücken mit Zustimmung des Berechtigten im Verkehr existieren. Das Erscheinen eines Werkes i. S. d. § 6 Abs. 2 S. 1 UrhG erfordert nach seinem Wortlaut jedoch, dass eine genügende Anzahl von Werkexemplaren gerade nach ihrer Herstellung der Öffentlichkeit angeboten oder in Verkehr gebracht wird.[268] Auf das spätere Erstellen der digitalen Kopien kann es demnach nicht ankommen.

Allerdings wird vertreten, dass bei einem öffentlich zugänglich gemachten Werk bereits die einmalige Festlegung auf dem Server aufgrund der Eröffnung des Online-Zugriffes eine genügende Anzahl von Vervielfältigungsstücken i. S. d. § 6 Abs. 2 S. 1 UrhG darstellt.[269] Für die ausreichende Anzahl von Vervielfältigungsstücken ist entscheidend, dass die Zahl zur Deckung des normalen Bedarfs geeignet ist.[270] Diese Voraussetzung könne auch ein einzelnes Werkexemplar erfüllen, sofern das Interesse an der Kenntnisnahme des Werkes durch die entsprechenden Kreise hierdurch befriedigt wird, was vor allem bei einem öffentlich zugänglich gemachten Werk der Fall sei. Anders als bei einer Mehrzahl von in den Verkehr gebrachten körperlichen Festlegungen bietet die Möglichkeit des Online-Zugriffes jedoch keine Gewähr dafür, dass das Werk unabhängig vom Rechteinhaber in der Öffentlichkeit zirkulieren kann.[271] Ob das Werk der Öf-

---

266 §§ 51 S. 2 Nr. 3, 52 Abs. 2, 53 Abs. 2 S. 1 Nr. 4 lit. a, 60e Abs. 5 UrhG; vgl. auch § 61 Abs. 4 UrhG; siehe hierzu auch unten S. 154f.
267 Siehe *Schack*, GRUR 2007, 639 (644).
268 *Katzenberger/Metzger*, in: Schricker/Loewenheim, UrhR, § 6 Rn. 54; *Poeppel*, S. 87.
269 *Goebel/Hackemann/Scheller*, GRUR 1986, 355 (356); *Süßenberger/Czychowski*, GRUR 2003, 489 (490f.); in Abhängigkeit von der Möglichkeit der Erstellung von Vervielfältigungsstücken durch den Nutzer, siehe *A. Nordemann*, in: Fromm/Nordemann, UrhR, § 6 Rn. 21; so auch *Dreyer*, in: Dreyer/Kotthof/Meckel, UrhR, § 6 Rn. 63; *Wiebe*, in: Spindler/Schuster, Recht der elektronischen Medien, § 6 UrhG Rn. 14; in Bezug auf Online-Datenbanken, siehe *Katzenberger/Metzger*, in: Schricker/Loewenheim, UrhR, § 6 Rn. 55f.
270 BT-Drucks IV/270, S. 40.
271 Zur Erschöpfung bei der elektronischen Übermittlung digitaler Inhalte siehe unten S. 140ff.

fentlichkeit via Online-Zugriff bleibend zur Verfügung steht, steht grundsätzlich allein zur Disposition des Rechteinhabers.[272]

Teils wird daher in entsprechender Anwendung des § 6 Abs. 2 S. 2 UrhG auch gefordert, dass das Zugänglichmachen von einer gewissen Dauer sein muss.[273] Auch einem solchen Verständnis stehen jedoch systematische Bedenken gegenüber. Die urheberrechtlichen Vorschriften zeigen vielmehr eine Differenzierung zwischen dem Erscheinen und der öffentlichen Zugänglichmachung eines Werkes an. So können Bestandsinhalte durch Bibliotheken gemäß § 61 Abs. 4 UrhG auch dann genutzt werden, wenn diese zwar noch nicht erschienen oder gesendet, aber der Öffentlichkeit mit Zustimmung des Rechtsinhabers zugänglich gemacht wurden. In ähnlicher Weise differenziert § 71 Abs. 1 S. 1 UrhG hinsichtlich des Schutzes nachgelassener Werke zwischen dem Erscheinen und der öffentlichen Wiedergabe und damit der öffentlichen Zugänglichmachung eines Werkes. Zudem wurden unter der Annahme, dass das Erscheinen i. S. d. § 6 Abs. 2 UrhG zwingend eine Verbreitung körperlicher Werkstücke voraussetzt, auch die Vorschriften nach §§ 46, 52 Abs. 1 S. 1 UrhG auf veröffentlichte Werke ausgedehnt, die bis zum Jahr 2002 lediglich erschienene Werke erfassten.[274] Vor diesem Hintergrund kann eine weite Auslegung des § 6 Abs. 2 S. 1 UrhG bzw. eine analoge Anwendung des § 6 Abs. 2 S. 2 UrhG nicht überzeugen.[275] Das Erscheinen erfordert nach der gesetzgeberischen Wertung vielmehr eine Verbreitung körperlicher Werkexemplare.[276] Die Publikation von E-Books im Wege der öffentlichen Zugänglichmachung führt demnach nicht zum Erscheinen.

II. Datenübermittlung

Bei einem zum Download angebotenen E-Book kommt es für dessen Speicherung zu einer sog. Punkt-zu-Punkt-Übertragung, die typischerweise vom Nutzer initiiert wird. Für die Datenübertragung werden die Informationen von der dem Nutzer exakt bekannten Adresse, unter der die Daten hinterlegt sind, abgerufen. Die unkörperliche Datenübermittlung fällt neben der vorgelagerten Bereitstellung zum Abruf wiederum selbst unter den Tatbestand des § 19a UrhG. Zwar erfasst dessen Wortlaut nur das öffentliche Zugänglichmachen und damit

---

272 *Poeppel*, S. 90; *Schack*, GRUR 2007, 639 (644).
273 *Dreier*, in: Dreier/Schulze, UrhG, § 6 Rn. 16.; *Marquardt*, in: Wandtke/Bullinger, UrhR, § 6 Rn. 29.
274 BT-Drucks 15/38, S. 19, 20.
275 Unter Bezugnahme auf § 53 Abs. 3 UrhG a. F., siehe *Poeppel*, S. 89f.; *Schack*, GRUR 2007, 639 (644).
276 So auch BGH GRUR 2014, 363 Rn. 35 – Peter Fechter.

scheinbar nur das Bereitstellen. Mit Blick auf die Nutzung des Werkes stellt sich das Zugänglichmachen allerdings als eine bloße Vorbereitungshandlung zur erforderlichen Übermittlung dar, wobei der Kern der wirtschaftlichen Auswertung des Werkes die Online-Übermittlung darstellt.[277] Neben dieser teleologischen Erwägung spricht für die Einbeziehung des Übermittlungsaktes in das Recht der öffentlichen Zugänglichmachung auch eine Auslegung des § 19a UrhG anhand der RL 2001/29/EG[278]. ErwGr 25 RL 2001/29/EG beschreibt das Recht der öffentlichen Zugänglichmachung nach Art. 3 RL 2001/29/EG dahingehend, dass es die öffentliche Zugänglichmachung von Werken und sonstigen Schutzgegenständen im Wege der interaktiven Übertragung auf Abruf umfassen soll. Hiernach tritt neben die Bereithaltung folglich die Datenübertragung, die gleichermaßen Inhalt des Rechts der öffentlichen Zugänglichmachung ist.[279]

III. Speicherung

Die Datenübermittlung mündet schließlich in die Speicherung der abgerufenen Daten in Form des Binärcodes, der auf einem körperlichen Medium etwa durch magnetische oder elektronische Ladezustände festgehalten wird. Als Speicherorte kommen dafür grundsätzlich neben Hardware-integrierten Speichermedien und Wechselspeichermedien auch externe Server in Betracht, auf die der Nutzer via Cloud Computing zugreifen kann. Entscheidend ist für den Downloadvorgang lediglich, dass die empfangenen Daten dauerhaft gespeichert werden. Indem der Download des E-Books zu einer körperlichen Fixierung des Binärcodes auf einem körperlichen Speichermedium führt, ist hierin eine Vervielfältigungshandlung i. S. d. § 16 UrhG zu sehen. Fraglich ist dabei jedoch, ob der Anbieter des E-Books oder der Kunde die Vervielfältigungshandlung vornimmt und damit insoweit Werknutzer ist. Hierfür kommt es auf eine technische Betrachtung an.[280] Eine Vervielfältigungshandlung nimmt danach derjenige vor, der die körperliche Festlegung technisch bewerkstelligt. Dabei muss ein Werknutzer die Tatbestandsmerkmale des jeweiligen Verwertungsrechts nicht ei-

---

277 *Dreier*, in: Dreier/Schulze, UrhG, § 19a Rn. 1; *Schack*, GRUR 2007, 639; a. A. v. *Ungern-Sternberg*, in: Schricker/Loewenheim, UrhR, § 15 Rn. 291, der von einem Abrufübertragungsrecht als ein unbenanntes Verwertungsrecht gemäß § 15 Abs. 2 UrhG ausgeht.
278 Richtlinie 2001/29/EG des Europäischen Parlaments und des Rates vom 22. Mai 2001 zur Harmonisierung bestimmter Aspekte des Urheberrechts und der verwandten Schutzrechte in der Informationsgesellschaft.
279 *Poll*, GRUR 2007, 476 (478); siehe aber den Vorschlag für ein eigenes Recht auf Weitergabe eines Vervielfältigungsstückes in elektronischer Form von *Stieper*, in: FS Schulze, S. 107 (113 ff.).
280 BGH GRUR 2009, 845 Rn. 16 – Internet-Videorecorder; *Dreier*, in: Dreier/Schulze, UrhG, § 53 Rn. 14; *Lüft*, in Wandtke/Bullinger, UrhR, § 53 Rn. 19.

genhändig verwirklichen.[281] Ausreichend ist vielmehr, dass dem Werknutzer das Handeln eines Dritten zugerechnet werden kann. Eine Zurechnung ist dabei dann möglich, wenn der Handelnde zum Zweck der Werknutzung einen Dritten für sich einsetzt.[282]

Ausgelöst wird der Speichervorgang zunächst durch den Kunden. In geschlossenen Vertriebssystemen kann dieser regelmäßig aber weder den Speicherort noch den Namen der Datei frei wählen. Vielmehr stellen die verschiedenen Anbieter die E-Books in einer eigens dafür durch die Anbieter vorgesehenen Cloud zur Verfügung.[283] Das Endgerät synchronisiert die auf dem Endgerät gespeicherten Daten schließlich automatisch mit den Daten in der Cloud. Die jeweilige Datei verbleibt damit innerhalb des vom jeweiligen Anbieter beherrschten Vertriebssystems.[284] Die Vervielfältigungshandlung stellt sich für den Kunden damit als ein automatischer Vorgang dar, der regelmäßig allein durch den Abschluss des Kaufvertrages gestartet wird. Die körperliche Festlegung des E-Books auf dem Endgerät des Kunden wird damit in solchen Fällen allein durch den E-Book-Anbieter bewerkstelligt, der somit die Vervielfältigungshandlung i. S. d. § 16 UrhG vornimmt.[285]

Einer anderen Beurteilung könnten jedoch die Fälle unterliegen, in denen sich der Speichervorgang auf dem Endgerät des Nutzers nicht als ein automatisierter Vorgang darstellt. Vor allem wenn Speicherort und Name der Datei frei gewählt werden können und das Vervielfältigungsstück in der Herrschaftssphäre des Kunden erstellt wird, die dem Zugriff des Anbieters entzogen ist, kann nicht mehr angenommen werden, dass sich der Anbieter des Kunden bedient. Das Handeln des Kunden kann dem Anbieter daher nicht mehr zugerechnet werden. Auch wenn die Vervielfältigung notwendiger Teil des Vertriebssystems von digitalen Inhalten wie E-Books ist, womit auch der Anbieter ein Interesse an der Vervielfältigung hat, spricht das technische Verständnis des Vervielfältigungsrechts für eine Vervielfältigungshandlung seitens des Kunden. Dass dieser gegebenenfalls auf den konkreten technischen Ablauf der vom Anbieter vorgegebenen Datenübertragung keinen Einfluss hat, ändert daran nichts,[286] da die Datenübertragung selbst als Teilakt der öffentlichen Zugänglichmachung[287] von

---

281 *Loewenheim*, in: Schricker/Loewenheim, UrhR, § 15 Rn. 18; so auch EuGH GRUR 2012, 817 Rn. 27 – Donner.
282 *Loewenheim*, in: Schricker/Loewenheim, UrhR, § 15 Rn. 18.
283 Siehe etwa die Bestellung von E-Books bei *Amazon*, <https://www.amazon.de/gp/help/customer/display.html?ref=hp_left_v4_sib?ie=UTF8&nodeId=201242330>; siehe auch *Stieper*, AfP 2010, 217 (218).
284 In Bezug auf das Vertriebssystem von *Amazon* siehe *Oprysk/Matulevičius/Kelli*, JIPITEC 2017, 128 Rn. 29.
285 Siehe *Stieper*, in: FS Köhler, S. 729 (735).
286 Insoweit offenbar a. A. *Stieper*, in: FS Köhler, S. 729 (735).
287 Siehe oben S. 66f.

der Vervielfältigungshandlung zu trennen ist. Letztlich stellt auch über die erstmalige körperliche Fixierung im Wege des Downloads hinaus jede weitere Übertragung auf weitere Endgeräte eine Vervielfältigungshandlung durch den Nutzer dar.

IV. Datenverarbeitung

1. Funktionsweise

Bei der Darstellung eines gespeicherten E-Books wird der Binärcode schließlich wieder in eine unmittelbar wahrnehmbare Form umgewandelt. Hierfür werden die Informationen jedenfalls vorübergehend im Arbeitsspeicher der verschiedenen Endgeräte gespeichert. Erst dann können die E-Book-Inhalte durch die Verarbeitung mittels eines Prozessors etwa am Bildschirm oder die auditiven Elemente durch Lautsprecher wahrnehmbar gemacht werden.[288] Auch wenn das E-Book über rein passive Daten hinaus Computerprogramme mit ausführbaren Steuerbefehlen enthält, können diese Befehle durch den Prozessor nur aus dem Arbeitsspeicher gelesen werden.[289] Ob hierbei jeweils die gesamte Datei in den Arbeitsspeicher geladen wird oder ein sukzessiver Abruf aus dem Sekundärspeicher erfolgt, variiert im Einzelfall. Um eine möglichst reibungslose Darstellung der Informationen zu gewährleisten, befindet sich zwischen Arbeitsspeicher und Prozessor regelmäßig zudem ein Zwischenspeicher (sog. Cache), in den wiederum kleine Ausschnitte der im Arbeitsspeicher vorliegenden Informationen geladen werden. Aufgrund der schnellen Zugriffsgeschwindigkeit des Zwischenspeichers kann durch das Zusammenwirken von Zwischen- und Arbeitsspeicher eine fließende Informationsverarbeitung erreicht werden. Sowohl Arbeitsspeicher als auch Zwischenspeicher verlieren die aufgenommenen Informationen mit Unterbrechung der Stromzufuhr.[290]

Insoweit ist auch der Online-Abruf eines E-Books von einem externen Server in Form des Streamings mit der Verarbeitung eines heruntergeladenen E-Books vergleichbar. Die Informationen werden hierbei paketweise übermittelt, decodiert und im Arbeits- oder Zwischenspeicher und teils auch auf der Festplatte gespeichert.[291] In der Regel werden die gespeicherten Fragmente alsbald nach

---

[288] *Poeppel*, S. 64.
[289] *Schweyer*, S. 53 f.
[290] Zum Ganzen siehe *Schweyer*, S. 54 f.
[291] *Stieper*, MMR 2012, 12 (13); zum technischen Ablauf ausführlich *Busch*, GRUR 2011, 496 (497 f.).

Ausgabe wieder überschrieben, sodass kein dauerhaftes Vervielfältigungsstück im jeweiligen Speicher auf dem Endgerät des Nutzers entsteht.[292]

Ausgehend von dem in einem Sekundärspeicher gespeicherten bzw. online abgerufenen E-Book über das Laden in den Arbeits- und Zwischenspeicher bis zur optischen und akustischen Wahrnehmbarmachung können während der Datenverarbeitung damit wiederum urheberrechtsrelevante Nutzungshandlungen stattfinden. Sowohl das Laden in den Arbeitsspeicher als auch das sukzessive Laden in den Zwischenspeicher könnten eine Vervielfältigungshandlung i. S. d. § 16 UrhG darstellen, also eine körperliche Festlegung eines Werkes, die geeignet ist, das Werk den menschlichen Sinnen auf irgendeine Art mittelbar oder unmittelbar wahrnehmbar zu machen.[293]

2. Temporäre Vervielfältigung

Das Laden des E-Books in den Arbeits- und Zwischenspeicher stellt sich im Ausgangspunkt wie ein normaler Speichervorgang dar, bei dem die Daten auf einem körperlichen Medium festgelegt werden. Allerdings erfolgt diese Fixierung regelmäßig nur sukzessive und durch ein stetiges Überschreiben der »abgearbeiteten« Teile, womit ein Werk lediglich partiell und nur kurzfristig vervielfältigt wird. Vor dem Hintergrund einer solchen flüchtigen Vervielfältigung wurde vertreten, dass eine wirtschaftliche Beteiligung des Urhebers an dem Laden eines Werkes in den Arbeits- und Zwischenspeicher mangels einer tatsächlichen Werknutzung nicht angezeigt sei.[294] Es könne daher nicht angenommen werden, dass hierbei eine Vervielfältigung i. S. d. § 16 UrhG vorgenommen wird. Allerdings weist Art. 2 RL 2001/29/EG dem Urheber das ausschließliche Recht zu, die unmittelbare oder mittelbare, vorübergehende oder dauerhafte Vervielfältigung auf jede Art und Weise und in jeder Form ganz oder teilweise zu erlauben oder zu verbieten. Der europäische Vervielfältigungsbegriff ist daher weit zu verstehen, weshalb auch die flüchtige Speicherung eines Werkes eine Vervielfältigung darstellt.[295] Diesem Vervielfältigungsbegriff entspricht die Rechtslage in Bezug auf Computerprogramme. Hier wird das Vervielfältigungsrecht des Rechteinhabers nach § 69c Nr. 1 UrhG durch § 69d Abs. 1 UrhG eingeschränkt. Danach sind Vervielfältigungshandlungen zulässig, wenn sie für eine bestimmungsgemäße Benutzung des Computerprogrammes einschließlich der Fehlerberichtigung durch jeden zur Verwendung eines Vervielfältigungsstückes des Programmes Berechtigten notwendig sind. Hierdurch soll

---

292 *Graef*, Rn. 44.
293 BGH GRUR 1955, 492 (494) – Grundig-Reporter.
294 *Loewenheim*, in: FS Gamm, S. 423 (429 ff.); *Hoeren*, GRUR 1988, 340 (344 f.).
295 EuGH GRUR Int 2011, 1063 Rn. 153 ff. – FAPL/Murphy.

vor allem auch die temporäre Zwischenspeicherung bei der Benutzung eines Computerprogrammes erfasst werden.²⁹⁶ Damit wird impliziert, dass temporäre Zwischenspeicherungen überhaupt vom Vervielfältigungsrecht erfasst werden. Da nicht ersichtlich ist, warum Urheber sonstiger Werke diesbezüglich schlechtergestellt sein sollen,²⁹⁷ stellt die flüchtige Speicherung im Arbeits- und Zwischenspeicher schließlich eine Vervielfältigung im Rechtssinne dar.²⁹⁸

3. Partielle Vervielfältigung

Allerdings erfasst § 16 Abs. 1 UrhG nach seinem Wortlaut nur die Vervielfältigung des »Werkes«. Bei der Verarbeitung eines E-Books im Arbeitsspeicher werden jedoch jeweils nur einzelne Werkteile in den Speicher kopiert. Dies wird insoweit noch unproblematisch durch § 16 Abs. 1 UrhG erfasst, als diese Fragmente selbst Werkqualität aufweisen.²⁹⁹ Problematisch sind aber die Fälle, in denen die einzelnen Fragmente bedingt durch ihre geringe Größere urheberrechtlich nicht schutzfähig sind, da sich hierin nicht die persönliche geistige Schöpfung des Urhebers niederschlägt. In solchen Fällen fragt sich, ob auf die einzelne Zwischenspeicherung oder auf die Gesamtheit der sukzessiven Speicherungsvorgänge abzustellen ist.

Nach Ansicht des EuGH ist bei der Beurteilung von flüchtigen Zwischenspeicherungen im Hinblick auf eine Vervielfältigung i. S. d. Art. 2 RL 2001/29/EG, die beim Empfang einer Satellitensendung im Satellitendecoder oder im Fernsehgerät erfolgen, als Maßstab für das Vorliegen einer eigenen geistigen Schöpfung und dessen Vervielfältigung »das zusammengesetzte Ganze der gleichzeitig wiedergegebenen Fragmente« zugrunde zu legen.³⁰⁰ Damit ist laut EuGH gerade nicht auf die sukzessive Speicherung von Werkteilen abzustellen, sondern letztlich eine urheberrechtlich relevante Vervielfältigungshandlung jeweils in Bezug auf die zu einem bestimmten Zeitpunkt im konkreten Speicher vorhandenen Fragmente zu prüfen.³⁰¹ Nach dieser Ansicht ist das Vorliegen einer Vervielfältigungshandlung beim Laden eines E-Books in den Arbeits- und Zwischenspeicher damit vom Umfang der jeweils geladenen E-Book-Fragmente abhängig.

Eine fehlende Schutzfähigkeit der jeweiligen »geladenen« Teile würde nach

---

296 BGH GRUR 2011, 418 Rn. 13 – UsedSoft; *Poeppel*, S. 57f.; *Marly*, Praxishandbuch Softwarerecht, Rn. 159.
297 *Schack*, UrhR, Rn. 419.
298 *Loewenheim*, in: Schricker/Loewenheim, UrhR, § 16 Rn. 17; *Schulze*, in: Dreier/Schulze, UrhG, § 16 Rn. 13; *Katzenberger*, AfP 1997, 434 (437).
299 EuGH GRUR 2009, 1041 Rn. 38 – Infopaq; *Loewenheim*, in: Schricker/Loewenheim, UrhR, § 16 Rn. 14 m. w. N.
300 EuGH GRUR Int 2011, 1063 Rn. 159 – FAPL/Murphy.
301 EuGH GRUR Int 2011, 1063 Rn. 157 – FAPL/Murphy.

dieser Ansicht dazu führen, dass jeder separate Speichervorgang und mithin der gesamte Vorgang urheberrechtlich unbeachtlich blieben. Allein durch die Einstellung der Funktionsweise des Arbeitsspeichers könnte der Nutzer damit letztlich bei für ihn gleichbleibender Nutzung darüber disponieren, ob der Vorgang urheberrechtlich erfasst wird. Um die Partizipation des Urhebers nicht von der Konfiguration durch den Nutzer oder technischen Zufälligkeiten abhängig zu machen, sollte der unionsweit einheitlich und autonom auszulegende Vervielfältigungsbegriff nach Art. 2 RL 2001/29/EG[302] vielmehr so verstanden werden, dass auch die sukzessive und chronologisch geordnete Vervielfältigung von an sich nicht schutzfähigen Werkteilen hiervon erfasst wird, sofern die Gesamtheit der Werkteile dem ganzen Werk oder jedenfalls schutzfähigen Teilen davon entspricht.[303] Hierfür spricht auch ein Vergleich mit den Regelungen über den Schutz von Computerprogrammen. Art. 4 Abs. 1 lit. a RL 2009/24/EG erfasst ausdrücklich auch die teilweise Vervielfältigung eines Computerprogrammes. Dass in dem konkret vervielfältigten Teil die schutzbegründende Originalität des Computerprogrammes zum Ausdruck kommt, ist hierbei nicht erforderlich. Daher genügt es, wenn die Gesamtheit der sukzessiv eingelesenen Teile die Schutzvoraussetzungen erfüllt.[304] Wiederum ist nicht ersichtlich, warum Urheber sonstiger Werke diesbezüglich schlechtergestellt werden sollen.[305] Im Übrigen lässt der EuGH in Bezug auf die öffentliche Wiedergabe i. S. v. Art. 3 Abs. 1 RL 2001/29/EG auch eine sukzessive Öffentlichkeit genügen, womit er schließlich auf den Gesamtvorgang abstellt.[306] Für das Vervielfältigungsrecht kann insoweit aber nichts anderes gelten. Es lässt sich daher vermuten, dass der EuGH zukünftig auch in Bezug auf das Vervielfältigungsrecht auf den Gesamtvorgang abstellen wird, sodass die sukzessive Vervielfältigung von an sich nicht schutzfähigen Werkteilen hiervon erfasst ist.[307]

---

302 EuGH GRUR 2009, 1041 Rn. 27 – Infopaq; EuGH GRUR Int 2011, 1063 Rn. 154 – FAPL/Murphy.
303 *Loewenheim*, in: Schricker/Loewenheim, UrhR, § 16 Rn. 22; *Heerma*, in Wandtke/Bullinger, UrhR, § 16 Rn. 22; *Dreier*, in: Dreier/Schulze, UrhG, § 16 Rn. 13; *Busch*, GRUR 2011, 496 (500); *Ernsthaler*, NJW 2014, 1553 (1554); vgl. auch *Schulze*, NJW 2014, 721 (722); kritisch *Dustmann*, in: Fromm/Nordemann, UrhR, § 16 Rn. 28; *Stieper*, MMR 2012, 12 (13f.).
304 *Loewenheim/Spindler*, in: Schricker/Loewenheim, UrhR, § 69c Rn. 10; *Haberstumpf*, CR 1987, 409 (412); *Dreier*, in: Dreier/Schulze, UrhG, § 69c Rn. 10; a. A. offenbar *Marly*, Praxishandbuch Softwarerecht, Rn. 160.
305 So im Ergebnis auch OLG Düsseldorf GRUR 1997, 75 (76) – Elektronisches Pressearchiv.
306 EuGH GRUR 2016, 684 Rn. 44 – Reha-Training; EuGH GRUR 2017, 610 Rn. 44 – Filmspeler; EuGH GRUR 2017, 790 Rn. 41 – Pirate Bay.
307 *Raue*, ZGE 2017, 514 (533f.).

4. Zwischenergebnis

Unabhängig davon, ob ein E-Book in einem Sekundärspeicher gespeichert ist oder online abgerufenen wird, finden bei seiner technischen Verarbeitung in den jeweiligen Endgeräten damit trotz der flüchtigen und partiellen körperlichen Festlegung Vervielfältigungshandlungen i. S. d. § 16 UrhG statt. Sofern diese allein eine rechtmäßige Nutzung ermöglichen sollen, sind die Vervielfältigungshandlungen jedoch gemäß § 44a Nr. 2 UrhG zulässig.[308]

V. Wiedergabe durch E-Paper-Displays

Über die technische Verarbeitung hinaus könnte auch deren Ergebnis in Form der Wiedergabe des E-Books am Bildschirm eine Vervielfältigungshandlung darstellen. Allerdings wird dies überwiegend abgelehnt, da es bei der Ausgabe von Informationen am Bildschirm an einer körperlichen Festlegung fehle.[309] Es handele sich vielmehr um eine unkörperliche Wiedergabe. Dem könnte jedoch die Rechtsprechung des EuGH entgegenstehen, wonach sich das Vervielfältigungsrecht i. S. d. Art. 2 lit. a RL 2001/29/EG auch auf flüchtige Fragmente von Werken auf einem Fernsehbildschirm erstreckt, sofern diese Fragmente Elemente enthalten, welche die eigene geistige Schöpfung der betreffenden Urheber zum Ausdruck bringen.[310] Daraus wurde teilweise geschlossen, dass der Vervielfältigungsbegriff des EuGH jede Art der Produktion in wahrnehmbarer Weise inklusive unkörperlicher Erscheinungen umfasst.[311] Dies scheint der EuGH insoweit bestätigt zu haben, als nach seiner Ansicht die Schranke gemäß Art. 5 Abs. 1 RL 2001/29/EG auch für die Erstellung von Bildschirm- und Cachekopien während des Internet-Browsings gelten kann.[312] Die Anwendung des Art. 5 Abs. 1 RL 2001/29/EG auf die Erstellung von »Kopien auf dem Computerbildschirm« impliziert, dass es sich hierbei überhaupt um eine Vervielfältigungshandlung i. S. d. Art. 2 RL 2001/29/EG handelt. Aufgrund der Vorlagefrage des Supreme Court of the United Kingdom, der die Erstellung einer Kopie gerade vorausgesetzt hat,[313] brauchte sich der EuGH hiermit jedoch nicht auseinandersetzen.

---

308 Siehe unten S. 84f.
309 BGH GRUR 1991, 449 (453) – Betriebssystem; BGH GRUR 2017, 266 Rn. 38 – World of Warcraft I; *Ulmer*, GRUR 1971, 297 (301); *Marly*, Praxishandbuch Softwarerecht, Rn. 156; *Loewenheim*, in: Schricker/Loewenheim, UrhR, § 16 Rn. 19; a. A. *Berger*, in: FS Pfennig, S. 3ff.; *Schulze*, in: Dreier/Schulze, UrhG, § 16 Rn. 7.
310 EuGH GRUR Int 2011, 1063 Rn. 159 – FAPL/Murphy.
311 So *Haberstumpf*, GRUR Int 2013, 627 (633f.).
312 EuGH GRUR 2014, 654 – PRCA/NLA.
313 Siehe den Wortlaut der Vorlagefrage in EuGH GRUR 2014, 654 Rn. 20 – PRCA/NLA.

Jedenfalls bei der Wiedergabe von E-Books auf E-Book-Readern mit einem E-Paper-Display lässt sich jedoch ohnehin eine körperliche Festlegung ausmachen. E-Paper-Displays funktionieren auf Grundlage der Elektrophorese, bei der sich durch Anlegung einer kurzzeitigen Spannung in Mikrokapseln gefüllte Pigmentpartikel sortieren.[314] Dabei bleibt die Sortierung ohne Anlegung einer neuen Spannung dauerhaft stabil. Anders als bei einer Projektion von Lichtstrahlen auf eine Leinwand, der Darstellung eines Bildes mittels polarisierten und gefilterten Lichtstrahlen in einem LCD oder der Erzeugung eines Bildes durch einen Elektronenstrahl auf der Leuchtschicht eines Röhren-Bildschirmes lässt sich diese Anzeige damit räumlich abgrenzen, womit eine körperliche Fixierung gegeben ist.[315] Jedenfalls bei der Anzeige eines E-Books auf einem E-Paper-Display wird folglich ein Vervielfältigungsstück hergestellt.

Die Kategorisierung der optischen Wahrnehmbarmachung als Vervielfältigung und damit als ein urheberrechtsrelevanter Vorgang könnten jedoch systematische Gründe entgegenstehen. Einerseits ist die Wahrnehmung eines Werkes grundsätzlich urheberrechtlich nicht erfasst.[316] Andererseits wird eine Wiedergabe gemäß § 15 Abs. 2 UrhG erst dann relevant, sofern sie öffentlich (§ 15 Abs. 3 UrhG) erfolgt. Allein die nichtöffentliche Wiedergabe ist damit gerade keine von § 15 UrhG erfasste Nutzungshandlung. Die körperliche Fixierung des E-Books auf einem E-Paper-Display könnte daher ebenso eine zustimmungsfreie Benutzung darstellen, da sie letztlich ausschließlich der nichtöffentlichen Wahrnehmbarmachung des Werkes dient.[317] Allerdings kann auch das Niederschreiben eines Schriftwerkes auf Papier der bloßen Wahrnehmbarmachung dienen. Gerade weil das Werk über seinen immateriellen Gehalt definiert wird, sind das Recht zur körperlichen Fixierung und damit die Vervielfältigung im Ausgangspunkt dem Urheber vorbehalten. Der reine Werkgenuss ist damit nicht mit der dafür nötigen körperlichen Festlegung identisch. Durch die strikte Trennung zwischen der Schaffung der Voraussetzung für die Wahrnehmung und dem eigentlichen Werkgenuss wird durch die Einordnung der Darstellung eines E-Books durch ein E-Paper-Display folglich nicht der Grundsatz berührt, wonach die reine Wahrnehmung des Werkes urheberrechtsfrei ist.[318] Über den Grundsatz der Freiheit des Werkgenusses hinaus gibt es keine Regel, wonach die private Sphäre vom Urheberrecht unangetastet bleibt.[319] Auch ein Widerspruch zu § 15 Abs. 2 UrhG entsteht nicht, da das Recht

---

314 Siehe oben S. 24.
315 Weitergehend *Berger*, in: FS Pfennig, S. 3 (10), wonach auch die Projektion auf eine Wand eine Vervielfältigung darstellt.
316 BGH GRUR 1991, 449 (453) – Betriebssystem.
317 So *Poeppel*, S. 65.
318 Siehe *Berger*, in: FS Pfennig, S. 3 (11 f.).
319 *Hofmann*, ZGE 2016, 482 (495).

der öffentlichen Wiedergabe gerade auf der Unkörperlichkeit der Nutzung basiert. Aufgrund der körperlichen Festlegung ist die Darstellung eines E-Books durch ein E-Paper-Display damit eine Vervielfältigung i. S. d. § 16 UrhG.

VI. Ergebnis

Für das bloße Lesen und damit für die übliche Nutzung eines E-Books kann foglich eine Mehrzahl an Vervielfältigungsvorgängen erforderlich werden. Jedenfalls der Download eines E-Books stellt eine Vervielfältigungshandlung dar. Auch die Verarbeitung der Informationen im Arbeits- und Zwischenspeicher erfordert eine jeweils temporäre und partielle körperliche Festlegung des E-Books, die als eine weitere Vervielfältigungshandlung einzuordnen ist. Wird das E-Book mittels Elektrophorese auf einem E-Paper-Display dargestellt, findet hier technisch bedingt eine weitere partielle körperliche Festlegung statt.

5. Kapitel: Der urheberrechtliche Buchbegriff

Im vierten Kapitel wurde festgestellt, dass bei einem E-Book verschiedene urheberrechtlich schutzfähige Objekte ausgemacht werden können. Bei klassischen E-Books kommt hinsichtlich des Contents ein Schutz als Sprachwerk in Betracht. Zudem können komplexe enhanced E-Books insgesamt als Multimediawerk geschützt sein. Bei enhanced E-Books ist zudem ein als Computerprogramm gemäß §§ 2 Abs. 1 Nr. 1, 69a UrhG urheberrechtlich geschütztes Werk auf Ebene des Informationsträgers möglich. Hieraus ergeben sich gemäß §§ 15 ff. UrhG Ausschließlichkeitsrechte des Urhebers des jeweiligen Werkes, die wie gesehen bereits bei der privaten Nutzung von E-Books betroffen werden. Hiermit können zwar sowohl die persönlichen als auch die wirtschaftlichen Interessen von E-Book-Autoren und zugleich die Interessen der derivativen Rechteinhaber wie der Verlage abgesichert werden. Urheberrechtliche Verbotsrechte sind aber jedenfalls dann problematisch, wenn ein öffentliches Interesse an der Nutzbarkeit von E-Books besteht. Ein solches liegt insofern nahe, als Bücher allgemein ein standardisiertes Medium zur Speicherung und Übermittlung von Informationen und Wissen sind; Bücher gelten als die Norm für gesellschaftliche Wissensproduktion.[320] In jeweils verschiedener Ausprägung bringen die §§ 53 Abs. 4 lit. b, 61 Abs. 2 Nr. 1 UrhG und § 51 VGG das öffentliche Interesse an Büchern explizit zum Ausdruck, indem die Vorschriften unmittelbar an das Medium Buch anknüpfen.

Damit drängt sich die Frage auf, ob und gegebenenfalls wie die genannten Vorschriften auch für E-Books gelten. Hierfür ist zu klären, was unter einem Buch im urheberrechtlichen Sinne verstanden wird. Eine konkrete Definition lässt sich weder unmittelbar im Gesetz noch in der Literatur finden. Regelmäßig wird das Buch exemplarisch als Vervielfältigungsstück i. S. d. § 16 Abs. 1 UrhG genannt.[321] Zudem soll es sich wie auch bei Zeitschriften und Zeitungen jeden-

---

320 Siehe oben S. 13 ff.
321 *Rehbinder/Peukert*, UrhR, Rn. 446; *Schack*, UrhR, Rn. 417.

falls um ein Printprodukt handeln,[322] das durch einen Verlag als eine Einheit herausgegeben wird.[323] Da das E-Book kein gedrucktes Werkexemplar ist, wird das E-Book von diesem Buchbegriff folglich nicht erfasst. Fraglich ist aber, ob über diesen klassischen Buchbegriff hinaus auch ein für die technischen Neuerungen offenes Begriffsverständnis möglich ist. Ausgangspunkt der Auslegung ist der Wortlaut der jeweiligen Norm, der als äußerste Grenze gleichsam den Schlusspunkt der Auslegung bildet. Innerhalb dieses Rahmens ist neben der Entstehungsgeschichte zudem der Zweck der jeweiligen Vorschrift zu berücksichtigen, wobei nach der heute herrschenden objektiven Auslegungstheorie die subjektive Vorstellung des historischen Gesetzgebers nur von untergeordneter Bedeutung ist.[324] Zudem ist nach dem Bedeutungszusammenhang der konkreten Norm im Gefüge sonstiger Vorschriften zu fragen.[325] Schließlich sind bei der Auslegung auch verfassungs- sowie unionsrechtliche Vorgaben zu beachten.

A. Absolutes Kopierverbot für E-Books gemäß § 53 Abs. 4 lit. b UrhG

Unabhängig von der Art des jeweiligen Werkes erlaubt § 53 Abs. 1, 2 UrhG Vervielfältigungen zum privaten und sonstigen eigenen Gebrauch. Die Regelung schützt zunächst das Interesse an einer breiten Teilnahme am kulturellen Leben.[326] Eine Ausnahme von der Zulässigkeit der Privatkopie nach § 53 Abs. 1, 2 UrhG gilt gemäß Abs. 4 aber für Vervielfältigungen von graphischen Aufzeichnungen von Werken der Musik (lit. a) und für im Wesentlichen vollständige Vervielfältigungen eines Buches oder einer Zeitschrift (lit. b). Hierfür bleibt die Einwilligung des Berechtigten erforderlich. Das Einwilligungserfordernis entfällt nur dann, wenn die Vervielfältigung durch ein bloßes Abschreiben vorgenommen wird, zwecks Aufnahme in ein eigenes Archiv erfolgt oder es sich um ein seit mindestens zwei Jahren vergriffenes Werk handelt, das zum eigenen Gebrauch vervielfältigt wird, § 53 Abs. 4 a. E. UrhG. Fraglich ist, ob die buchnahe Aufbereitung eines digital vorliegenden Werkes in einem E-Book dafür

---

322 So im Ausgangspunkt *Lauber-Rönsberg*, S. 203.
323 *Dreier*, in: Dreier/Schulze, UrhG, § 53 Rn. 48; *Loewenheim*, in: Schricker/Loewenheim, UrhR, § 53 Rn. 77.
324 *Engisch*, Juristisches Denken, S. 161 ff.; *Larenz/Canaris*, Methodenlehre, S. 137 ff., 149; umfassend hierzu auch *Hassold*, ZZP 1981, 192 ff.; für den Vorrang der subjektiven Auslegung *Reimer*, Methodenlehre, Rn. 251; in Bezug auf das europäische Recht siehe zusammenfassend *Riesenhuber*, in: Riesenhuber, Europäische Methodenlehre, S. 199 Rn. 8 ff.
325 Zu den Kriterien der Auslegung siehe *Reimer*, Methodenlehre, Rn. 269; *Larenz/Canaris*, Methodenlehre, S. 141 ff.
326 *Schack*, UrhR, Rn. 553; *Rehbinder/Peukert*, UrhR, Rn. 690.

genügt, dass auch im Wesentlichen vollständige Vervielfältigungen eines E-Books gemäß § 53 Abs. 4 lit. b UrhG unzulässig sind.

I. Wortlaut

Einen ersten Aufschluss hierüber könnte der Wortlaut selbst geben. Mangels einer Definition oder Konkretisierung des Buchbegriffes im UrhG ist auf den allgemeinen Sprachgebrauch abzustellen.[327] Danach werden unter einem »Buch« traditionell mehrere zu einem Ganzen verbundene Blätter verstanden.[328] Dieses allgemeine Sprachverständnis wird auch durch den Buchbegriff der Buchwissenschaften aufgegriffen: Hier ist unter einem Buch »[e]ine in einem Umschlag oder Einband durch Bindung zusammengefasste, meist größere Anzahl von leeren, beschriebenen oder bedruckten Blättern [...] von nicht periodischer Erscheinungsweise« zu verstehen.[329] In die gleiche Richtung definiert die UNESCO in ihrer Empfehlung hinsichtlich der internationalen Standardisierung von Statistiken[330] ein Buch als eine nichtperiodische, gedruckte Publikation mit einem Umfang von 49 Seiten oder mehr.[331] Obwohl im Einzelnen Abweichungen zwischen den hier genannten Begriffsbestimmungen bestehen, lässt sich als grundlegendes Merkmal eines Buches die Sammlung mehrerer Blätter ausmachen. Damit ist für den Buchbegriff nach traditionellem Sprachgebrauch der körperliche Gegenstand zentral, der als solcher sinnlich wahrgenommen werden kann.

Diesem traditionellen Begriffsverständnis steht eine Definition des Buches gegenüber, die sich weniger auf das Trägermedium selbst als auf Inhalt, Rezeptionsform und Wirkung bezieht.[332] Ein Buch ist danach ein »nicht periodisch erscheinendes, thematisch abgeschlossenes und typischerweise als Langtext verfasstes Medienprodukt, das in indirekter Kommunikation durch ein Medium zeitversetzt vermittelt wird.«[333] Dabei fußt diese Begriffsbestimmung gerade auf dem Bestreben der Öffnung für technische Neuerungen, die durch eine tech-

---

327 *Möllers*, Methodenlehre, § 4 Rn. 62; *Larenz/Canaris*, Methodenlehre, S. 141.
328 Duden Online-Wörterbuch, Stichwort: »Buch« Bedeutung 1 und 2, <http://www.duden.de/rechtschreibung/Buch>; *Meyer*, Meyers großes Konversations-Lexikon, Bd. 3, Stichwort: »Buch«, Sp. 521; *H. Umbach*, in: Berlin-Brandenburgische Akademie der Wissenschaften, Goethe-Wörterbuch, Bd. 2, Stichwort: »Buch«, Sp. 923.
329 *Hiller/Füssel*, S. 61.
330 *UNESCO*, Überarbeitete Empfehlung über die internationale Standardisierung von Statistiken, Abschnitt 11.a.
331 Eine Übersicht weiterer Definitionen findet sich bei *Janello*, S. 53 f.
332 Siehe *Kübler*, in: Wunderlich, Die Zukunft der Gutenberg-Galaxis, S. 25 (28 ff.).
333 *Janello*, S. 55.

nologieneutrale Formulierung erreicht werden soll.³³⁴ Diesem Verständnis entspricht auch die Bezeichnung des E-Books als ein in elektronischer Form vorliegendes Buch.³³⁵ Dies zeigt, dass der Buchbegriff grundsätzlich flexibel und anpassungsfähig ist. Dem Wortlaut ist daher nicht eindeutig zu entnehmen, ob ein E-Book ein Buch i. S. d. § 53 Abs. 4 lit. b UrhG ist. Jedenfalls lässt die Wortlausauslegung als Rahmen der verschiedenen Auslegungsmöglichkeiten zu, dass das Verbot der im Wesentlichen vollständigen Vervielfältigung auch für E-Books gilt.

II. Entstehungsgeschichte

Die Entstehungsgeschichte des § 53 Abs. 4 lit. b UrhG könnte weitere Anhaltspunkte für dessen Buchbegriff liefern. Das absolute Kopierverbot für Bücher wurde im Jahr 1985 in das Gefüge der Vorschriften zur Privatkopie aufgenommen.³³⁶ Zu dieser Zeit waren jedenfalls digitale Texte nicht mehr unbekannt. Die Digitalisierung von Literatur und damit der Weg zum E-Book wurden bereits ab 1971 durch das nicht kommerzielle »Project Gutenberg« geebnet. Bei den innerhalb des Projekts entstandenen Digitalisaten handelte es sich jedoch lediglich um unstrukturierte Texte, die selbst vom heutigen klassischen E-Book³³⁷ noch weit entfernt waren.³³⁸ Das erste käufliche E-Book (»Mona Lisa Overdrive« von William Gibson) wurde im Jahr 1988 publiziert.³³⁹ Erst im Jahr 2000 erschien das erste Buch (»Riding the Bullet« von Stephen King), das überhaupt nur online publiziert wurde.³⁴⁰ Obwohl auch die Begründung zum Gesetzentwurf aus dem Jahr 1983 nicht explizit auf das analoge Buch abstellt,³⁴¹ zeigen die zeitlichen Umstände, dass der Gesetzgeber ausschließlich einen Buchbegriff vor Augen haben musste, der jedenfalls durch eine stoffliche Sammlung mehrerer Blätter gekennzeichnet ist.

Dies ergibt sich auch aus der Denkschrift des Börsenvereins des Deutschen Buchhandels von 1978, auf welche die Vorschrift zurückgeführt werden kann.³⁴² Aufgrund der technischen Entwicklungen und der damit einhergehenden ver-

---

334 *Janello*, S. 54.
335 So *Kitz*, MMR 2001, 727 (729); *Schippel*, MMR 2016, 802; *Hartmann*, GRUR Int 2012, 980 (987); *Wallenfels/Russ*, BuchPrG, § 2 Rn. 10.
336 Gesetz zur Änderung von Vorschriften auf dem Gebiet des Urheberrechts vom 24. Juni 1985, BGBl. I S. 1137; siehe auch der Regierungsentwurf, BT-Drucks 10/837, S. 17.
337 Zum klassischen E-Book siehe oben S. 28.
338 Zur Entwicklung des Projekts siehe *Lebert*, Project Gutenberg (1971–2008).
339 *Schrape*, S. 31.
340 *Carvajal*, NY Times v. 16.03.2000.
341 Begründung zum Regierungsentwurf, BT-Drucks 10/837, S. 17.
342 *Kitz*, MMR 2001, 727 (729).

besserten Möglichkeiten für die Vervielfältigung forderte der Börsenverein hier eine Anpassung der Vorschriften über Vervielfältigungen zum persönlichen und sonstigen eigenen Gebrauch. Die »unkörperlichen Übertragungen von Texten durch elektronische Verfahren (Telekopien, Bildschirmtexte, Bildschirmzeitung) [spielte hier jedoch] noch keine erhebliche Rolle«.[343] Demgegenüber wurden im Jahr 1978 bereits schätzungsweise 44 Milliarden Kopien insbesondere durch Fotokopierverfahren gefertigt.[344] Es bestand daher die Befürchtung, dass diese Vervielfältigungspraxis vor allem in den Bibliotheken die Anschaffung von Büchern und Zeitschriften ersetzen würde.[345] Aus diesem Grund forderte der Börsenverein des Deutschen Buchhandels das Verbot der Privatkopie für ganze Bücher und Zeitschriften.[346] Nach der Vorstellung des historischen Gesetzgebers, der dieser Forderung nachkam, bedarf es damit eines analogen Buches, welches als Vorlage für eine Fotokopie dienen kann.

III. Telos

1. Schutz von Primärliteratur

Die Entstehungsgeschichte des Kopierverbotes von Büchern zeigt, dass der Gesetzgeber den besonderen urheberrechtlichen Schutz darin gerechtfertigt sah, dass die Entwicklung der Reprographietechnik eine schnelle und günstige Vervielfältigung von Literatur erlaubt, wohingegen ihre erstmalige Produktion aufwendig und daher teuer ist. Die Primärliteratur in Form von Büchern und Zeitschriften soll daher vor Schädigungen durch das Kopieren bewahrt werden.[347] Dieses Bedürfnis besteht bei Zeitungen nicht in der gleichen Art, da eine Gefährdung des Zeitungsabsatzes durch das Kopieren ganzer Zeitungen ausgeschlossen scheint.[348]

Dem Zweck, Primärliteratur zu schützen, könnte auch ein Schutz von Literatur in Form von E-Books entsprechen. Im Gegensatz zum Fotokopieren eines gesamten analogen Buches ermöglicht das digitale Format hier sogar, dass ein finanzieller und zeitlicher Aufwand für die Vervielfältigung eines gesamten E-Books nahezu komplett entfällt. Zudem wird bei der digitalen Kopie eines E-Books ein identisches Exemplar hergestellt. Wird hingegen ein gedrucktes

---

343 *Börsenverein des Deutschen Buchhandels*, Kopierrecht, S. 11f.
344 *Börsenverein des Deutschen Buchhandels*, Kopierrecht, S. 11.
345 *Börsenverein des Deutschen Buchhandels*, Kopierrecht, S. 26ff.
346 *Börsenverein des Deutschen Buchhandels*, Kopierrecht, S. 46f.
347 BeckOK-UrhR/*Grübler*, § 53 Rn. 37; *Dreier*, in: Dreier/Schulze, UrhG, § 53 Rn. 45; *Loewenheim*, in: Schricker/Loewenheim, UrhR, § 53 Rn. 75.
348 BT-Drucks 10/837, S. 17.

Buch fotokopiert, so wird zwar das darin enthaltene Werk vervielfältigt. Allerdings wird dabei kein neues, mit der Vorlage identisches Buch im Sinne eines Informationsaustauschmediums erstellt. Anders als der Wortlaut des § 53 Abs. 4 lit. b UrhG suggeriert wird damit gerade nicht das gedruckte Buch an sich vervielfältigt. Obwohl auch das E-Book grundsätzlich dual strukturiert ist,[349] wird dieses bei einer digitalen Kopie regelmäßig als Einheit vervielfältigt. Die Kopie ist qualitativ nicht von dem Ausgangsprodukt zu unterscheiden. Damit geht auch einher, dass regelmäßig das gesamte E-Book vervielfältigt wird. Sofern es überhaupt möglich ist, stellt eine nur partielle Vervielfältigung einen zusätzlichen Aufwand dar, den der Nutzer typischerweise nicht leisten wird.[350] Dies zeigt eine besondere Schutzbedürftigkeit von Urhebern eines E-Books, weshalb die gesetzgeberische Intention umso mehr das Kopierverbot von E-Books umfassen müsste. Allerdings entspringen die Gründe für die besondere Schutzbedürftigkeit generell dem digitalen Format und sind damit keine Besonderheit beim Vertrieb von E-Books.[351] Digitale Daten sind an sich schnell, kostengünstig und ohne Qualitätsverlust kopierbar. Dennoch sollte das Gesetz zur Regelung des Urheberrechts in der Informationsgesellschaft vom 10. September 2003 gerade klarstellen, dass die Privatkopie grundsätzlich auch im digitalen Bereich zulässig ist.[352] Allein die leichte Kopierbarkeit von E-Books kann damit nicht die Gleichbehandlung mit einem analogen Buch rechtfertigen.

Nach der Gesetzesbegründung ist die besondere Schutzbedürftigkeit neben der einfachen und günstigen Kopierbarkeit des Buches zudem darin begründet, dass speziell für die Herstellung eines analogen Buches hohe Kosten anfallen können.[353] Abgesehen von Kosten für die Bereitstellung und Übertragung der Daten entstehen bei einem E-Book keine Herstellungskosten für das einzelne Exemplar.[354] Allerdings kann die technische Umsetzung eines E-Books im Vergleich zur Buchproduktion einen neuen, beachtlichen Kostenfaktor darstellen.[355] Fraglich ist, ob dies für eine vergleichbare Kostensituation genügt. Kennzeichnend für die Produktion von analogen Büchern ist zunächst, dass die Vervielfältigung und Verbreitung regelmäßig durch einen Dritten – dem Verlag – erfolgt, der hierfür das wirtschaftliche Risiko übernimmt. Aber auch ohne die Einschaltung eines Dritten ist bei der Veröffentlichung eines Buches zum Er-

---

349 Siehe oben S. 25 ff.
350 *Ganzhorn*, S. 259; siehe auch unten S. 169 ff.
351 *Stieper*, AfP 2010, 217 (219).
352 BT-Drucks 15/38, S. 20; kritisch zur Zulässigkeit der digitalen Privatkopie *Berger*, ZUM 2004, 257 ff.; *Poll/Braun*, ZUM 2004, 266 ff.
353 BT-Drucks 10/837, S. 17.
354 *Hiller*, S. 65.
355 *Ulmer*, in: Ulmer-Eilfort/Obergfell, Verlagsrecht, 1. Teil, Kap. F Rn. 68.

reichen des Deckungsbeitrages eine ausreichende Startauflage nötig.[356] Der Druck der Startauflage führt damit zu hohen Anlaufkosten und anschließenden Lagerkosten, wohingegen der wirtschaftliche Erfolg typischerweise nicht genau abzuschätzen ist. Sofern innerhalb einer solchen wirtschaftlichen Ausgangssituation mit der Kopie des gesamten Buches zu rechnen ist, würde dies die Risikobereitschaft schmälern. Diesem Risiko soll § 53 Abs. 4 lit. b UrhG entgegenwirken, womit gleichzeitig die Bereitschaft zur Herstellung und damit Publikation von Büchern sowie schließlich die kulturelle Vielfalt insgesamt gefördert werden sollen.[357] Der Gesetzgeber nutzt hierdurch seinen kulturpolitischen Gestaltungsspielraum hinsichtlich der Bestimmung von schützenswerten Kulturgütern sowie der Konkretisierung des jeweiligen Schutzumfangs.[358] Zwar bestehen berechtigte Zweifel an der gegenwärtigen Berechtigung der Vorschrift.[359] So kann das Absatzrisiko der Verleger mittlerweile durch neue Produktionsverfahren wie dem Print-on-Demand gesenkt werden.[360] Andererseits lässt sich ein vergleichbarer Herstellungsaufwand für einzelne Werkexemplare[361] unter der gleichzeitigen Möglichkeit der einfachen Kopie des darin enthaltenen Werkes auch bei anderen Medienformaten wie beispielsweise der Schallplatte ausmachen. Angesichts der zentralen Bedeutung des Buches als maßgebliches Medium zur Speicherung und Übermittlung von Informationen und unter Berücksichtigung der Einschätzungsprärogative des Gesetzgebers liegt in der Begrenzung des Kopierverbots auf Bücher jedoch keine willkürliche und damit ungerechtfertigte Sonderbehandlung gegenüber sonstigen Medienwerken.[362]

Ansatzpunkt für den besonderen Schutz des Buches durch das absolute Kopierverbot gemäß § 53 Abs. 4 lit. b UrhG bilden schließlich gerade die Kosten bei der Herstellung von Vervielfältigungsstücken durch den Rechteinhaber. Allein ein hoher Investitionsaufwand bei der Herstellung des »Originals« genügt nicht für ein absolutes Kopierverbot.[363] Dies zeigt sich beispielsweise auch darin, dass für Filmwerke keine Ausnahme von der grundsätzlichen Zulässigkeit der Privatkopie vorgesehen ist, obgleich auch ihre Herstellung typischerweise mit

---

356 *Kitz*, MMR 2001, 727 (729); *Kuß*, K&R 2012, 76 (80).
357 *Kitz*, MMR 2001, 727 (729).
358 Zum gesetzgeberischen Gestaltungsspielraum hinsichtlich des Schutzes des »Kulturguts Buch« siehe auch *Monopolkommission*, Sondergutachten 80, Rn. 291.
359 *Lauber-Rönsberg*, S. 203 f., die sich für eine Streichung von § 53 Abs. 4 lit. b UrhG ausspricht.
360 *Ulmer*, in: Ulmer-Eilfort/Obergfell, Verlagsrecht, 1. Teil, Kap. F Rn. 168 ff.
361 *Lauber-Rönsberg*, S. 203, stellt hingegen auf die Herstellungskosten für Film- oder Musikaufnahmen an sich und nicht auf die jeweiligen Werkexemplare ab.
362 So aber *Poeppel*, S. 352.
363 A. A. *Kappes*, GRUR 1997, 338 (343).

einem hohen (finanziellen) Aufwand verbunden ist.³⁶⁴ Auch die Kosten für die Bereitstellung der Infrastruktur zum Online-Vertrieb von E-Books können eine Gleichbehandlung von gedruckten und elektronischen Büchern im Rahmen des § 53 Abs. 4 lit. b UrhG nicht rechtfertigen. Etwaige Kosten für den Betrieb von Servern o. ä. fallen für den Vertrieb von sämtlichen digitalen Gütern an, sodass sich der Schutz speziell von Primärliteratur in Form von E-Books nicht mit den Kosten für die Bereitstellung einer entsprechenden IT-Infrastruktur begründen lässt. Indem sowohl die Produktion als auch der Vertrieb von diversen Mediengütern hohe Anlaufkosten verschiedenster Art verursachen können, wird jedoch erneut die Überzeugungskraft des Grundes für das absolute Kopierverbot von Büchern geschmälert.

Die grundsätzlich zulässigen teleologischen Erwägungen hinter § 53 Abs. 4 lit. b UrhG zeigen jedenfalls im Hinblick auf den Schutz der Primärliteratur eine Differenzierung zwischen analogen und elektronischen Büchern an.

2. Relevanz der Privatkopie für den Werkgenuss

Zudem stößt eine Erstreckung des absoluten Kopierverbotes auf E-Books angesichts der urheberrechtsrelevanten Vorgänge, die für das Lesen des E-Books nötig werden, auf Bedenken. Bedingt durch die Vertriebsform von E-Books und ihr digitales Format werden für die Nutzung eines E-Books regelmäßig verschiedene Vervielfältigungshandlungen erforderlich.³⁶⁵ Allein für den rezeptiven Werkgenuss können etwa bei der Verarbeitung des E-Books im Arbeitsspeicher des jeweiligen Endgeräts oder der Darstellung des E-Books auf einem E-Paper-Display Vervielfältigungshandlungen auftreten. Hierin unterscheidet sich das Lesen in einem analogen Buch wesentlich von der Nutzung eines E-Books. Das Informationsinteresse der Allgemeinheit scheint daher für die Zulässigkeit der Privatkopie von E-Books und folglich gegen die Einbeziehung von E-Books in den Buchbegriff des § 53 Abs. 4 lit. b UrhG zu sprechen.

a. Anwendungsbereich des § 44a Nr. 2 UrhG

Die Vervielfältigungshandlungen in Form der technischen Verarbeitung der E-Books in den verschiedenen Endgeräten sowie der Darstellung von E-Books mittels elektrophoretischer Displays könnten jedoch bereits gemäß § 44a Nr. 2 UrhG rechtmäßig sein. Eines Rückgriffs auf § 53 Abs. 1, 2 UrhG bedürfte es insoweit nicht mehr. Nach § 44a Nr. 2 UrhG sind vorübergehende Vervielfältigungshandlungen zulässig, die flüchtig oder begleitend sind und einen inte-

---

364 Siehe die amtliche Begründung zu den besonderen Bestimmungen für Filme, BT-Drucks IV/270, S. 35; *Schack*, UrhR, Rn. 1229.
365 Siehe oben S. 64 ff.

gralen und wesentlichen Teil eines technischen Verfahrens darstellen und deren alleiniger Zweck es ist, eine rechtmäßige Nutzung eines Werkes oder sonstigen Schutzgegenstands zu ermöglichen, und die keine eigenständige wirtschaftliche Bedeutung haben. Etwaige Vervielfältigungshandlungen bei der technischen Verarbeitung von E-Books sind flüchtig und haben mangels eines über die Werkwiedergabe hinausgehenden Vorteils[366] keine eigenständige wirtschaftliche Bedeutung. Regelmäßig dienen die Vervielfältigungshandlungen in den verschiedenen Endgeräten zwar allein dazu, eine nichtöffentliche Wiedergabe zum Zweck des Werkgenusses zu ermöglichen, was selbst aber kein Gegenstand der urheberrechtlichen Verwertungsrechte der §§ 15ff. UrhG ist. Die technische Verarbeitung dient insoweit also dazu, eine rechtmäßige Nutzung des E-Books zu ermöglichen.[367] Problematisch sind jedoch die Fälle, in denen die Wiedergabe mittels Elektrophorese auf einem E-Paper-Display erfolgt. Hier bewirkt die technische Verarbeitung in dem jeweiligen E-Reader wiederum selbst die Herstellung eines Vervielfältigungsstückes durch das Display.[368] Für die Zulässigkeit der Vervielfältigungshandlungen im Rahmen der technischen Verarbeitung fragt sich daher, ob in dieser Vervielfältigungshandlung, die der technischen Verarbeitung nachgelagert ist, noch eine rechtmäßige Nutzung i. S. d. § 44a Nr. 2 UrhG zu sehen ist.

Rechtmäßig ist die körperliche Festlegung in Form eines E-Paper-Displays dann, wenn die Nutzung des Werkes mit Zustimmung des Urhebers erfolgt oder aufgrund einer Schranke zulässig ist, vgl. ErwGr 33 RL 2001/29/EG.[369] Die Vervielfältigungshandlung in Form der Anordnung von Pigmentpartikeln in den Mikrokapseln könnte wiederum selbst gemäß § 44a Nr. 2 UrhG zulässig sein. Allerdings sind hiernach allein vorübergehende Vervielfältigungshandlungen erlaubt, die einen integralen und wesentlichen Teil eines technischen Verfahrens darstellen. Die körperliche Festlegung darf daher nicht länger Bestand haben, als sie für das jeweilige technische Verfahren erforderlich ist.[370] Die Anzeige von E-Books mittels eines bistabilen Displays, die dauerhaft aufrechterhalten werden kann, stellt aber gerade das gewünschte Ergebnis eines technischen Verfahrens dar und ist insoweit trotz der elektronischen Funktionsweise mit dem Ausdruck auf Papier vergleichbar. Die Anzeige von E-Books mittels elektrophoretischer Displays ist damit nicht gemäß § 44a Nr. 2 UrhG zulässig.

---

366 Vgl. zu diesem Kriterium EuGH GRUR Int 2011, 1063 Rn. 175 – FAPL/Murphy.
367 EuGH GRUR Int 2011, 1063 Rn. 171f. – FAPL/Murphy; *Poeppel*, S. 444f.; *Stieper*, S. 111; *Bornhauser*, Rn. 377; a. A. *Peukert*, in: Hilty/Peukert, Interessenausgleich im Urheberrecht, S. 11 (36).
368 Siehe oben S. 73ff.
369 EuGH GRUR 2017, 610 Rn. 65 – Filmspeler; BeckOK-UrhR/*Schulz*, § 44a Rn. 13; *v. Welseer*, in: Wandtke/Bullinger, UrhR, § 44a Rn. 16ff.; *Dreier*, in: Dreier/Schulze, UrhG, § 44a Rn. 8.
370 EuGH GRUR 2009, 1041 Rn. 61 – Infopaq.

b.   *Bedürfnis der Privilegierung nach § 53 Abs. 1, 2 UrhG*

Die Zulässigkeit der Anzeige selbst als auch die technische Verarbeitung im Arbeitsspeicher der jeweiligen Geräte könnte sich jedoch jedenfalls für den Privatgebrauch aus § 53 Abs. 1, 2 UrhG ergeben, sofern sich das absolute Kopierverbot nicht auf E-Books erstreckt. Zwar verbietet § 53 Abs. 4 lit. b UrhG nur die Vervielfältigung eines Buches, wenn es sich um eine im Wesentlichen vollständige Vervielfältigung handelt, wohingegen bei der technischen Verarbeitung sowie der Anzeige mittels E-Paper-Displays regelmäßig jeweils nur ein Teil des elektronischen Buches vervielfältigt wird. Allerdings ist bei der sukzessiven Vervielfältigung von Buchteilen – wie bei der Beurteilung von Sukzessiventnahmen von Werkteilen etwa im Rahmen von § 60a Abs. 1, 2 UrhG und § 60c Abs. 1 UrhG – auf die Summe der vervielfältigten Teile abzustellen.[371] Auch ein analoges Buch wird stets sukzessiv vervielfältigt, indem es seitenweise fotokopiert wird. Gerade dies soll § 53 Abs. 4 lit. b UrhG aber verhindern. Fällt die sukzessive Vervielfältigung eines analogen Buches damit in den Anwendungsbereich des absoluten Kopierverbotes, müsste Gleiches für die sukzessive Vervielfältigung von E-Books gelten, die bei der technischen Verarbeitung und Wiedergabe auf einem E-Paper-Displayer für den Werkgenuss nötig werden. Bei Geltung des Kopierverbotes für E-Books würde der Leser eines rechtswidrig vertriebenen E-Books damit das Vervielfältigungsrecht des Urhebers verletzen, sofern er dieses auf einem E-Reader mit einem E-Paper-Display nutzt. Dies geht jedoch über den Zweck des Kopierverbotes für Bücher hinaus, wonach die Investitionen bei der Herstellung von Vervielfältigungsstücken für den Primärmarkt geschützt werden sollen. Demgegenüber begründet das Informationsinteresse der Allgemeinheit im Hinblick auf das Lesen von E-Books zum privaten Werkgenuss, der grundsätzlich urheberrechtsfrei ist, ein gesteigertes Bedürfnis an der Zulässigkeit der Privatkopie von E-Books.[372] Dieses Interesse stößt gemäß § 53 Abs. 1, 2 UrhG erst dann auf seine Grenzen, wenn die Rechtswidrigkeit des Vertriebs für den Nutzer offensichtlich war.

3.   Zwischenergebnis

Die Unterschiede zwischen analogen und elektronischen Büchern sowohl hinsichtlich ihrer Herstellungs- und Vertriebsweise als auch in Bezug auf ihre Nutzung stehen damit einer Gleichbehandlung durch das Verbot der Privatkopie

---

371 Betreffend § 52a UrhG a. F. siehe BGH GRUR 2014, 549 Rn. 25 – Meilensteine der Psychologie; *Dustmann*, in: Fromm/Nordemann, UrhR, § 52b Rn. 7; *Loewenheim*, in: Schricker/Loewenheim, UrhR, § 52a Rn. 4; *Berger*, GRUR 2010, 1058 (1063).
372 Siehe *Stieper*, AfP 2010, 217 (219).

entgegen. Insgesamt spricht die teleologische Auslegung damit gegen ein absolutes Kopierverbot von E-Books gemäß § 53 Abs. 4 lit. b UrhG.[373]

IV. Systematik

Weitere Rückschlüsse auf den Buchbegriff können sich aus dem Bedeutungszusammenhang der Regelung des § 53 Abs. 4 lit. b UrhG ergeben. Der Vorschrift selbst lässt sich aber allenfalls entnehmen, dass ein Buch Gemeinsamkeiten mit einer Zeitschrift haben muss, welche die Ausnahme von der Schrankenbestimmung rechtfertigen. Da jedoch auch der Begriff der Zeitschrift unklar ist und sich hier ähnliche Abgrenzungsfragen zwischen Zeitschrift und E-Journal stellen,[374] kann die Gleichbehandlung von Buch und Zeitschrift keinen weiteren Aufschluss bringen. Im Rahmen der systematischen Auslegung des § 53 Abs. 4 lit. b UrhG kann ebenfalls nicht auf den jeweiligen Buchbegriff der § 61 Abs. 2 Nr. 1 UrhG und § 51 VGG verwiesen werden, der ebenfalls noch zu bestimmen ist. Weiterführend könnte jedoch der Buchbegriff außerhalb des Urheberrechts Klarheit schaffen.

Zwar gilt der Grundsatz der Relativität der Rechtsbegriffe, wonach jeder Rechtsbegriff durch das gegebene Bezugssystem bestimmt wird, das jeweils eine unterschiedliche Auslegung gebieten kann.[375] Allerdings soll stets zugleich die Auslegung Vorrang haben, die zu einer sachlichen Übereinstimmung der Begriffe zwischen verschiedenen Gesetzesbestimmungen führt.[376] Voraussetzung hierfür ist eine sachliche Zusammengehörigkeit der einzelnen Vorschriften,[377] die anhand teleologischer Erwägungen zu bestimmen ist.[378]

1. Bücher im Sinne des BuchPrG

Bereits für die Arbeitsdefinition des E-Books wurde § 2 Abs. 1 Nr. 3 BuchPrG herangezogen, der den Begriff des elektronischen Buches erstmals in die Gesetzessprache eingeführt hat. Gemäß § 2 Abs. 1 Nr. 3 BuchPrG sind Bücher im Sinne des BuchPrG auch Produkte, die Bücher reproduzieren oder substituieren

---

373 So auch *Schapiro*, in: Bräutigam/Rücker, E-Commerce, S. 514 Rn. 9; *Orgelmann*, S. 109 ff.; ebenso im Ergebnis *Stieper*, AfP 2010, 217 (219).
374 In der Literatur wird die Zeitschrift lediglich von der Zeitung abgegrenzt, siehe *Peukert*, in: Schricker/Loewenheim, UrhR, § 38 Rn. 35 f.; *Melichar*, ZUM 1988, 14.
375 *Möllers*, Methodenlehre, § 6 Rn. 17; *Wank*, S. 110 ff.
376 *Larenz/Canaris*, Methodenlehre, S. 146 f.; *Möllers*, Methodenlehre, § 4 Rn. 125.
377 *Larenz/Canaris*, Methodenlehre, S. 147; *Möllers*, Methodenlehre, § 6 Rn. 17; a. A. *Ganzhorn*, S. 259, der lediglich auf das Nichtvorhandensein zwingender Gründe gegen eine Übereinstimmung abstellt.
378 *Möllers*, Methodenlehre, § 6 Rn. 17.

– zum Beispiel zum dauerhaften Zugriff angebotene elektronische Bücher – und bei Würdigung der der Gesamtumstände als überwiegend verlags- oder buchhandelstypisch anzusehen sind. Durch die exemplarische Nennung von zum dauerhaften Zugriff angebotenen elektronischen Büchern als buchnahe Produkte[379] i. S. d. § 2 Abs. 1 Nr. 3 UrhG BuchPrG wird klargestellt, dass auch E-Books als Bücher i. S. d. BuchPrG der Buchpreisbindung unterfallen können.[380] Auf dieser Grundlage könnten auch Bücher im urheberrechtlichen Sinne jedenfalls zum dauerhaften Zugriff angebotene E-Books umfassen, um einen Gleichlauf zwischen beiden Gesetzen zu bewirken.[381] Gegen die Übernahme des Buchbegriffes aus dem BuchPrG in das Urheberrecht spricht jedoch schon, dass § 2 BuchPrG den Begriff des Buches nicht definiert, sondern lediglich den Anwendungsbereich des Gesetzes absteckt.[382] Als Bücher gelten etwa auch Musiknoten, § 2 Abs. 1 Nr. 1 BuchPrG. Schon hieran wird aber deutlich, dass die Buchbegriffe des UrhG und des BuchPrG nicht identisch sein können. Musiknoten i. S. d. § 2 BuchPrG sind »Vervielfältigungen von Werken der Musik, die graphisch, fotografisch, durch Fotokopie, Lichtpausverfahren, Mikrokopie oder handschriftlich hergestellt sind«.[383] Dieser Begriff der Musiknoten ist damit inhaltlich mit dem der graphischen Aufzeichnungen von Werken der Musik i. S. v. § 53 Abs. 4 lit. a UrhG identisch. Würde man den urheberrechtlichen Buchbegriff i. S. d. § 2 BuchPrG verstehen, führte dies zu Friktionen innerhalb des § 53 Abs. 4 UrhG. Der Buchbegriff des § 2 BuchPrG kann somit nicht auf das Urheberrecht übertragen werden,[384] sodass sich hieraus auch kein Argument für die Einbeziehung von E-Books in den urheberrechtlichen Buchbegriff ergibt.

2. Bücher im Sinne des UStG

Regelmäßig wird eine Gleichbehandlung von analogen und elektronischen Büchern auch im Steuerrecht diskutiert. Gemäß § 12 Abs. 2 Nr. 1 UStG i. V. m. Anlage 2 Nr. 49 gilt für Bücher ein ermäßigter Steuersatz von 7 %. Schon nach dem Wortlaut gilt die Vorschrift allerdings nur für Drucke, vgl. Anlage 2 Nr. 49 lit. a. Eine Begrenzung des ermäßigten Steuersatzes auf analoge Bücher ist zudem durch Art. 98 Abs. 2 i. V. m. Nr. 6 Anhang III der Richtlinie 2006/112/EG

---

379 *Wallenfels/Russ*, BuchPrG, § 2 Rn. 5 ff.
380 Kritisch zur Vereinbarkeit der Preisbindung von E-Books mit der unionsrechtlichen Warenverkehrsfreiheit sowie den unionsrechtlichen Wettbewerbsregeln siehe *Monopolkommission*, Sondergutachten 80, Rn. 309 ff.
381 So *Ganzhorn*, S. 259.
382 *Kübler*, in: Ulmer-Eilfort/Obergfell, Verlagsrecht, 1. Teil, Kap. K Rn. 31; *Wallenfels/Russ*, BuchPrG, § 2 Rn. 2.
383 BT-Drucks 14/9196, S. 10.
384 So im Ergebnis auch *Orgelmann*, S. 111 f.

vom 28. November 2006 über das gesamte Mehrwertsteuersystem vorgegeben.[385] Fraglich ist, ob dieser Buchbegriff auf die urheberrechtlichen Bestimmungen zu übertragen ist. Hierfür bedarf es vergleichbarer teleologischer Wertungen hinter den jeweiligen Vorschriften.

Das Kopierverbot von Büchern gemäß § 53 Abs. 4 lit. b UrhG dient dem Schutz des Buchmarktes und damit in einem weiteren Sinne dem Erhalt des Kulturguts »Buch«.[386] Insoweit lässt sich die hier diskutierte urheberrechtliche Sonderstellung des Buches auch mit der Privilegierung des Buches durch einen ermäßigten Steuersatz von 7 % gemäß § 12 Abs. 2 Nr. 1 UStG i. V. m. Anlage 2 Nr. 49 vergleichen, die der kulturellen Bedeutung des Buches Rechnung tragen soll.[387] Hierzu bedienen sich Urheber- und Steuerrecht jedoch unterschiedlicher Mittel. Der ermäßigte Steuersatz fördert die Verbreitung von Büchern durch eine finanzielle Entlastung der Verbraucher,[388] wohingegen § 53 Abs. 4 lit. b UrhG vor allem die wirtschaftlichen Interessen der Rechteinhaber schützt. Aufgrund der Verschiedenartigkeit der konkreten Schutzrichtung der Vorschriften kann der Buchbegriff des Steuerrechts, der E-Books nicht erfasst, allenfalls als Indiz für die Reichweite des Buchbegriffes nach § 53 Abs. 4 lit. b UrhG herangezogen werden. Ein belastbares Argument für die Auslegung des § 53 Abs. 4 lit. b UrhG ergibt sich hieraus jedoch nicht.

V. Richtlinienkonforme Auslegung

Der systematischen Auslegung kann damit keine eindeutige Aussage entnommen werden. Demgegenüber folgt aus der historischen und teleologischen Auslegung, dass das E-Book kein Buch i. S. d. § 53 Abs. 4 lit. b UrhG ist und daher nicht unter das absolute Kopierverbot fällt. Fraglich ist, ob dieser Befund mit europäischem Recht vereinbar ist.

1. Harmonisierungsgrad der RL 2001/29/EG

Die Schranken des Urheberrechts sollen durch die RL 2001/29/EG harmonisiert werden, die in Art. 5 einen abschließenden Katalog von 21 Schranken enthält. Hiervon ist jedoch nur die Schranke gemäß Art. 5 Abs. 1 RL 2001/29/EG, im deutschen Recht durch § 44a UrhG umgesetzt, obligatorisch. Die übrigen Be-

---

385 EuGH MMR 2015, 308; in der Folge auch BFH DStR 2016, 315; nach EuGH EuZW 2014, 435 ist eine steuerliche Ungleichbehandlung von analogen und elektronischen Büchern gerechtfertigt; siehe auch *Becker*, DStR 2014, 462; *Graef*, Rn. 556 ff.
386 Siehe oben S. 81 ff.
387 *Klenk*, in: Sölch/Ringleb, UStG, § 12 Rn. 56.
388 BT-Drucks 3/2101, S. 3.

stimmungen sind lediglich fakultativ. Zwingend ist allein, dass die nationalen Schranken jedenfalls von Art. 5 RL 2001/29/EG gedeckt sind, womit die Mitgliedsstaaten weiterreichende Beschränkungen des Urheberrechts grundsätzlich nicht vornehmen dürfen. Unklar ist jedoch, ob die Mitgliedsstaaten auch hinter dem Schrankenkatalog insoweit zurückbleiben dürfen, als sie Ausnahmen vom Urheberrecht an strengere als in der Richtlinie vorgesehene Voraussetzungen knüpfen. Überwiegend wird dies mit Verweis auf den grundsätzlich fakultativen Charakter des Schrankenkatalogs (Art. 5 Abs. 2, 3 RL 2001/29/EG) angenommen.[389] Die Vorgaben der Richtlinie sollen dementsprechend lediglich eine äußere Grenze des Zulässigen enthalten, innerhalb derer sich die Vorschriften der Mitgliedsstaaten bewegen dürfen. Hingegen betont vor allem der EuGH mit Blick auf ErwGr 32 S. 4 RL 2001/29/EG, dass die Ausnahmen gemäß Art. 5 RL 2001/29/EG in kohärenter Weise angewandt werden müssen, um die Funktionsfähigkeit des Binnenmarktes zu gewährleisten.[390] Auf dieser Grundlage wird teils vertreten, der Grad der Harmonisierung durch Art. 5 RL 2001/29/EG reiche so weit, dass die Mitgliedsstaaten die nationalen Schrankenbestimmungen nicht beliebig an strengere Voraussetzungen knüpfen dürfen.[391] Nach diesem Verständnis handelt es sich bei dem Schrankenkatalog des Art. 5 Abs. 2, 3 RL 2001/29/EG um eine fakultative Vollharmonisierung, die dem nationalen Gesetzgeber lediglich ein Entschließungsermessen bezüglich der Anwendung der Schranken einräumt.[392]

Gegen einen solchen hohen Harmonisierungsgrad spricht jedoch zum einen der bewusst weit gefasst Wortlaut des Art. 5 RL 2001/29/EG, der gerade den verschiedenen Rechtstraditionen in den Mitgliedsstaaten Rechnung tragen soll, vgl. ErwGr 32 S. 3 RL 2001/29/EG.[393] Zum anderen vermag der Verweis auf die Funktionsfähigkeit des Binnenmarktes, die eine kohärente Anwendung der Schranken nach Art. 5 Abs. 2, 3 RL 2001/29/EG erfordern soll, als Argument für die fakultative Vollharmonisierung nicht zu überzeugen. Sofern sich der europäische Gesetzgeber bewusst für eine fakultative Ausgestaltung der urheberrechtlich zulässigen Schranken entschieden hat, hat er damit zugunsten der unterschiedlichen Rechtstraditionen der Mitgliedsstaaten gerade keine abschließende Interessenabwägung zur Regelung eines einheitlichen Binnen-

---

389 KOM(2008) 466 endg., S. 5; BGH GRUR 2013, 1220 Rn. 42 – Gesamtvertrag Hochschul-Intranet; BGH GRUR 2014, 549 Rn. 61 – Meilensteine der Psychologie; *v. Lewinski/Walter*, in: Walter/v. Lewinski, European Copyright Law, Rn. 11.5.9.; *Hilty*, GRUR 2005, 819.
390 EuGH GRUR 2012, 810 Rn. 35 – DR und TV2 Danmark; EuGH GRUR 2014, 546 Rn. 34 – ACI Adam/Stichting de Thuiskopie; EuGH GRUR 2014, 972 Rn. 16 – Deckmyn; so nun auch BGH GRUR 2017, 798 Rn. 26 – AIDA Kussmund; BGH GRUR 2017, 1027 Rn. 24 – Reformistischer Aufbruch; BGH GRUR 2017, 895 Rn. 44 – Metall auf Metall III.
391 *V. Ungern-Sternberg*, GRUR 2014, 209 (213); *Grünberger*, ZUM 2015, 273 (286); *Jotzo*, ZGE 2017, 447 (455).
392 *Schmidt*, S. 111, 217.
393 *Stieper*, ZGE 2012, 443 (448).

marktes getroffen.³⁹⁴ Darüber hinaus widerspricht die Annahme einer derart weitreichenden Harmonisierung der urheberrechtlichen Schranken dem Zweck der Richtlinie, wonach ein möglichst hohes Schutzniveau für den Urheber zu gewährleisten ist (ErwGr 9 RL 2001/29/EG).³⁹⁵ Diesem Ziel entsprechend sollte es den Mitgliedsstaaten freistehen, auch durch die Statuierung von solchen tatbestandlichen Voraussetzungen einer Schranke, die nicht in der Richtlinie vorgesehen sind, zu einem hohen urheberrechtlichen Schutzniveau beizutragen. Anderenfalls bliebe den Mitgliedsstaaten allein die Möglichkeit der umfassenden Privilegierung gemäß den Vorgaben der Richtlinie, wenngleich nur ein Ausschnitt hiervon erfasst werden soll. Die Privilegierung einer bestimmten urheberrechtsrelevanten Nutzung zwingt damit über das eigentliche Ziel hinaus zur Absenkung des urheberrechtlichen Schutzniveaus, was den Zweck der Richtlinie insgesamt durchkreuzt. Demgemäß muss den Mitgliedsstaaten die Möglichkeit gewährt werden, Ausnahmen vom Urheberrecht auch unter strengeren als in der Richtlinie vorgesehenen Voraussetzungen vorzusehen. Eine Einschränkung besteht lediglich darin, dass nur sachnahe Kriterien zur Voraussetzung für die Anwendbarkeit nationaler Schrankenbestimmung gemacht werden dürfen.³⁹⁶

2. Vorgaben der RL 2001/29/EG

Konkret fußen die Regelungen der Privatkopie gemäß § 53 UrhG auf Art. 5 Abs. 2 lit. a, b RL 2001/29/EG.³⁹⁷ Eine Regelung, wonach die mögliche Ausnahme vom Vervielfältigungsrecht für Bücher nicht gilt, besteht hier anders als für Notenblätter gemäß Art. 5 Abs. 2 lit. a RL 2001/29/EG (vgl. § 53 Abs. 4 lit. a UrhG) nicht. Hieraus folgt, dass sich der RL 2001/29/EG unmittelbar keine Aussage über den Buchbegriff nach § 53 Abs. 4 lit. b UrhG entnehmen lässt. Mittelbar könnte jedoch Art. 5 Abs. 2 lit. a RL 2001/29/EG für eine Beschränkung des Buchbegriffes auf Bücher in analoger Form sprechen. Die Ausnahme für Notenmaterialien von einer etwaigen Schranke nach Art. 5 Abs. 2 lit. a RL 2001/29/EG dient dem Schutz von Komponisten und Musikverlegern. Diese waren angesichts der hohen Herstellungskosten der Notensätze durch die zu-

---

394 *Poeppel*, S. 125; a. A. *Schmidt*, S. 218 f.; kritisch zur fakultativen Ausgestaltung des Schrankenkatalogs nach Art. 5 Abs. 2, 3 RL 2001/29/EG etwa *Melichar/Stieper*, in: Schricker/Loewenheim, UrhR, Vor §§ 44a ff. Rn. 26; *Lüft*, in: Wandtke/Bullinger, UrhR, Vor §§ 44a ff. Rn. 5; *Dreier*, in: Dreier/Schulze, UrhG, Vor §§ 44a ff. Rn. 5; *Schack*, UrhR, Rn. 535a; *Stieper*, GRUR 2015, 1145 (1149).
395 Nach Ansicht des EuGH liegt hierin sogar das Hauptziel der Richtlinie, siehe EuGH GRUR 2017, 610 Rn. 27 – Filmspeler.
396 EuGH GRUR 2012, 166 Rn. 103 – Painer/Standard; zustimmend insoweit auch *Melichar/Stieper*, in: Schricker/Loewenheim, UrhR, Vor §§ 44a ff. Rn. 26.
397 BeckOK-UrhR/*Grübler*, § 53 Rn. 4.

nehmende Kopierpraxis beispielsweise von Chören oder Musikschulen besonderen Umsatzeinbußen ausgesetzt.[398] Auch hier steht die Ausnahme von der Zulässigkeit der Privatkopie damit auf der Grundlage der Herstellungskosten für einzelne Vervielfältigungsstücke unter gleichzeitiger Berücksichtigung des öffentlichen Interesses an ihrer Bereitstellung.[399] Die Erwägungen hinter dem unionsrechtlichen Kopierverbot von Notenblättern sprechen somit dafür, auch das absolute Kopierverbot für Bücher i. S. d. § 53 Abs. 4 lit. b UrhG mit den Herstellungskosten für das einzelne Vervielfältigungsstück zu rechtfertigen, die für E-Books nicht anfallen.[400] Auch wenn Art. 5 Abs. 2 lit. a, b RL 2001/29/EG unmittelbar keine Aussagen über den Umfang des absoluten Kopierverbotes von Büchern gemäß § 53 Abs. 4 lit. b UrhG trifft, spricht Art. 5 Abs. 2 lit. a RL 2001/29/EG für eine Beschränkung des absoluten Kopierverbotes auf Medienwerke in analoger Form.

Aus dem Zweck des Kopierverbotes sowohl in Bezug auf Noten als auch in Bezug auf Bücher folgt auch, dass das absolute Kopierverbot von analogen Büchern gemäß § 53 Abs. 4 lit. b UrhG im Hinblick auf die Systematik und die Ziele der RL 2001/29/EG nicht auf sachfremden Kriterien beruht. Auch wenn § 53 Abs. 4 lit. b UrhG keine unmittelbare Grundlage im Unionsrecht findet, widerspricht das absolute Kopierverbot von Büchern damit nicht den Anforderungen der RL 2001/29/EG.

VI. Konsequenzen

Im Ergebnis ist ein Buch i. S. d. § 53 Abs. 4 lit. b UrhG – dem klassischen Begriffsverständnis folgend – jedenfalls durch eine Sammlung mehrerer Blätter gekennzeichnet. Es bedarf eines körperlichen Gegenstandes, der als solcher sinnlich wahrgenommen werden kann. Diesen Anforderungen genügt das E-Book aufgrund der digitalen Form nicht. Sie dürfen daher unter Maßgabe des § 53 Abs. 1, 2 UrhG grundsätzlich vollständig zum eigenen Gebrauch vervielfältigt werden.[401] Im Anschluss hieran fragt sich jedoch, wie weit diese Befugnis reicht.

---

398 *V. Lewinski/Walter*, in: Walter/v. Lewinski, European Copyright Law, Rn. 11.5.28; siehe in Bezug auf § 53 Abs. 4 lit. b UrhG auch BT-Drucks 10/837, S. 17; *Loewenheim*, in: Schricker/Loewenheim, UrhR, § 53 Rn. 72.
399 BeckOK-UrhR/*Grübler*, § 53 Rn. 36.
400 Siehe oben S. 81 ff.
401 So auch *Kitz*, MMR 2001, 727 (729); *Kuß*, K&R 2012, 76 (80); *Stieper*, AfP 2010, 217 (218 f.); *Scholz*, ITRB 2013, 17 (18); a. A. *Graef*, Rn. 252; *Dreyer*, in: Dreyer/Kotthof/Meckel, UrhR, § 53 Rn. 43, 58; *Ganzhorn*, S. 258 f.; *Kappes*, GRUR 1997, 338 (343); bezüglich E-Journals wohl auch *Katzenberger*, AfP 1997, 434 (438).

1. Zulässigkeit der Konvertierung von E-Book-Dateien

Wegen der Proprietarität einiger Dateiformate von E-Books kann es für den Nutzer von Interesse sein, das E-Book in ein anderes Dateiformat umzuwandeln, um dieses auf Lesegeräten anderer Anbieter nutzen zu können. Sofern die Konvertierung nicht durch eine technische Schutzmaßnahme verhindert wird, lässt sich eine Umwandlung der gängigen Formate mit Ausnahme des proprietären Formates *Apple* (ibooks) ohne großen Aufwand über verschiedene Programme bewerkstelligen. Es fragt sich somit, ob mit der Zulässigkeit der Privatkopie auch die Zulässigkeit der Konvertierung einhergeht.

Zunächst erlaubt § 53 Abs. 1, 2 UrhG die Vervielfältigung eines Werkes, das sich über seine geistige Wesenheit definiert. Diese ist grundsätzlich von der Art der Fixierung zu trennen, weshalb die konkrete Datenstruktur für die geistige Wesenheit unbeachtlich ist. Regelmäßig wird durch die Konvertierung von Dateien in ein anderes Format ein Vervielfältigungsstück allein unter Änderung der technischen Festlegung erstellt, sodass das hierin festgelegte Werk von der Konvertierung unberührt bleibt. Mangels einer Veränderung des Originalwerkes handelt es sich bei einer Konvertierung demnach nicht um eine Umgestaltung des Werkes i. S. d. § 23 S. 1 UrhG,[402] sondern um eine bloße und damit zulässige Vervielfältigungshandlung. Darüber hinaus erlaubt § 53 Abs. 1 UrhG explizit Vervielfältigungen auf beliebigen Trägern. Auf die konkrete technische Festlegung des Werkes kommt es daher schon nach dem Wortlaut des § 53 Abs. 1 UrhG nicht an.[403] Auch der Umstand, dass eine Konvertierung die Möglichkeiten der Werknutzung auf anderen Lesegeräten erweitert, schadet im Rahmen von § 53 UrhG daher nicht. Die Art der Fixierung des Werkes und damit auch das Dateiformat sind daher im Rahmen des § 53 UrhG grundsätzlich irrelevant. Vorbehaltlich wirksamer vertraglicher Bestimmungen[404] dürfen E-Books daher gemäß § 53 Abs. 1, 2 UrhG in ein anderes Dateiformat umgewandelt werden. Wirksame technische Schutzvorrichtungen dürfen hierbei jedoch nicht umgangen werden, § 95a Abs. 1 UrhG.

2. Hybride E-Books

Aufgrund der für Computerprogramme geltenden Sonderregelungen gemäß §§ 69a ff. UrhG ist fraglich, ob die Zulässigkeit der Privatkopie gemäß § 53 Abs. 1, 2 UrhG auch für solche E-Books gilt, die mittels eines Computerpro-

---

402 BGH GRUR 2010, 628 Rn. 22 – Vorschaubilder; zum Erfordernis der Veränderung des Originalwerkes siehe auch *Loewenheim*, in: Schricker/Loewenheim, UrhR, § 23 Rn. 6, 12.
403 *Lüft*, in: Wandtke/Bullinger, UrhR, § 53 Rn. 12.
404 Zur urheberrechtlichen und schuldrechtlichen Wirksamkeit vertraglicher Beschränkungen siehe umfassend *Stieper*, S. 178 ff., 213 ff.

grammes umgesetzt werden. Isoliert betrachtet ist die Anfertigung einer Kopie eines Computerprogrammes gemäß § 69d Abs. 1 UrhG nur dann gestattet, wenn sie für eine bestimmungsgemäße (auch zukünftige) Benutzung des Computerprogrammes einschließlich der Fehlerberichtigung durch jeden zur Verwendung eines Vervielfältigungsstückes des Programmes Berechtigten notwendig ist. Aufgrund dieser Sondervorschrift kann § 53 UrhG gemäß § 69a Abs. 4 UrhG auf Computerprogramme keine Anwendung finden.[405] Hingegen gilt für den E-Book-Content § 53 Abs. 1 UrhG, wonach für alle Zwecke privater Art eine Kopie erstellt werden darf, wobei der Nutzer nicht zwingend ein eigenes Original besitzen muss. Wie bei anderen hybriden Produkten (etwa kombinierten Softwarelösungen bestehend aus Computerprogrammen und Datenbanken)[406] stellt sich damit die Frage nach dem anwendbaren Recht für die Gesamtheit des hybriden E-Books. In besonderer Weise stellt sich diese Frage auch hinsichtlich der Zulässigkeit der Umgehung von technischen Schutzmaßnahmen. Für den grafischen oder audiovisuellen E-Book-Content gilt § 95a UrhG, wonach ein wirksamer technischer Schutz vor einer digitalen Vervielfältigung nicht umgangen werden darf. Demgegenüber findet § 95a UrhG gemäß § 69a Abs. 5 UrhG auf Computerprogramme keine Anwendung.[407] Letztlich ist zur Klärung der Frage nach dem Verhältnis zwischen allgemeinen Vorschriften und softwarespezifischen Sonderregelungen das Verhältnis der den Vorschriften jeweils zugrundeliegenden Richtlinien 2001/29/EG und 2009/24/EG zueinander entscheidend.

a. Meinungsstand
In Bezug auf die Frage des anwendbaren Rechts auf hybride Werke bestehen verschiedenen Ansichten.

(1) Vorrang der Sondervorschriften
Zunächst wird vertreten, dass sich der Schutz hybrider Produkte ausschließlich nach den Sondervorschriften für Computerprogramme gemäß §§ 69a ff. UrhG richtet.[408] Grund hierfür sei, dass die RL 2001/29/EG grundsätzlich die Spezialität der Sonderbestimmungen zu Computerprogrammen herausstellt (Art. 1 Abs. 2 lit. a RL 2001/29/EG). Die Zulässigkeit der »Privatkopie« eines hybriden

---

[405] *Dreier*, in: Dreier/Schulze, UrhG, § 69a Rn. 3; *Loewenheim/Spindler*, in: Schricker/Loewenheim, UrhR, § 69a Rn. 25; BeckOK-UrhR/*Kaboth/Spies*, § 69a Rn. 17; *Grützmacher*, in: Wandtke/Bullinger, UrhR, § 69a Rn. 75; *Czychowski*, in: Fromm/Nordemann, UrhR, § 69a Rn. 43; siehe auch BT-Drucks 12/4022, S. 8f.
[406] *Arlt*, in: Hoeren/Sieber/Holznagel, Multimedia-Recht, Teil 7.7 Rn. 24.
[407] Siehe hierzu unten S. 175 ff.
[408] *Peukert*, in: Loewenheim, Hdb. d. UrhR, § 34 Rn. 8.

E-Books wäre daher ebenfalls an der speziellen Regelung für Computerprogramme gemäß § 69d Abs. 1 UrhG zu messen.

(2) Restriktive Auslegung der Sondervorschriften
Demgegenüber wollen Teile der Literatur den Anwendungsbereich der Sondervorschriften gemäß §§ 69a ff. UrhG auf Computerprogramme »im eigentlichen Sinn« beschränken, mit der Folge, dass diese für hybride Werke keine Geltung beanspruchen.[409] Eine solche restriktive Auslegung sei deswegen geboten, da die Grenze zwischen Computerprogrammen und anderen Werkarten zunehmend verschwimmt, was Rechtsunsicherheit bezüglich der Anwendung der jeweiligen Vorschriften provoziere und das Regelungssystem der §§ 95a ff. UrhG aufweiche. Die §§ 69a ff. UrhG sollen daher nur dann anzuwenden sein, sofern neben dem Computerprogramm keine andere Werkart betroffen ist. Die Vervielfältigung von hybriden E-Books zum privaten Gebrauch wäre demnach gemäß § 53 UrhG zulässig.

(3) Schwerpunkt-Theorie
Nach der Schwerpunkt-Theorie soll das anzuwendende Regelungsregime für das jeweilige hybride Produkt hingegen nach dem Schwerpunkt des Gesamtwerkes bestimmt werden.[410] Dieser ist anhand des wirtschaftlichen Wertes der einzelnen Schutzgegenstände und ihres Verhältnisses zueinander zu ermitteln.

Bei der Beurteilung des wirtschaftlichen Wertes eines E-Books kann zunächst konstatiert werden, dass sich auf dem E-Book-Markt noch kein standardisiertes Preisniveau herausgebildet hat.[411] Dennoch kann beobachtet werden, dass der Markt dem E-Book generell einen geringeren Wert als einem analogen Buch beimisst.[412] Die elektronische Umsetzung eines Buchinhaltes schmälert aufgrund der fehlenden Kosten einer physischen Produktion damit den Wert auf dem Buchmarkt.[413] Die technische Umsetzung eines E-Books bildet damit nicht den wirtschaftlichen Schwerpunkt des E-Books. Damit geht einher, dass sich hybride E-Books hinsichtlich ihres wirtschaftlichen Wertes auf dem Buchmarkt

---
409 *Arlt*, MMR 2005, 148 (154f.); so im Ergebnis auch *Arnold/Timmann*, MMR 2008, 286 (287 Fn. 7).
410 *Grützmacher*, in: Wandtke/Bullinger, UrhR, § 69a Rn. 83; *Czychowski*, in: Fromm/Nordemann, UrhR, § 69a Rn. 45; *Kreutzer*, CR 2007, 1 (6); *Schröder*, MMR 2013, 80 (82); *Rippert/Weimer*, ZUM 2007, 272 (276); *Arlt*, in: Hoeren/Sieber/Holznagel, Multimedia-Recht, Teil 7.7 Rn. 24; siehe auch *Grützmacher*, ZGE 2017, 423 (444f.), der zugleich die gesetzliche Verankerung der Schwerpunkttheorie in Form einer »Fair-Use-Regelung« fordert.
411 *Hiller*, S. 129f.; *Wallenfels/Russ*, BuchPrG, § 2 Rn. 20; siehe auch *Oprysk/Matulevičius/Kelli*, JIPITEC 2017, 128 Rn. 16.
412 *Damke*, in: Clement/Blömeke/Sambeth, Ökonomie der Buchindustrie, S. 207 (224); *Picot/Janello*, S. 29.
413 *Janello*, S. 160.

regelmäßig nicht von E-Books unterscheiden, die nicht mittels eines Computerprogrammes umgesetzt sind. Vielmehr wird der wirtschaftliche Wert von E-Books insgesamt maßgeblich durch den jeweiligen E-Book-Content bestimmt. Nach der Schwerpunkt-Theorie ist hinsichtlich der urheberrechtlichen Befugnisse folglich allein auf die Nutzerebene abzustellen. Eine Privatkopie wäre demnach im Rahmen des § 53 UrhG möglich.

(4)   Parallele Anwendbarkeit der Regelungsregime

Zudem wird vertreten, dass sowohl die allgemeinen Regelungen als auch die speziellen Vorschriften für Computerprogramme auf hybride Produkte anzuwenden sind.[414] Dies hätte zur Folge, dass für die Zulässigkeit von Vervielfältigungshandlungen bezüglich hybrider Werke sämtliche einschränkenden Tatbestandsmerkmale des § 53 UrhG sowie § 69d Abs. 1 UrhG zu berücksichtigen sind.

Auch der EuGH scheint sich dieser Ansicht angeschlossen zu haben.[415] Nach seiner Ansicht gilt die RL 2009/24/EG für »komplexe Gegenstände« wie Videospiele jedenfalls nicht ausschließlich.[416] Neben dem Computerprogramm begründen auch die grafischen und klanglichen Elemente eines Videospiels dessen Originalität. Die audiovisuellen Bestandteile sind nach Ansicht des EuGH zusammen mit dem Gesamtwerk durch das Urheberrecht im Rahmen der mit der RL 2001/29/EG eingeführten Regelungen geschützt.[417] Da die Vorlagefrage, die dem Urteil des EuGH zugrunde lag, die Umgehung technischer Schutzmaßnahmen bei Videospielen zum Gegenstand hatte, folgte hier aus der Anwendbarkeit des Art. 6 RL 2001/29/EG deren grundsätzliche Unzulässigkeit. Obgleich damit nicht unmittelbar die Frage nach der Zulässigkeit der Privatkopie von hybriden Produkten beantwortet wurde,[418] muss konsequenterweise auch hier gelten, dass die Sondervorschriften für Computerprogramme (RL 2009/24/EG) jedenfalls nicht ausschließlich anzuwenden sind. Offen bleibt nach den Ausführungen des EuGH aber noch, inwiefern für hybride Produkte die RL 2009/24/EG überhaupt anwendbar ist.[419] Eine endgültige Entscheidung seitens des EuGH über die Behandlung hybrider Produkte ist damit noch nicht getroffen.

---

414 *Katko/Maier*, MMR 2009, 306 ff.; *Krüger/Biehler/Apel*, MMR 2013, 760 (762); *Hilgert*, CR 2014, 354 (356); so auch der Vorschlagebeschluss des BGH MMR 2013, 671 Rn. 24 – Videospiel-Konsolen I.
415 So *Hilgert*, CR 2014, 354 (356).
416 EuGH GRUR 2014, 255 Rn. 23 – Nintendo/PC Box.
417 EuGH GRUR 2014, 255 Rn. 23 – Nintendo/PC Box; im Anschluss daran BGH MMR 2015, 460 Rn. 41 ff. – Videospiel-Konsolen II, sowie BGH GRUR 2017, 541 Rn. 19 – Videospiel-Konsolen III; siehe auch BGH GRUR 2017, 266 Rn. 66 f. – World of Warcraft I.
418 Siehe *Karl*, EuZW 2014, 306 (307).
419 *Brunn/Nordmeyer*, CR 2014, 226 (227); so auch *Karl*, EuZW 2014, 306 (307), wonach das

(5) Einzelfallabhängige Beurteilung
Unter der grundsätzlichen Annahme der parallelen Anwendbarkeit der Regelungsregime auf hybride Produkte wird vorgeschlagen, in Kollisionsfällen jeweils die Vorschrift anzuwenden, die in dem konkreten Einzelfall den rechtlich oder wirtschaftlich engsten Bezug aufweist.[420] Hierbei sollen auch die jeweiligen Regelungszwecke der kollidierenden Normen berücksichtigt werden.

Regelmäßig wird diese Ansicht bezüglich hybrider E-Books im Kollisionsfall zur Geltung der allgemeinen Vorschriften führen. Der Rechtsschutz von Computerprogrammen dient im Wesentlichen dem Schutz der zur Herstellung von Software erforderlichen Investitionen, vgl. ErwGr 2, 3 RL 2009/24/EG.[421] Der Gesetzgeber betrachtet Computerprogramme somit überwiegend als Industrieprodukte.[422] Demgegenüber werden E-Books als Kulturgüter wahrgenommen. Dem entspricht, dass der Gesetzgeber E-Books der Buchpreisbindung unterworfen hat (§ 2 Abs. 1 Nr. 3 i. V. m. § 1 S. 1 BuchPrG). Hieran vermag allein die Umsetzung eines E-Books mithilfe eines Computerprogrammes nichts zu ändern. Daher werden hybride E-Books regelmäßig einen engeren Bezug zu den Vorschriften aufweisen, die für klassische E-Books gelten.

Im Hinblick auf die Anwendbarkeit gerade des § 53 UrhG auf hybride E-Books spricht hierfür auch der durch die Zulässigkeit der Privatkopie beabsichtigte Ausgleich zwischen den Interessen der Rechteinhaber einerseits und dem Interesse der Allgemeinheit am Zugang zu vorhandenen Informationen andererseits.[423] Diese Interessenlage ist auch bei der Verbreitung von Informationen in Form von E-Books auszumachen, die technisch mittels eines Computerprogrammes umgesetzt werden.

Gleichzeitig liegen der Zulässigkeit der Privatkopie nach § 53 UrhG pragmatische Erwägungen zugrunde. Da Vervielfältigungshandlungen im privaten Bereich kaum nachvollzogen werden können, dient die Statuierung einer gesetzlichen Lizenz vor allem auch den Interessen der Urheber.[424] Für digitale Vervielfältigungshandlungen kann diese Überlegung aufgrund der Möglichkeit des Einsatzes technischer Schutzmaßnahmen[425] jedoch kaum mehr überzeu-

---

Verhältnis der Regelungen auch nach dem Urteil des EuGH noch nicht abschließend geklärt ist; so auch *Ganzhorn*, S. 199.
420 *Metelski*, Rn. 131; *Czychowski*, in: Fromm/Nordemann, UrhR, § 69a Rn. 10; *Bullinger/Czychowski*, GRUR 2011, 19 (21).
421 *Dreier*, in: Dreier/Schulze, UrhG, § 69a Rn. 1; *Grützmacher*, in: Wandtke/Bullinger, UrhR, Vor §§ 69a ff. Rn. 3; *Loewenheim/Spindler*, in: Schricker/Loewenheim, UrhR, Vor §§ 69a ff. Rn. 5; *Marly*, Praxishandbuch Softwarerecht, Rn. 34.
422 BT-Drucks 12/4022, S. 7; *Grützmacher*, in: Wandtke/Bullinger, UrhR, Vor §§ 69a ff. Rn. 6; *Marly*, Praxishandbuch Softwarerecht, Rn. 34.
423 *Lüft*, in: Wandtke/Bullinger, UrhR, § 53 Rn. 1; *Loewenheim*, in: Schricker/Loewenheim, UrhR, § 53 Rn. 1.
424 BeckOK-UrhR/*Grübler*, § 53 Rn. 1; *Lüft*, in: Wandtke/Bullinger, UrhR, § 53 Rn. 1.
425 Zum Einsatz technischer Schutzmaßnahmen siehe unten S. 175 ff.

gen.[426] Da diese Friktion sämtliche Werke in digitaler Form betrifft, ergibt sich hieraus aber nicht, dass speziell hybride E-Books nicht in den Anwendungsbereich des § 53 UrhG fallen. Vielmehr gilt auch hier, dass hybride E-Books aufgrund ihrer Nähe zu sonstigen elektronischen Büchern nicht anders zu beurteilen sind. Vor dem Hintergrund einer einzelfallabhängigen Betrachtung wird für hybride E-Books daher im Regelfall § 53 UrhG Anwendung finden.

b.   Stellungnahme

Bei der Frage nach der Zulässigkeit der Privatkopie eines hybriden E-Books führen sowohl die Annahme des Vorrangs der speziellen Vorschriften für Computerprogramme als auch die Annahme der parallelen Anwendbarkeit beider Regelungsregime dazu, dass hinsichtlich der Privatkopie eines hybriden E-Books jedenfalls auch § 69d Abs. 1 UrhG anzuwenden ist. Demgegenüber kommen die übrigen Ansichten zur ausschließlichen Anwendbarkeit des § 53 UrhG.

Zwar ist der Ansicht, wonach die Sondervorschriften über Computerprogramme grundsätzlich Vorrang genießen, insoweit zuzustimmen, als dass die RL 2009/24/EG im Verhältnis zur RL 2001/29/EG lex specialis ist. So sollen gemäß Art. 1 Abs. 2 lit. a RL 2001/29/EG die bestehenden gemeinschaftsrechtlichen Bestimmungen über den rechtlichen Schutz von Computerprogrammen unberührt bleiben.[427] Dies gilt jedoch nur in Bezug auf den Anwendungsbereich der RL 2009/24/EG, der gemäß Art. 1 Abs. 1 RL 2009/24/EG auf Computerprogramme begrenzt ist.[428] Dem EuGH ist aber zunächst jedenfalls insoweit zu folgen, als dass auch ein E-Book ein komplexer Gegenstand ist, der in seiner Gesamtheit betrachtet werden muss. Sowohl bei dem Vertrieb als auch der Nutzung eines hybriden Produkts ist wegen der bestehenden Interdependenzen zwischen Computer- und Nutzerebene das gesamte Produkt erfasst.[429] Auf dieser Grundlage ist es aber nicht gerechtfertigt, hybride Werke grundsätzlich den Schutz durch die RL 2001/29/EG zu entziehen, weil sie neben grafischen oder audiovisuellen Bestandteilen zugleich Software beinhalten.[430] Ein genereller Vorrang der Vorschriften über Computerprogramme auch bei Werkkombinationen führte etwa mit Blick auf den Schutz technischer Schutzmaßnahmen gemäß §§ 95a ff. UrhG zu einer Aushöhlung des allgemeinen Regelungssystems, obgleich dieses einen wesentlichen Bestandteil des Produktes an sich erfassen würde.[431]

---

426 BeckOK-UrhR/*Grübler*, § 53 Rn. 1.
427 EuGH GRUR 2012, 904 Rn. 56 – UsedSoft.
428 EuGH GRUR 2014, 255 Rn. 23 – Nintendo/PC Box.
429 Siehe *Lehmann/v. Tucher*, CR 1999, 700 (705).
430 BGH MMR 2013, 671 Rn. 24 – Videospiel-Konsolen I; *Metelski*, Rn. 129.
431 *Arnold/Timmann*, MMR 2008, 286 (287 Fn. 7).

Andererseits ist anzuerkennen, dass die Kombination eines Computerprogrammes mit sonstigen urheberrechtlich geschützten Elementen nicht generell die Anwendbarkeit der §§ 69a ff. UrhG auszuschließen vermag. Würde etwa eine urheberrechtlich schutzfähige Benutzeroberfläche eines Computerprogrammes stets zur Nichtanwendbarkeit der RL 2009/24/EG auf das Gesamtwerk führen, wäre ihr Anwendungsbereich erheblich eingeschränkt.[432] Die vorgeschlagene restriktive Auslegung der Sondervorschriften durch eine Begrenzung ihres Anwendungsbereiches auf »Computerprogramme im eigentlichen Sinne« kann daher ebenfalls nicht überzeugen.

Im Ausgangspunkt kann damit weder die Geltung der allgemeinen Regelungen noch die Geltung der Sondervorschriften für hybride Produkte generell ausgeschlossen werden.[433] Allerdings hätte eine uneingeschränkte Anwendbarkeit beider Regelungsregime zur Folge, dass sämtliche einschränkenden Tatbestandsmerkmale bei der Nutzung hybrider Werke zu berücksichtigen sind, was den jeweiligen gesetzlichen Wertungen widerspricht.[434] Aufgrund dieser Friktionen kann ein hybrides Produkt daher nicht in seiner Gesamtheit gleichzeitig beiden Regelungsbereichen unterworfen werden.

Es bedarf damit einer Wertung, welche Rechtsvorschriften auf ein hybrides Produkt angewandt werden sollen. Hierfür schlägt die Schwerpunkt-Theorie vor, die Wertung jeweils einheitlich für ein konkretes Produkt anhand des wirtschaftlichen Wertes der einzelnen Schutzgegenstände und ihres Verhältnisses zueinander vorzunehmen. Zu berücksichtigen ist jedoch, dass die urheberrechtlichen Vorschriften insgesamt nicht nur wirtschaftlichen Interessen dienen. Zwar steht der wirtschaftliche Schutz im Mittelpunkt der §§ 69a ff. UrhG.[435] Vor allem die Schrankenbestimmungen der allgemeinen Vorschriften zielen jedoch ferner auf einen angemessenen Ausgleich zwischen den verschiedenen (grundrechtlich geschützten) Interessen der Urheber, Verwerter und Nutzer ab.[436] Die Schwerpunkt-Theorie führte jedoch dazu, sonstige Interessen neben den wirtschaftlichen Interessen der Rechteinhaber außer Acht lassen.[437]

Die Komplexität des Verhältnisses der allgemeinen Bestimmungen zu den Sondervorschriften für Computerprogramme sowie der jeweiligen Interessenlage kann damit letztlich nur die einzelfallabhängige Betrachtung angemessen berücksichtigen. Auch hierbei dürfen den wirtschaftlichen Interessen jedoch nicht per se Vorrang gegenüber sonstigen Interessen eingeräumt werden. Es ist

---

432 *Kreutzer*, CR 2007, 1 (5).
433 So wohl auch BGH GRUR 2017, 266 Rn. 66f. – World of Warcraft I; siehe auch LG Berlin GRUR-RR 2014, 490 (491).
434 *Kreutzer*, CR 2007, 1 (5); *Metelski*, Rn. 131.
435 *Grützmacher*, in: Wandtke/Bullinger, UrhR, Vor §§ 69a ff. Rn. 7.
436 *Poeppel*, S. 42f.; *Stieper*, S. 45ff.; *Rehbinder/Peukert*, UrhR, Rn. 200.
437 *Ganzhorn*, S. 199.

vielmehr zu fragen, welche Vorschrift aufgrund ihres Regelungszweckes den rechtlich engsten Bezug aufweist und so der konkreten Interessenlage gerecht wird. Dies führt wie vom EuGH gefordert einerseits dazu, dass grafische und audiovisuelle Bestandteile, die an der Originalität eines hybriden Werkes teilhaben, zusammen mit dem Gesamtwerk im Rahmen der allgemeinen Vorschriften geschützt sind.[438] Andererseits kann diese Lösung mit Art. 1 Abs. 2 lit. a RL 2001/29/EG in Einklang gebracht werden, wonach die Regelungen der RL 2009/24/EG unberührt bleiben und nicht beeinträchtigt werden. Die speziellen Vorschriften für Computerprogramme gehen immer dann vor, wenn die jeweilige Regelung den rechtlich engeren Bezug zur konkreten Fallgestaltung aufweist. Zwar ist zuzugestehen, dass eine einzelfallabhängige Betrachtung im Gegensatz zu den übrigen Ansichten mit Ausnahme der Schwerpunkt-Theorie zunächst keine eindeutige Aussage über das anzuwendende Recht trifft und daher mit Rechtsunsicherheit behaftet ist.[439] Allerdings bietet sie die Möglichkeit, den Einzelfall anhand teleologischer Erwägungen einer angemessenen Lösung zuzuführen. Mit Blick auf die Behandlung typengemischter Verträge im Zivilrecht[440] ist eine solche einzelfallabhängige Bestimmung des anzuwendenden Rechts letztlich kein unbekanntes Vorgehen.[441]

c.   Anwendung auf die Zulässigkeit der Privatkopie
Der duale Charakter eines E-Books führt im Falle des Vorliegens eines urheberrechtlich geschützten Computerprogrammes i. S. d. §§ 69a ff. UrhG dazu, dass das anzuwendende Recht im Einzelfall bestimmt werden muss. Die Nähe des hybriden E-Books zu sonstigen (elektronischen) Büchern führt dabei zur Anwendbarkeit von § 53 UrhG, womit die Erstellung einer Privatkopie eines hybriden E-Books grundsätzlich zulässig ist.

VII.   Ergebnis

Das absolute Kopierverbot nach § 53 Abs. 4 lit. b UrhG betrifft allein gedruckte Bücher. Eine Differenzierung zwischen analogen und elektronischen Büchern ist hier vor allem aufgrund verschiedener Produktions- und Vertriebsweisen einerseits und Nutzungshandlungen andererseits gerechtfertigt. E-Books werden damit umfassend vom Anwendungsbereich der Privatkopie gemäß § 53 Abs. 1, 2

---

438 Siehe EuGH GRUR 2014, 255 Rn. 24 – Nintendo/PC Box.
439 So *Ganzhorn*, S. 198 f.
440 Siehe hierzu etwa MüKo-BGB/*Emmerich*, § 311 Rn. 29 ff.
441 *Bullinger/Czychowski*, GRUR 2011, 19 (21).

UrhG erfasst, womit die kulturelle Vielfalt in Form von E-Books anders als bei analogen Büchern keinem besonderen Entstehungsschutz unterliegt.

B. Verwaiste Werke in E-Books

Mit dem im Jahr 2013 erlassenen Gesetz zur Nutzung verwaister und vergriffener Werke setzte der deutsche Gesetzgeber die RL 2012/28/EU über bestimmte zulässige Formen der Nutzung verwaister Werke um.[442] Anders als die Regelungen in Bezug auf vergriffene Werke in den §§ 51 f. VGG gehen die Vorschriften über verwaiste Werke unmittelbar auf die RL 2012/28/EU zurück. Die Richtlinie soll der Errichtung von Online-Bibliotheken dienen, die neue Erkenntnisquellen eröffnen, ErwGr 1 RL 2012/28/EU. Hierzu bedarf es für die Bibliotheken eines Rechtsrahmens, der auch die Online-Verbreitung von Werken und sonstigen Schutzgegenständen ermöglicht, deren Rechteinhaber unbekannt sind oder nicht ausfindig gemacht werden können, ErwGr 3 RL 2012/28/EU. Vor diesem unionsrechtlichen Hintergrund gestattet § 61 Abs. 1 UrhG die Vervielfältigung und die öffentliche Zugänglichmachung verwaister Werke nach Maßgabe der Abs. 3–5. Dabei sind gemäß § 61 Abs. 2 UrhG verwaiste Werke nur solche in Büchern, Fachzeitschriften, Zeitungen, Zeitschriften oder anderen Schriften (Nr. 1), Filmwerke sowie Bildträger und Bild- und Tonträger, auf denen Filmwerke aufgenommen sind (Nr. 2), und Tonträger (Nr. 3.) Damit stellt sich die Frage, ob auch Werke in E-Books im Rahmen des § 61 UrhG als verwaiste Werke i. S. d. Abs. 2 vervielfältigt und öffentlich zugänglich gemacht werden dürfen.

I. Entstehungsgeschichte

Der Buchbegriff selbst ist wiederum nicht weiterführend, da unter einem Buch neben dem analogen Buch auch das elektronische Buch verstanden werden kann.[443] Anhaltspunkte für das Verständnis des Buchbegriffes i. S. d. § 61 Abs. 2 Nr. 1 UrhG könnte allerdings dessen Entstehungsgeschichte liefern. Hierbei ist zunächst der Zusammenhang zwischen den §§ 61 ff. UrhG und § 51 VGG zu berücksichtigen. Ausweislich der Gesetzesbegründung sollen die Regelungen über verwaiste und vergriffene Werke insgesamt den rechtlichen Rahmen für die Digitalisierung von Werken durch Gedächtniseinrichtungen schaffen.[444] Dabei

---

442 Richtlinie 2012/28/EU des Europäischen Parlaments und des Rates vom 25. Oktober 2012 über bestimmte zulässige Formen der Nutzung verwaister Werke.
443 Siehe oben S. 79 f.
444 BT-Drucks 17/13423, S. 1 f.

sollen die §§ 61 ff. UrhG den privilegierten Einrichtungen nach Ansicht des nationalen Gesetzgebers ermöglichen, »Werke, deren Rechtsinhaber auch durch eine sorgfältige Suche nicht festgestellt oder ausfindig gemacht werden können [...], zu digitalisieren und online zu stellen, damit sie nicht dem kulturellen Erbe verloren gehen.«[445] Die Intention des Gesetzgebers bestand damit vor allem in der Förderung der Digitalisierung von analog vorliegenden Werken. Für Werke, die bereits digital vorliegen, erübrigt sich diese Zielsetzung. Gleichzeitig besteht auf europäischer Ebene die Bestrebung, die Bewahrung digitalen Materials eigenständig zu regeln. Dahinter steht die Erwägung, dass digitales Material wegen technologischer Entwicklungen in den Bereichen von Hard- und Software besonderer Verwaltung und Pflege bedürfe, um sie dauerhaft nutzbar zu machen. Dabei betrifft dieses Problem nicht nur Kultureinrichtungen, sondern darüber hinaus sämtliche private und öffentliche Einrichtungen, ErwGr 16 der Empfehlung der Kommission vom 27. Oktober 2011 zur Digitalisierung und Online-Zugänglichkeit kulturellen Materials und dessen digitaler Bewahrung.[446] Daraus lässt sich schließen, dass auch die Regelungen bezüglich verwaister Werke originär digital erstellte Inhalte nicht erfassen sollen. Die Regelungsabsicht des Gesetzgebers spricht somit gegen die Einbeziehung von E-Books in den Buchbegriff des § 61 UrhG.

II. Telos

Fraglich ist, ob sich diese Intention hinter den Vorschriften auch unmittelbar im Gesetz objektiviert hat.

1. Zugang zu Kulturgütern

Zunächst findet sich die Regelungsabsicht des europäischen Gesetzgebers in ErwGr 3 S. 1 RL 2012/28/EU wieder, wonach die Vorschriften über die Nutzung verwaister Werke einen Rechtsrahmen »zur Erleichterung der Digitalisierung und Verbreitung« von verwaisten Werken bieten soll. Nach ErwGr 1 S. 2 RL 2012/28/EU hat der europäische Gesetzgeber dabei die Europeana als ein konkretes Digitalisierungsprojekt im Fokus.[447] Allerdings ordnet sich das Ziel

---

445 BT-Drucks 17/13423, S. 1 f.
446 Empfehlung der Kommission vom 27. Oktober 2011 zur Digitalisierung und Online-Zugänglichkeit kulturellen Materials und dessen digitaler Bewahrung, 2011/711/EU, ABl. Nr. L 283 S. 39, und die Schlussfolgerungen des Rates vom 10. Mai 2012, 2012/C 169/02, ABl. Nr. C 169 S. 5; siehe auch *Steinhauer*, GRUR Prax 2011, 288 (290).
447 Siehe auch *Grages*, S. 216; kritisch zur Fokussierung auf digitale Nutzungen *de la Durantaye*, ZUM 2013, 437 (440).

der Förderung der Digitalisierung von »verborgenen Kulturschätzen«[448] im Rahmen der Vorschriften über verwaiste Werke unter ein generelles Ziel. Die Vorschriften dienen insgesamt dem Lernen und der Verbreitung von Kultur (ErwGr 20 S. 1 RL 2012/28/EU), wofür die Digitalisierung als besondere Form der Vervielfältigung lediglich ein, wenn auch zentrales Mittel darstellt. Sie tritt allerdings neben die Vervielfältigung zum Zweck der Zugänglichmachung, Indexierung, Katalogisierung, Bewahrung und Restaurierung, Art. 6 Abs. 1 lit. b RL 2012/28/EU. Damit sind die Vorschriften nicht auf die Regelung der Digitalisierung analoger Werke beschränkt, sondern umfassen nach ErwGr 20 S. 2 RL 2012/28/EU grundsätzlich auch die Vervielfältigung und öffentliche Zugänglichmachung von digitalen Sammlungen zu den genannten Zwecken. Insoweit spricht der in der Richtlinie objektivierte Zweck der Regelungen gegen ein enges Verständnis des Buchbegriffs. Vielmehr spricht das formulierte Ziel dafür, die urheberrechtlichen Privilegierungen auch auf das Lernen und die Verbreitung von Kultur in Form von E-Books zu erstrecken.

2. Überwindung unklarer Rechtslagen

Dem abstrakten Ziel, den Zugang zu Kulturgütern zu gewährleisten, untergeordnet ist der konkrete Zweck hinter den §§ 61 ff. UrhG. Dieser liegt in der Nutzbarmachung von Werken, deren Rechteinhaber nicht ausfindig zu machen sind, weshalb eine Rechteeinräumung faktisch nicht möglich ist.[449] Die Nutzung eines verwaisten Werkes wäre damit ohne eine gesetzliche Erlaubnis dauerhaft ausgeschlossen, was die Verbreitung des Kulturerbes hemmen würde. Diesbezüglich ist kein Grund ersichtlich, warum hier zwischen Werken in gedruckten und elektronischen Büchern zu unterscheiden ist. Gerade die Digitalisierung ermöglicht es, Inhalte leicht und kostengünstig über das Internet zu veröffentlichen. In Bezug auf die Buchbranche vereinfacht der elektronische Markt selbstverlegerische Tätigkeiten[450] und ermöglicht damit eine quantitative Zunahme der publizierten Titel.[451] Hierdurch steigt zunächst abstrakt auch potenziell die Masse an Werken, deren Urheber nicht ausfindig zu machen ist. Gerade bei online vermittelten Werken mangelt es dabei häufig an einer zuverlässigen Kennzeichnung des Werkes an sich und des Urhebers.[452] Aufgrund

---

448 *Peifer*, NJW 2014, 6.
449 BeckOK-UrhR/*Engels/Hagemeier*, § 61 Rn. 1 f.; *Spindler*, in: Schricker/Loewenheim, UrhR, § 61 Rn. 1; *Peifer*, NJW 2014, 6.
450 *Clement/Blömeke/Sambeth*, in: Clement/Blömeke/Sambeth, Ökonomie der Buchindustrie, S. 11 (19); *Hiller*, S. 67.
451 *Grages*, S. 21 f.; *Clement/Blömeke/Sambeth*, in: Clement/Blömeke/Sambeth, Ökonomie der Buchindustrie, S. 11 (19); *Janello*, S. 154.
452 *Grages*, S. 21 f., 30.

der Disintermediation fehlen zugleich Institutionen, die jedenfalls potenziell Auskunft über die nötigen Informationen geben könnten. Diesbezüglich fördern die Digitalisierung und der Online-Vertrieb damit letztlich sogar das Verwaisen von Werken.[453]

Bei Werken in gedruckter Form ist für die gemäß § 61 Abs. 2 UrhG privilegierten Einrichtungen das Ausfindigmachen der Rechteinhaber regelmäßig auch deswegen problematisch, weil seit dem Erwerb des Werkexemplars lange Zeit verstrichen ist. Dies wird gerade bei E-Books typischerweise jedoch nicht in gleichem Ausmaß der Fall sein, wenn man berücksichtigt, dass das E-Book bis zum Jahr 2000 noch eine unbekannte Nutzungsart war.[454] Der Erwerb eines E-Books durch eine Bibliothek nach dem Jahr 2000 schließt jedoch nicht aus, dass die Bibliothek weitere durch den Rechteinhaber einzuräumende Nutzungsrechte benötigt. Vorstellbar ist etwa, dass eine Bibliothek ein E-Book über eine übliche Handelsplattform online erworben hat und dieses nunmehr auch über die gesetzlichen sowie vertraglichen Befugnisse hinaus nutzen möchte. Auch nach einer potenziell kürzeren Zeitspanne ist es dann grundsätzlich möglich, dass der Rechteinhaber nicht ausfindig gemacht werden kann.

Damit ist kein Grund ersichtlich, digital vorliegende Werke in E-Books unter dem Ziel der Überwindung unklarer Rechtslagen anders als analoge Werkexemplare zu behandeln. Das von der Kommission anerkannte und auf dem technologischen Fortschritt basierende Bedürfnis der besonderen Verwaltung und Pflege digitaler Inhalte ist hiervon zu trennen, da es unabhängig von der Frage der Behandlung von verwaisten digitalen Inhalten besteht. Dies bestätigen auch § 62 Abs. 2 Nr. 2, 3 UrhG, die zwar ebenfalls auf die Trägermedien abstellen, hierbei aber nicht auf eine konkrete Technologie Bezug nehmen und daher nicht zwischen analogen und digitalen Trägermedien differenzieren.

Im Ergebnis sprechen die objektiv-teleologischen Gesichtspunkte somit insgesamt dafür, dass auch verwaiste Werke in E-Books nach § 61 UrhG vervielfältigt und öffentlich zugänglich gemacht werden dürfen.

---

453 Zu sonstigen Gründen für das Verwaisen siehe *Grages*, S. 20 ff.
454 Siehe § 1 Abs. 2 der Bekanntmachung über die Festsetzung eines Tarifs zur Regelung der Vergütung von Ansprüchen nach § 137 l Abs. 5 S. 1 UrhG für zuvor in gedruckter Form verlegte Sprachwerke, abrufbar unter: <http://www.vgwort.de/fileadmin/pdf/tarif_uebersicht/141210_Tarif_137 l_print_2014_.pdf>; siehe auch *Graef*, Rn. 179.

III. Systematik

1. Grundsatz der engen Auslegung von Schrankenbestimmungen

Einer weiten Auslegung des Buchbegriffes könnten jedoch systematische Hindernisse entgegenstehen. Anders als im Rahmen des § 53 Abs. 4 lit. b UrhG, der seinerseits die Schranke nach § 53 Abs. 1, 2 UrhG einschränkt, hätte eine weite Auslegung des Buchbegriffes im Rahmen des Tatbestands des § 61 Abs. 2 Nr. 1 UrhG einen weiteren Anwendungsbereich dieser Schranke zur Folge. Einer solchen weiten Auslegung der Schranke aus § 61 UrhG könnte ein Gebot der engen Auslegung von Schrankenbestimmungen entgegenstehen. Ein solches Gebot beruht auf der Annahme, dass die Schranken ihrem Wesen nach Ausnahmebestimmungen vom umfassenden Verwertungsrecht des Urhebers seien.[455] Teilweise wird daher vertreten, dass ein dem Grunde nach umfassender Urheberrechtsschutz vor allem durch die grundrechtliche Eigentumsgarantie geboten ist, mit der Folge, dass dem Urheber das vermögenswerte Ergebnis seiner schöpferischen Leistung zunächst vollständig zugeordnet werden muss. Vor diesem Hintergrund seien die jeweils für konkrete Nutzungssituationen vorgesehenen Schranken in §§ 44a ff. UrhG eng auszulegen.[456]

Allerdings dienen auch die Schrankenbestimmungen der Realisierung verfassungsrechtlich gesicherter Interessen, vornehmlich der Informations-, Medien-, Kunst- und Wissenschaftsfreiheit gemäß Art. 5 GG bzw. Art. 11, 13 GrCh.[457] In einem Fall, in dem zwei oder mehrere verfassungsrechtlich geschützte Positionen aufeinandertreffen, ist diese Kollision im Wege der praktischen Konkordanz aufzulösen.[458] Eine generelle Vorrangstellung des Rechts des Urhebers ist daher nicht anzunehmen. Ein diesbezügliches Rangverhältnis zwischen den Verwertungsrechten gemäß §§ 15 ff. UrhG und den Schranken gemäß §§ 44a ff. UrhG lässt sich zudem nicht der Systematik des Urheberrechts entnehmen.[459] Wie jede Norm sind auch die Schrankenbestimmungen im Ein-

---

455 Ständige Rspr., siehe BGH GRUR 1968, 607 (608) – Kandinsky I; BGH GRUR 1985, 874 (875f.) – Schulfunksendung; in diese Richtung auch BGH GRUR 2015, 667 Rn. 19 – Möbelkatalog; EuGH GRUR 2009, 1041 Rn. 56f. – Infopaq; EuGH GRUR 2017, 610 Rn. 62 – Stichting Brein/Wullems; zuletzt jedenfalls im Ansatz auch BGH GRUR 2017, 798 Rn. 17 – AIDA Kussmund, dort aber im Ergebnis dennoch nicht angewendet; vgl. zusammenfassend auch *Melichar/Stieper*, in: Schricker/Loewenheim, UrhR, Vor §§ 44a ff. Rn. 36; *Dreier*, in: Schricker, Urheberrecht auf dem Weg zur Informationsgesellschaft, S. 139.
456 *Fechner*, S. 235f.
457 *Poeppel*, S. 42f.; ausführlich *Stieper*, S. 45ff.
458 BVerfG GRUR 2011, 223 Rn. 16 – Drucker und Plotter; BVerfG GRUR 2016, 690 Rn. 70, 82 – Metall auf Metall; *Melichar/Stieper*, in: Schricker/Loewenheim, UrhR, Vor §§ 44a ff. Rn. 40; *Prengel*, S. 83.
459 *Stieper*, S. 66f.

zelfall auszulegen, um ihre Reichweite zu ermitteln.[460] Damit kann überhaupt auch erst die Auslegung Aufschluss darüber geben, ob die jeweilige Norm eine Ausnahme von einem übergeordneten Satz darstellt.[461] Da erst die Auslegung selbst die konkrete Intention hervorbringt, ist eine intendierte Auslegung einer Norm methodisch nicht tragbar. Einen Grundsatz, der stets eine enge Auslegung von Ausnahmevorschriften gebietet, gibt es daher nicht.[462] Die Annahme, wonach die §§ 44a ff. UrhG als Ausnahmebestimmungen zu verstehen und folglich eng auszulegen sind, überzeugt somit nicht. Über eine weite Auslegung hinaus ist daher auch eine analoge Anwendung nicht von vornherein ausgeschlossen.[463] Wie die urheberrechtlichen Verwertungsbefugnisse können damit auch die Schranken grundsätzlich im Rahmen der Auslegungsmethodik für technische Neuerungen Geltung beanspruchen.[464] Eine bestimmte Auslegung des Buchbegriffes in § 61 Abs. 2 Nr. 1 UrhG ist daher nicht allein aufgrund der abstrakten Stellung des § 61 UrhG innerhalb des Urheberrechts vorgezeichnet.

2. Gleichstellung mit anderen Schriften

Im Hinblick auf den Regelungszusammenhang ist auffällig, dass Bücher gemäß § 61 Abs. 2 Nr. 1 UrhG mit anderen Schriften gleichgestellt werden. Daraus lässt sich schließen, dass auch das Buch i. S. d. § 61 Abs. 2 Nr. 1 UrhG – wie Fachzeitschriften, Zeitungen und Zeitschriften – eine »Schrift« ist. Eine vergleichbare Aufzählung findet sich auch in den §§ 48 Abs. 1 Nr. 1, 50 UrhG, welche die Vervielfältigung und Verbreitung von Werken in Zeitungen, Zeitschriften sowie in anderen Druckschriften oder sonstigen Datenträgern betrifft. Die Trägermedien sind hier jedoch insofern konkretisiert, als es sich gerade um gedruckte Medien (Druckschriften) oder sonstige Datenträger handeln muss. Dabei umfasst nur der Begriff der sonstigen Datenträger digitale Medien.[465] Auch wenn § 61 Abs. 2 Nr. 1 UrhG nur von Schriften spricht, deutet die urheberrechtliche Systematik zwecks Abgrenzung zu den sonstigen Datenträgern ein Verständnis an, wonach auch hier nur Druckschriften gemeint sind.

Hierfür schadet auch nicht, dass §§ 48 Abs. 1 Nr. 1, 50 UrhG allein Zeitungen und Zeitschriften als Druckschriften bestimmt und damit unmittelbar keine Aussage über das Format von Büchern trifft. In systematischer Hinsicht ist kein

---

460 Siehe BVerfGE 37, 363 (405); so auch EuGH GRUR Int 2011, 1063 Rn. 163 – FAPL/Murphy.
461 *Melichar/Stieper*, in: Schricker/Loewenheim, UrhR, Vor §§ 44a ff. Rn. 36; *Prengel*, S. 83.
462 *Larenz/Canaris*, Methodenlehre, S. 175f.; zu den eingeschränkten Funktionen der vermeintlichen Maxime siehe *Reimer*, Methodenlehre, Rn. 343ff.
463 *Stieper*, S. 66f.
464 *Poeppel*, S. 46ff.; *Melichar/Stieper*, in: Schricker/Loewenheim, UrhR, Vor §§ 44a ff. Rn. 38; so auch EuGH GRUR Int 2011, 1063 Rn. 164 – FAPL/Murphy.
465 *Lüft*, in: Wandtke/Bullinger, UrhR, § 48 Rn. 4.

Grund ersichtlich, warum die Nutzung verwaister Werke in Zeitungen und Zeitschriften gemäß § 61 Abs. 2 Nr. 1 UrhG entsprechend §§ 48 Abs. 1 Nr. 1, 50 UrhG auf gedruckte Medienformate begrenzt ist, hinsichtlich Bücher aber sowohl Werke in gedruckter als auch elektronischer Form als verwaiste Werke nutzbar gemacht werden können. Mit Blick auf den Regelungszusammenhang werden von § 61 Abs. 2 Nr. 1 UrhG insgesamt nur Printwerke umfasst.[466] Auf dieser Grundlage setzt ein Buch i. S. d. § 61 Abs. 2 Nr. 1 UrhG eine stoffliche Sammlung mehrerer bedruckter Blätter voraus, woran es bei einem E-Book fehlt.

IV. Richtlinienkonforme Auslegung

Letztlich ist zu fragen, welche Auslegung des Buchbegriffes aus § 61 Abs. 2 Nr. 1 UrhG durch die RL 2012/28/EU über die bereits erörterten teleologischen Erwägungen hinaus geboten wird.

1. Auslegung der RL 2012/28/EU

Auch gemäß Art. 1 Abs. 2 lit. a RL 2012/28/EU sind verwaiste Werke zunächst solche Werke, die in Form von Büchern, Fachzeitschriften, Zeitungen, Zeitschriften oder in sonstiger Schriftform veröffentlich wurden. Die Formulierung »oder in sonstiger Schriftform« zeigt, dass die genannten Medienformate jeweils konkrete Ausprägungen der Schriftform sind. Damit müsste im Ausgangspunkt auch ein elektronisches Buch der Schriftform i. S. d. RL 2012/28/EU gerecht werden. Da etwa auch Bilder in Büchern unter Art. 1 Abs. 2 lit. a RL 2012/28/EU fallen sollen,[467] kann unter Schriftform nicht verstanden werden, dass das jeweilige Werk lediglich durch Schriftzeichen oder andere Zeichen erkennbar gemacht wird und somit nach den deutschen Werkkategorien nur ein Schriftwerk[468] sein kann. Dem Erfordernis der Schriftform wird daher die Bedeutung zugmessen, dass sich die privilegierten Nutzungsobjekte auf Druckerzeugnisse beschränken, die durch eine stoffliche Sammlung mehrerer Blätter gekennzeichnet sind.[469] Dies bestätigt die spanische Fassung des Art. 1 Abs. 2 lit. a RL 2012/28/EU, die ausdrücklich auf »material impreso« (gedrucktes Material, Druckerzeugnisse) abstellt. Verlangt man für Werke in Schriftform jedenfalls ein Druckerzeugnis, würde Gleiches für die bespielhaft genannten Bücher gelten.

---

466 *Peifer*, NJW 2014, 6 (8); *Spindler*, ZUM 2013, 349 (351).
467 EU-KOM MEMO/12/743 Nr. 3.
468 Zur Definition des Schriftwerkes siehe *Loewenheim*, in: Schricker/Loewenheim, UrhR, § 1 Rn. 100.
469 EU-KOM MEMO/12/743 Nr. 3.

E-Books fielen nach diesem Verständnis damit weder als Bücher noch als sonstige Schriftform in den Anwendungsbereich des Art. 1 Abs. 2 lit. a RL 2012/28/EU.

Allerdings können nach Art. 1 Abs. 2 lit. b, c RL 2012/28/EU auch audiovisuelle Werke unabhängig von ihrer konkreten Verkörperung verwaiste Werke sein. Der weit zu verstehende Begriff der audiovisuellen Werke[470] erfordert seinem Wortlaut gemäß allein, dass das Werk zugleich hörbare und sichtbare Elemente enthält. Damit können gemäß Art. 1 Abs. 2 lit. b, c RL 2012/28/EU auch multimediale Werke in digitaler Form im Anwendungsbereich der RL 2012/28/EU liegen. Folglich können vor allem als Multimediawerke geschützte E-Books verwaiste Werke i. S. d. RL 2012/28/EU sein.[471] Demgegenüber werden klassische E-Books, die sich auf die Wiedergabe von Text und Bildern beschränken und denen es damit an den hörbaren Elementen fehlt, nicht durch Art. 1 Abs. 2 lit. b, c RL 2012/28/EU erfasst.

Hält man an dem Verständnis fest, wonach dem Schriftformerfordernis Art. 1 Abs. 2 lit. a RL 2012/28/EU die Bedeutung der Begrenzung auf Druckerzeugnisse zukommt, fallen klassische E-Books nicht in den Anwendungsbereich der RL 2012/28/EU, wohingegen als Multimediawerke geschützte enhanced E-Books vor dem Verlust aus dem kulturellen Erbe bewahrt werden können. Mit Blick auf den Zweck der Regelungen, kulturelles Erbe trotz einer unklaren Rechtslage nutzbar zu machen, kann eine solche divergierende Rechtslage bezüglich E-Books allerdings nicht überzeugen. Es ist kein Grund ersichtlich, allein elektronische Texte inklusive Bilder vom Anwendungsbereich der Richtlinie auszuschließen. Die objektiv-teleologischen Erwägungen sprechen vielmehr dagegen, das Schriftformerfordernis gemäß Art. 1 Abs. 2 lit. a RL 2012/28/EU mit der Voraussetzung der Werkverkörperung in einem Druckerzeugnis gleichzusetzen.[472] Auf dieser Grundlage ist etwa die spanische Sprachfassung der Vorschrift teleologisch zu reduzieren, sofern diese nicht auf die Schriftform,[473] sondern auf Druckerzeugnisse abstellt. Im Ergebnis ist die Aufzählung von Werken in Büchern, Fachzeitschriften, Zeitungen, Zeitschriften oder in sonstiger Schriftform damit so zu verstehen, dass die sonstigen Formate mit denen der explizit genannten Medien in sonstiger Weise vergleichbar sind. Dies ist jedenfalls bei E-Books, die per definitionem buchnah ausgestaltet sind, der Fall. Werke in E-Books können daher gemäß Art. 1 Abs. 2 lit. a RL 2012/28/EU grundsätzlich verwaiste Werke sein.

Offen ist damit noch, ob E-Books als Bücher oder als sonstiges Schriftformat

---

470 *Spindler*, ZUM 2013, 349 (351).
471 So auch *Spindler*, ZUM 2013, 349 (351).
472 Siehe oben S. 102 ff.
473 So etwa auch die englische (»other writings«) sowie die französische (»autres écrits«) Sprachfassung.

in den Anwendungsbereich der RL 2012/28/EU fallen. Besondere Relevanz kommt den verschiedenen Medienformaten vor allem mit Blick auf den Anhang zu Art. 3 Abs. 2 RL 2012/28/EU zu. Gemäß Art. 3 Abs. 1 RL 2012/28/EU haben die privilegierten Einrichtungen eine sorgfältige Suche nach dem Rechteinhaber durch Konsultation geeigneter Quellen durchzuführen. Für Bücher sind mindestens die in Nr. 1 des Anhangs genannten Quellen zu konsultieren. Für Zeitungen, Zeitschriften, Fachzeitschriften und Periodika (Nr. 2), visuelle Werke (Nr. 3) sowie audiovisuelle Werke (Nr. 4) finden sich gleichermaßen Kataloge an zu konsultierenden Quellen. Demgegenüber enthält der Anhang keine unmittelbaren Anhaltspunkte für eine sorgfältige Suche nach den Rechteinhabern bei sonstigen Schriften. Auch für E-Books können die in Nr. 1 des Anhangs aufgeführten Quellen aber Auskunft geben. Es besteht daher kein Grund, den Maßstab für die Recherche nach dem Inhaber von Rechten an einem Werk, das in einem E-Book veröffentlicht wurde, losgelöst von einer gesetzlichen Grundlage zu bestimmen. Vielmehr beansprucht der Maßstab nach Nr. 1 des Anhangs auch hier Geltung. Da Nr. 1 des Anhangs allein für veröffentlichte Bücher gilt, muss der Buchbegriff der RL 2012/28/EU folglich sowohl analoge als auch elektronische Bücher umfassen.

2. Folgen für die Auslegung des § 61 UrhG

Eine richtlinienkonforme Auslegung des § 61 Abs. 2 Nr. 1 UrhG verlangt daher, dass auch E-Books grundsätzlich verwaiste Werke sein können. Mit Blick auf Nr. 1 der Anlage zu § 61a UrhG, der dem Anhang zu Art. 3 Abs. 2 RL 2012/28/EU entspricht, müssen E-Books auch hier als Bücher und nicht als andere Schriften eingeordnet werden.

Zwar kann die Anwendbarkeit des § 61 Abs. 2 UrhG auf E-Books anders als im Rahmen des Art. 1 Abs. 2 RL 2012/28/EU nicht mit dem systematischen Argument bekräftigt werden, dass auch Multimediawerke generell als verwaiste Werke anerkannt werden können. Vielmehr ist die Nutzung von Multimediawerken nicht per se privilegiert. § 61 Abs. 2 UrhG bleibt insoweit hinter Art. 1 Abs. 2 RL 2012/28/EU zurück.[474] Jedenfalls für elektronische Bücher lässt der Wortlaut des § 61 Abs. 2 Nr. 1 UrhG dennoch zu, richtlinienkonform sowohl klassische als auch (gegebenenfalls als Multimediawerke geschützte) enhanced E-Books in den Buchbegriff einzubeziehen.

---

474 *Spindler*, ZUM 2013, 349 (351); *Peifer*, NJW 2014, 6 (8).

V. Hybride E-Books

Offen ist, ob Gleiches auch für solche enhanced E-Books gilt, die mittels eines urheberrechtlich geschützten Computerprogrammes i. S. d. § 69a UrhG umgesetzt werden. Gemäß § 69a Abs. 4 UrhG können die für Sprachwerke geltenden Bestimmungen auf Computerprogramme nur Anwendung finden, soweit in den §§ 69a ff. UrhG nichts anderes bestimmt ist. Zwar fehlt es bezüglich verwaister Computerprogramme an einer solchen Sondervorschrift. Allerdings lassen sowohl die Begrenzung der §§ 61 ff. UrhG auf Bestandsinhalte i. S. d. § 61 Abs. 2 UrhG als auch die hieran orientierten Quellen für eine sorgfältige Suche nach dem Rechteinhaber gemäß der Anlage zu § 61a UrhG für eine Anwendung der Regelung auf reine Computerprogramme regelmäßig keinen Raum.[475]

Diese Einwände greifen aber speziell für Computerprogramme, die Bestandteil eines E-Books sind, nicht durch. Vielmehr umfasst § 61 Abs. 2 Nr. 1 UrhG sämtliche Werke und Schutzgegenstände in E-Books. Für eine Ausnahme für Computerprogramme in E-Books sind dabei keine Anhaltspunkte ersichtlich. Gleiches gilt mit Blick auf Art. 1 Abs. 4 RL 2012/28/EU. Danach gelten die Vorschriften über verwaiste Werke auch für Werke und sonstige Schutzgegenstände, die in Werke gemäß Art. 1 Abs. 2 RL 2012/28/EU eingebettet oder eingebunden oder integraler Bestandteil dieser sind. Eine Begrenzung der möglichen Werke und sonstigen Schutzgegenstände i. S. d. Art. 1 Abs. 4 RL 2012/28/EU ist nicht auszumachen. Vielmehr fällt auf, dass die Regelungen über den Rechtsschutz von Computerprogrammen entgegen sonstiger Vorschriften nicht explizit von der Vorrangregelung gemäß Art. 7 RL 2012/28/EU erfasst sind. Die RL 2012/28/EU positioniert sich damit nicht etwa für den Vorrang der RL 2009/24/EG.

Aufgrund der kulturellen Bedeutung von E-Books insgesamt weisen die §§ 61 ff. UrhG, die unklare Rechtslagen zugunsten des Zugangs von Kulturgütern überwinden sollen, schließlich auch für hybride E-Books einen engen rechtlichen Bezug auf.[476] Nach dem Maßstab für die Bestimmung des anwendbaren Rechts auf hybride Werke[477] sind folglich auch hybride E-Books § 61 Abs. 2 Nr. 1 UrhG zu unterwerfen.

---

[475] Siehe *Grages*, S. 216, wonach Software keinesfalls Teil der nutzbaren Gegenstände ist; vgl. auch *Grützmacher*, in: Wandtke/Bullinger, UrhR, § 69a Rn. 75, wonach die Regelungen schon inhaltlich nicht passen.
[476] Siehe auch oben S. 97 f.
[477] Siehe oben S. 98 ff.

VI. Ergebnis

Zwar deuten einerseits der Vergleich des § 61 Abs. 2 Nr. 1 UrhG mit sonstigen Vorschriften innerhalb des UrhG und die Regelungsabsicht des Gesetzgebers an, dass ein Buch i. S. d. § 61 UrhG eine stoffliche Sammlung mehrerer bedruckter Blätter voraussetzt. Zwingende Aussagen lassen sich dem jedoch nicht entnehmen. Demgegenüber sprechen sowohl der objektive Zweck der §§ 61 ff. UrhG sowie deren richtlinienkonforme Auslegung gewichtig für eine Einbeziehung des E-Books in den Buchbegriff des § 61 Abs. 2 Nr. 1 UrhG. Die gleichen Erwägungen sprechen im Übrigen auch gegen eine gesonderte Behandlung von hybriden E-Books. E-Books sind vielmehr umfassend als Bücher i. S. d. § 61 Abs. 2 Nr. 1 UrhG anzuerkennen. Eine Vervielfältigung und öffentliche Zugänglichmachung von verwaisten Werken in E-Books durch die privilegierten Gedächtniseinrichtungen ist daher zulässig.

C. Vergriffene Werke in E-Books

Mit dem Gesetz zur Nutzung verwaister und vergriffener Werke machte der deutsche Gesetzgeber von der gemäß ErwGr 4 RL 2012/28/EU offen gelassenen Möglichkeit Gebrauch, eigenständige Regelungen über den Umgang mit vergriffenen Werken zu treffen. Hierdurch wurde das vormalige UrhWahrnG um die § 13d und § 13e ergänzt, die sich nun in § 51 und § 52 VGG wiederfinden. Nach § 51 Abs. 1 VGG wird widerlegbar vermutet, dass eine Verwertungsgesellschaft, die für die ihr angeschlossenen Berechtigten die Rechte der Vervielfältigung und der öffentlichen Zugänglichmachung an vergriffenen Werken wahrnimmt, berechtigt ist, für ihren Tätigkeitsbereich Nutzern diese Rechte auch an Werken derjenigen Rechtsinhaber einzuräumen, welche die Verwertungsgesellschaft nicht mit der Wahrnehmung ihrer Rechte beauftragt haben. Anders als bei den Regelungen über verwaiste Werke handelt es sich damit nicht um eine Schrankenregelung im technischen Sinne. Eine Ausgestaltung der Regelungen über vergriffene Werke als Schrankenbestimmung wurde durch den abschließenden europäischen Schrankenkatalog verwehrt.[478] Dennoch ermöglicht die Vermutung der Wahrnehmungsbefugnis in der Konsequenz eine Nutzung von Werken, die der Öffentlichkeit ansonsten aus unterschiedlichen Gründen vorenthalten blieben.[479] In der Wirkung ähnlich einer Schrankenregelung wird damit das Interesse des Urhebers an der Verwertung seines Werkes mit den Interessen der Öffentlichkeit an der kulturellen Teilhabe in Ausgleich gebracht.

---
478 *Peifer*, NJW 2014, 6 (10).
479 *Peifer*, NJW 2014, 6.

Dabei ist das öffentliche Interesse wie in § 61 Abs. 2 Nr. 1 UrhG gemäß § 51 Abs. 1 Nr. 1 VGG auf die Nutzung von Werken in Büchern, Fachzeitschriften, Zeitungen, Zeitschriften oder in anderen Schriften konkretisiert. Damit stellt sich die Frage, ob der Interessenausgleich durch die skizzierte Wahrnehmungsbefugnis auch Möglichkeiten der Nutzung von elektronischen Büchern eröffnet oder ob die Regelungen betreffend vergriffener Werke ausschließlich Printmedien erfassen.

I. Vergriffensein

Für die Frage der Erfassung von E-Books durch § 51 Abs. 1 Nr. 1 VGG gibt die Vorschrift schon insofern Auskunft, als nur vergriffene Werke erfasst werden, die vor dem 1. Januar 1966 veröffentlicht wurden. Diese tatbestandliche Voraussetzung, die an das Inkrafttreten des Urheberrechtsgesetzes anknüpft, soll gewährleisten, dass nur solche Werke erfasst werden, bei denen das Datum der Veröffentlichung so weit zurückliegt, dass ein kommerzielles Interesse an der Verwertung unwahrscheinlich ist.[480] Da das erste (käufliche) E-Book erst im Jahr 1988 publiziert wurde[481] und das Medium E-Book im Urheberrecht sogar erst ab dem Jahr 2000 als eigenständige Nutzungsart anerkannt wurde,[482] schließt bereits diese tatbestandliche Voraussetzung die Erfassung von E-Books aus. Dementsprechend geht auch die Gesetzesbegründung ausdrücklich davon aus, dass die Vorschriften über vergriffene Werke nur Printwerke betreffen.[483] Anders als in Bezug auf die Regelungen über verwaiste Werke beschränkt sich die Intention des Gesetzgebers damit nunmehr uneingeschränkt darauf, Gedächtniseinrichtungen in die Lage zu versetzen, kulturelles Erbe zu digitalisieren.[484] Für originär digitale Inhalte erübrigt sich diese Zielsetzung.

Damit ist die Frage, ob Werke in E-Books vergriffen i. S. d. §§ 51 f. VGG sein können, von rein theoretischer Natur. Auch hieran bestehen aber vor allem wegen des digitalen Formates und der damit verbundenen Vertriebsform Zweifel. Nach dem allgemeinen Sprachempfinden ist Bedingung für das Vergriffensein eines Gutes jedenfalls dessen Greifbarkeit und damit Körperlichkeit. Gemäß § 51 Abs. 1 Nr. 1 VGG betrifft das Vergriffensein allerdings das Werk, das

---

480 *Staats*, ZUM 2013, 446 (451).
481 *Schrape*, S. 31.
482 Siehe § 1 Abs. 2 der Bekanntmachung über die Festsetzung eines Tarifs zur Regelung der Vergütung von Ansprüchen nach § 137 l Abs. 5 S. 1 UrhG für zuvor in gedruckter Form verlegte Sprachwerke, abrufbar unter: <http://www.vgwort.de/fileadmin/pdf/tarif_ueber sicht/141210_Tarif_137 l_print_2014_.pdf>; siehe auch *Graef*, Rn. 179.
483 Begründung zum Regierungsentwurf zu § 13d UrhWahrnG, BT-Drucks 17/13423, S. 18.
484 Begründung zum Regierungsentwurf zu § 13d UrhWahrnG, BT-Drucks 17/13423, S. 18.

gemäß § 2 Abs. 2 UrhG per definitionem ein unkörperliches Gut ist. Dem Begriffspaar »vergriffenes Werk« wohnt damit grundlegend eine Unstimmigkeit inne.

Übernommen wurde der Begriff des Vergriffenseins aus dem Verlagsrecht.[485] Nach § 16 S. 2 VerlG hat der Verleger dafür zu sorgen, dass der Bestand nicht vergriffen wird. Relevant wird das Vergriffensein zudem in § 29 VerlG, wonach das Vertragsverhältnis endet, wenn die Auflagen oder Abzüge vergriffen sind (Abs. 1). Anders als in § 51 VGG wird das Vergriffensein hier also nicht auf das Werk bezogen, sondern auf den Bestand (§ 16 VerlG) bzw. die Auflagen und Abzüge (§ 29 VerlG) und damit auf Vervielfältigungsexemplare des Werkes. Ein solches Verständnis des Vergriffenseins ist vom Verlagsrecht auf § 51 VGG zu übertragen. Auch die Gesetzesbegründung legt ein solches Verständnis nahe. Danach sind (Print-)Werke vergriffen, wenn sie nicht mehr lieferbar sind.[486] Auch die Lieferbarkeit betrifft jedoch im engeren Sinne nicht das geistige Werk, sondern das verkörperte Werk. Sachgerecht wäre demnach eine Formulierung des § 51 Abs. 1 Nr. 1 VGG, die auf Werke, die in mittlerweile vergriffenen Büchern, Fachzeitschriften etc. veröffentlicht wurden, abstellt.

Offen ist damit aber noch, ob auch zum Online-Zugriff bereitgestellte E-Books vergriffen sein können. Grundsätzlich ist auch das digital vorliegende E-Book etwa auf einem Server körperlich fixiert. Allerdings wird beim typischen Vertrieb von E-Books in Form der öffentlichen Zugänglichmachung jedenfalls technisch die Möglichkeit eröffnet, unbeschränkt viele Vervielfältigungsstücke herzustellen. Im Ausgangspunkt ist der Konsum von E-Books damit regelmäßig durch Nicht-Rivalität geprägt.[487] Die Möglichkeit des beliebigen Zugriffes auf das digitale Gut »E-Book« schließt ein Vergriffensein der Vervielfältigungsstücke im engeren Sinne aus. Ein öffentlich zugänglich gemachtes E-Book kann folglich nicht »vergriffen« sein. Der Begriff des Vergriffenseins erfordert vielmehr den Vertrieb eines körperlichen Vervielfältigungsstückes.

Etwas anderes könnte sich jedoch aus teleologischen Erwägungen ergeben. Auch bei Werken, die ursprünglich öffentlich zugänglich gemacht wurden, ist es denkbar, dass diese über die herkömmlichen Vertriebswege nicht mehr erhältlich und folglich mittlerweile nicht mehr öffentlich zugänglich sind. Der Zweck des § 51 VGG, kulturelles Erbe der Allgemeinheit zugänglich zu machen,[488] scheint damit auch E-Books zu erfassen. Allerdings unterscheiden sich die Produktion sowie der Vertrieb von analogen und elektronischen Büchern

---

485 *Poeppel*, S. 333 ff.
486 Begründung zum Regierungsentwurf zu § 13d UrhWahrnG, BT-Drucks 17/13423, S. 18; siehe auch *Loewenheim*, in: Schricker/Loewenheim, UrhR, § 53 Rn. 59 m. w. N.
487 Siehe *Ohly*, NJW-Beil. 2014, 47 (48).
488 BT-Drucks 17/13423, S. 18.

erheblich. Die konstanten Kosten der öffentlichen Zugänglichmachung bei gleichzeitig abnehmendem Interesse der Nutzer und damit eine schwindende wirtschaftliche Rentabilität sind angesichts der Geringfügigkeit der Kosten für die Bereitstellung des E-Books typischerweise kein Grund für dessen mangelnde Verfügbarkeit. In tatsächlicher Hinsicht ist die Gewährleistung der »Lieferbarkeit« eines E-Books regelmäßig unproblematisch. Dem steht die Produktion gedruckter Bücher gegenüber. Wie gesehen, wird die Vervielfältigung und Verbreitung des Buches typischerweise durch einen Verleger unter Tragung des wirtschaftlichen Risikos übernommen. Zur Erreichung des Deckungsbeitrages ist dabei eine hohe Startauflage nötig, wobei hohe Fixkosten anfallen.[489] Folglich ist auch bei einem Vergriffensein der ursprünglichen Vervielfältigungsexemplare die erneute Herstellung der Lieferbarkeit nur bei entsprechender Nachfrage wirtschaftlich rentabel. Ein solches wirtschaftliches Risiko der Aufrechterhaltung der Lieferbarkeit ist bei E-Books nicht auszumachen. Gerade dies steht einer Gleichsetzung von Vergriffensein und der Nicht-Erhältlichkeit entgegen.[490] Sofern das E-Book etwa wegen mangelnden Interesses an der Verwertung oder des Erlöschens der Nutzungsrechte eines etwaigen E-Book-Verlegers nicht mehr öffentlich zugänglich ist, ist es den Gedächtniseinrichtungen (§ 51 Abs. 1 Nr. 2 VGG) vielmehr zuzumuten, die nötigen Nutzungsrechte vom jeweiligen Rechteinhaber zu erwerben. Da die Nicht-Verfügbarkeit in tatsächlicher Hinsicht nicht durch die Produktionsweise bedingt ist, kann diese Entscheidung des Rechteinhabers nicht durch die von den Verwertungsgesellschaften vermittelten Nutzungsbefugnisse überwunden werden. Die leichte Kopierbarkeit und der Online-Vertrieb von E-Books schließen eine teleologische Erweiterung des Vergriffenseins damit im Ergebnis aus. Nur zur Verbreitung bestimmte körperliche Vervielfältigungsstücke können damit vergriffen sein.[491] Auch unabhängig von dem in § 51 Abs. 1 Nr. 1 VGG festgelegten Stichtag werden zum Online-Zugriff bereitgestellte E-Books somit nicht durch §§ 51 f. VGG erfasst.

II. Ergebnis

Im Ergebnis gelten die §§ 51 f. VGG nur für Printwerke. Sofern ein E-Book online nicht mehr verfügbar ist, können Verwertungsgesellschaften den Gedächtniseinrichtungen damit nicht die Rechte zur Vervielfältigung und öffentlichen

---

489 Siehe oben S. 82 ff.
490 *Poeppel*, S. 336.
491 Gleiches gilt im Ergebnis auch für vergriffene Werke i. S. d. § 53 Abs. 2 S. 1 Nr. 4 lit. b, Abs. 4 a. E., Abs. 6 UrhG.

Zugänglichmachung einräumen. Für hybride E-Books ergeben sich insofern keine Besonderheiten. Die Gedächtniseinrichtungen müssen sich damit unmittelbar an die Rechteinhaber wenden, was die rechtmäßige Nutzung von nicht mehr erhältlichen E-Books im Vergleich zur Nutzung von vergriffenen Büchern erschwert. Grund hierfür sind die unterschiedlichen Vertriebs- und Produktionsweisen bezüglich Bücher und E-Books, was einen konkreten Technologiebezug wie auch im Rahmen des absoluten Kopierverbotes gemäß § 53 Abs. 4 lit. b UrhG rechtfertigt. Damit differenzieren die Regelungen über vergriffene Werke gemäß §§ 51 f. VGG zu Recht zwischen der analogen und der elektronischen Buchkultur.

D. Zusammenfassung

Im Ausgangspunkt liegt den §§ 53 Abs. 4 lit. b, 61 Abs. 2 Nr. 1 UrhG sowie § 51 VGG zunächst der klassische Buchbegriff zugrunde, wonach ein Buch ein körperlicher Gegenstand ist, der durch eine Sammlung mehrerer Blätter gekennzeichnet ist. Elektronische Bücher unterliegen damit zwar nicht dem absoluten Kopierverbot, womit sie zum privaten und sonstigen eigenen Gebrauch vervielfältigt werden dürfen. Sie können jedoch auch nicht als »kulturelles Erbe« im Rahmen der Vorschriften über vergriffene Werke nutzbar gemacht werden. Die Gründe für eine Differenzierung zwischen dem analogen und dem elektronischen Buch liegen dabei sowohl in der verschiedenen Art ihrer Nutzung als auch in den unterschiedlichen Herstellungs- und Vertriebsweisen. Diese Differenzen lassen sich insgesamt auf das analoge und das digitale Format zurückführen, wobei irrelevant ist, ob das E-Book durch ein urheberrechtlich geschütztes Computerprogramm i. S. d. § 69a UrhG umgesetzt wird. Auch die durch Multimedialität und Interaktivität ermöglichte Vielfalt der E-Book-Inhalte konnte nicht als Differenzierungskriterium ausgemacht werden. Sofern eine Regelung jedoch nicht an die Unterschiede hinsichtlich Nutzung und Herstellung bzw. Vertrieb anknüpft, ist eine Differenzierung zwischen analogen und elektronischen Büchern allerdings nicht gerechtfertigt. Dies zeigt sich an den Vorschriften über verwaiste Werke (§§ 61 ff. UrhG). Auf der Grundlage des Zweckes gebietet eine richtlinienkonforme Auslegung hier vielmehr eine weite Auslegung des Buchbegriffs, womit Werke in E-Books jedenfalls gemäß § 61 UrhG zustimmungsfrei genutzt werden können. Im Ergebnis gibt es damit keinen einheitlichen urheberrechtlichen Buchbegriff.

6. Kapitel: E-Books in Bibliotheken

Bibliotheken sind neben Museen und Archiven zentrale Institutionen für die Pflege und Organisation des kulturellen Gedächtnisses.[492] Ihnen obliegt die Aufgabe, kulturelles Erbe zu sammeln, zu bewahren und der Allgemeinheit zugänglich zu machen.[493] Sie dienen damit als Bindeglied zwischen Kulturschaffenden und Kulturnutzern. Gegenstand dieser Vermittlungstätigkeit von Bibliotheken sind kulturelle Objekte, die von der Antike bis ins 20. Jahrhundert vor allem durch Körperlichkeit und Schriftlichkeit gekennzeichnet waren; Bibliotheken organisierten vor allem schriftlich fixierte Informationen in Form von Büchern.[494] Eine solche Organisation von Informationen ist gerade in einer Wissensgesellschaft Grundlage für eine effiziente Wiederauffindbarkeit von Wissen und damit die Basis für die Teilnahme am kulturellen und wissenschaftlichen Leben.[495]

In Kenntnis der Bedeutung des Zugangs der Allgemeinheit zu organisierten Informationen hält das Urheberrecht verschiedene Mechanismen bereit, durch welche die Interessen der Gedächtniseinrichtungen und damit gleichzeitig die Interessen der Nutzer mit denen der Urheber in Ausgleich gebracht werden sollen. Die Bestandsvermittlung in Form des Verleihens wird dabei durch § 27 Abs. 2 UrhG erfasst, wonach dem Urheber für das Verleihen von Originalen oder Vervielfältigungsstücken eines Werkes durch »Büchereien« eine angemessene Vergütung zu zahlen ist. Darüber hinaus finden sich sonstige urheberrechtliche Privilegierungen der bibliothekarischen Bestandserhaltung und Bestandsvermittlung – nunmehr durch das UrhWissG[496] weitestgehend zusammengefasst –

---

492 *Dreier/Euler/Fischer/van Raay*, ZUM 2012, 273 (274 ff.).
493 Art. 2.2.1 der Statuten der Internationalen Vereinigung bibliothekarischer Verbände und Einrichtungen (IFLA) vom 20. Oktober 2008, abrufbar unter: <http://www.ifla.org/files/assets/hq/ifla-statutes-en.pdf>.
494 *Bilo*, in: Tröger, Wissenschaft online, S. 121.
495 *Harder*, S. 69 f.; *Duppelfeld*, S. 32.
496 Gesetz zur Angleichung des Urheberrechts an die aktuellen Erfordernisse der Wissensgesellschaft vom 1. September 2017, BGBl. I S. 3346.

in § 60e UrhG wieder. Daneben dienen aber auch die Regelungen über verwaiste Werke gemäß §§ 61a ff. UrhG und über vergriffene Werke gemäß §§ 51 ff. VGG dazu, dass Werke im Bestand von Gedächtnisinstitutionen der Allgemeinheit zugänglich gemacht werden können.[497] Das Urheberrecht steckt damit speziell für Bibliotheken Handlungsspielräume ab, die jedenfalls für das analoge Buch weitreichende Vermittlungs- und Erhaltungstätigkeiten ermöglichen.

Über das analoge Buch hinaus müssen sich Bibliotheken zunehmend auch mit der Digitaltechnik auseinandersetzen. Diesbezüglich ist die Retrodigitalisierung analog vorliegender Medienwerke von dem Umgang mit originär digitalen Inhalten (»born-digital material«) wie zum Beispiel E-Books zu unterscheiden. Für den Erwerb originär digitaler Inhalte setzten wissenschaftliche Bibliotheken in Deutschland im Jahr 2016 bereits 57 % ihrer Ausgaben und damit etwa 192 Millionen Euro ein.[498] Bibliotheken werden damit zunehmend zu »Mediatheken«.[499] Fraglich ist, ob die genannten urheberrechtlichen Regelungen auch für den Umgang mit originär digitalen Inhalten und insbesondere mit E-Books seitens der Bibliotheken einen angemessenen Ausgleich bereithalten, sodass Bibliotheken auch hier als Bindeglied zwischen Kulturschaffenden und Kulturnutzern fungieren können.

A. Der urheberrechtliche Bibliotheks- und Büchereibegriff

Für die Bestimmung der Reichweite der bibliothekarischen Befugnisse aus dem Urheberrecht ist zunächst der Bibliotheksbegriff zu bestimmen. Unter einer Bibliothek i. S. d. Urheberrechts (§§ 54c Abs. 1, 60e, 61 Abs. 2 UrhG) wird einhellig eine besondere Organisationseinheit verstanden, in der »ein systematisch gesammelter und Benutzern zentral zur Verfügung gestellter Bibliotheksbestand vorhanden [ist], der nach seiner Größe und dem Umfang seiner Benutzung einer besonderen Verwaltung (unter anderem auch in Form einer Katalogisierung) bedarf.«[500] Auch die systematische Sammlung von E-Books oder sonstigen digitalen Inhalten auf einem beliebigen Speichermedium, die zur unkörperlichen Nutzung bereitgestellt wird (sog. digitale Bibliothek), könnte nach dieser Begriffsbestimmung damit eine Bibliothek im urheberrechtlichen Sinne sein. Dies stößt jedoch insofern auf Bedenken, als eine Bibliothek nach allgemeinem

---
[497] Siehe oben S. 101 ff. sowie S. 111 ff.
[498] *Hochschulbibliothekszentrum des Landes Nordrhein-Westfalen*, Deutsche Bibliotheksstatistik 2016, S. 2.
[499] Vgl. *Melichar*, CR 1995, 756, der von »Mediatheken« spricht.
[500] BGH NJW 1997, 3440 (3443) – Betreibervergütung; siehe auch *Loewenheim*, in: Schricker/Loewenheim, UrhR, § 52b Rn. 3, § 53a Rn. 11, § 54c Rn. 7; BeckOK-UrhR/*Grübler*, § 54c Rn. 6; *Duppelfeld*, S. 23.

Verständnis eine räumliche Einrichtung ist, in welcher der jeweilige Bestand körperlich sowohl gesammelt als auch genutzt werden kann.[501] Für ein solches Lokationserfordernis sprechen auch die §§ 54c Abs. 1, 60e Abs. 4 UrhG. § 60e Abs. 4 UrhG bestimmt die Zulässigkeit der Zugänglichmachung von Werken aus dem Bestand öffentlich zugänglicher Bibliotheken, wobei der Zugang lediglich »an Terminals in ihren Räumen« eröffnet werden darf. Die Räumlichkeit der Bibliothek wird damit vorausgesetzt. Gleiches gilt für § 54c Abs. 1 UrhG, wo die Vergütungspflicht von Betreibern von Ablichtungsgeräten statuiert wird. Die Abgabe betrifft Bibliotheken dann, wenn in ihnen einschlägige Ablichtungsgeräte betrieben werden. Auch das Erfordernis des Bereithaltens in der Einrichtung spricht damit für ein Lokationserfordernis des Bibliotheksbegriffes. Sofern dieser bisher über die Beschaffenheit und den Umgang mit dem Bibliotheksbestand definiert wird, ist dabei auch der Wechselbezug zwischen Bestand und Raum zu berücksichtigen.[502] Eine bloße Sammlung digitaler Inhalte in einer digitalen Bibliothek, die zur unkörperlichen Nutzung unabhängig von einem bestimmten Ort bereitgestellt wird, erfüllt die Anforderungen eines solchen räumlich-funktionellen Bibliotheksbegriffes des Urheberrechts nicht.[503]

Im allgemeinen Sprachgebrauch wird eine Bibliothek synonym auch als »Bücherei« bezeichnet.[504] Auch im Urheberrecht findet sich dieser Begriff wieder. Gemäß § 27 Abs. 2 S. 1 UrhG ist dem Urheber für das Verleihen von Originalen oder Vervielfältigungsstücken eines Werkes, deren Weiterverbreitung nach § 17 Abs. 2 UrhG zulässig ist, eine angemessene Vergütung zu zahlen, »wenn die Originale oder Vervielfältigungsstücke durch eine der Öffentlichkeit zugängliche Einrichtung (Bücherei, Sammlung von Bild- oder Tonträgern oder anderer Originale oder Vervielfältigungsstücke) verliehen werden«. Die Bezeichnung der genannten Vorschrift als Regelung der »Bibliothekantieme« bzw. des »Bibliotheksgroschens«[505] legt nahe, dass beide Begriffe auch im urheberrechtlichen Sinne synonym verwendet werden. Auch die Gesetzesbegründung zu § 27 Abs. 2 UrhG verwendet beide Bezeichnungen, ohne dass eine inhaltliche Differenz deutlich wird. So diene die Regelung über das Verleihrecht »der kultur-, bildungs- und erziehungspolitischen Aufgabenstellung der öffentlichen Bibliotheken«.[506] Konsequenterweise sei für eine Bücherei im Aus-

---

501 Siehe Duden Online-Wörterbuch, Stichwort: »Bibliothek« Bedeutung 1, <https://www.duden.de/rechtschreibung/Bibliothek>.
502 Zum Wechselbezug zwischen Raum und Bestand im Rahmen von § 52b UrhG siehe *Steinhauer*, ZGE 2010, 55 (56 ff.).
503 *Duppelfeld*, S. 24 ff.
504 *Kirchner*, S. 77.
505 BVerfGE 31, 248 – Bibliotheksgroschen; *Schack*, UrhR, Rn. 505.
506 BT-Drucks 13/115, S. 8.

gangspunkt gleich einer Bibliothek charakteristisch, dass Vervielfältigungsstücke systematisch gesammelt und Benutzern zur Verfügung gestellt werden.[507]

Parallel zur Erörterung des Bibliotheksbegriffes stellt sich damit die Frage, ob eine bloße Sammlung digitaler Inhalte in einer »digitalen Bücherei«, die zur unkörperlichen Nutzung unabhängig von einem bestimmten Ort bereitgestellt wird, eine Bücherei i. S. d. § 27 Abs. 2 UrhG ist. Zu berücksichtigen ist dabei, dass die Bücherei im Rahmen von § 27 Abs. 2 UrhG exemplarisch neben der Sammlung von Bild- oder Tonträgern oder anderer Originale oder Vervielfältigungsstücke als eine der Öffentlichkeit zugängliche Einrichtung genannt wird. Entscheidend ist damit weniger, ob eine rein digitale Bibliothek eine Bücherei i. S. d. § 27 Abs. 2 UrhG ist, sondern ob diese trotz fehlenden Wechselbezuges zwischen Bestand und Raum als eine der Öffentlichkeit zugängliche Einrichtung eingeordnet werden kann. Unter den gleichen Gesichtspunkten wie bezüglich des Bibliotheksbegriffes ergibt sich aber auch aus dem Einrichtungsbegriff gemäß § 60f Abs. 1 i. V. m. § 60e Abs. 4 sowie § 54c Abs. 1 UrhG, dass Einrichtungen generell durch Räumlichkeit geprägt sind. Auch eine Bücherei muss daher das Lokationserfordernis erfüllen. Eine rein digitale Sammlung von E-Books fällt damit schon mangels Vorliegen einer öffentlich zugänglichen Einrichtung nicht in den Anwendungsbereich des § 27 Abs. 2 UrhG.

B.   E-Books im Bibliotheksbestand

Rein digitale Bibliotheken, die eine Sammlung von E-Books oder sonstigen digitalen Inhalten zur unkörperlichen Nutzung unabhängig von einem bestimmten Ort bereitstellen, können damit nicht als eine Bibliothek oder Bücherei im urheberrechtlichen Sinne eingeordnet werden. Es bedarf vielmehr einer räumlichen Einrichtung, die im Zusammenhang mit der Sammlung und Benutzung der Vervielfältigungsstücke steht. Sofern der räumlich-funktionelle Bibliotheksbegriff durch die jeweilige Einrichtung erfüllt wird, schließt sich die Frage an, inwiefern E-Books hier zum urheberrechtlich privilegierten Bestand gemäß § 60e UrhG zählen.

I.   Bestandsaufbau

Die Relevanz der Frage deutet sich schon darin an, dass in der bibliothekarischen Praxis wissenschaftlicher Bibliotheken in Deutschland die Anschaffung

---

507 *V. Lewinski*, S. 26; *Loewenheim*; in: Schricker/Loewenheim, UrhR, § 27 Rn. 18; BeckOK-UrhR/*Freudenberg*, § 27 Rn. 34.

digitaler Medien mit 57 % der Gesamtausgaben bereits den Erwerb analoger Medienwerke überwiegt.[508] Gibt es für den analogen Bibliotheksbestand vier klassische Formen des Bestandsaufbaus, nämlich Kauf, Tausch, Geschenk und Pflichtablieferung,[509] ist die Aufnahme von elektronischen Medien in den Bibliotheksbestand im Wege des Tauschs oder der Schenkung (etwa in Form der Überlassung von Freischaltcodes) kaum von Bedeutung. In tatsächlicher Hinsicht werden E-Books jedoch über ihren Erwerb sowie als abgelieferte Pflichtexemplare zum Bibliotheksbestand.

1. Erwerb von E-Books

Für den Erwerb von elektronischen Zeitschriften und Büchern durch Bibliotheken haben sich allgemein wiederum zwei Geschäftsmodelle etabliert.[510] Einerseits werden – wie bei gedruckten Büchern üblich – elektronische Zeitschriften und Bücher durch die Bibliotheken gekauft, wodurch die dauerhafte Nutzungsmöglichkeit sichergestellt werden soll. Andererseits hat sich die Lizenzierung von elektronischen Zeitschriften und Büchern als Geschäftsmodell gefestigt, bei dem die Bibliotheken lediglich eine zeitlich befristete Berechtigung zur Nutzung erhalten. Regelmäßig werden die jeweiligen Medienwerke dann auf einer elektronischen Plattform der Verlage oder solcher von Aggregatoren zur Nutzung zur Verfügung gestellt, wobei die Bibliothek als Intermediär zwischen Bibliotheksnutzer und der jeweiligen Plattform fungiert. Lediglich für E-Books ist auch ein lokales Hosting unmittelbar durch die Bibliotheken praktisch relevant.[511]

In der bibliothekarischen Praxis ist der Erwerb elektronischer Medien wie elektronischer Zeitschriften, Datenbanken und E-Books zudem regelmäßig durch konsortiales Handeln geprägt.[512] Dieses zeichnet sich dadurch aus, dass sich mehrere Bibliotheken vor allem zwecks Stärkung der Verhandlungsposition gegenüber Rechteinhabern und Senkung der Transaktionskosten bei der Anschaffung von Medienwerken zusammenschließen. Die Ausgestaltung der einzelnen Konsortialverträge ist dabei vielfältig und reicht von umfassenden zentralen Konsortialverträgen für alle Teilnehmer bis zu bloßen konsortialen

---

508 *Hochschulbibliothekszentrum des Landes Nordrhein-Westfalen*, Deutsche Bibliotheksstatistik 2016, S. 2.
509 *Kirchner*, S. 306 ff.
510 Zum Ganzen *Kirchgäßner*, Bibliotheksdienst 2006, 429 ff.; *Mittermaier/Reinhardt*, in: Griebel/Schäffler/Söllner, Praxishandbuch Bibliotheksmanagement, S. 205 (212 ff., 217 f.).
511 *Mittermaier/Reinhardt*, in: Griebel/Schäffler/Söllner, Praxishandbuch Bibliotheksmanagement, S. 205 (218).
512 Zum Ganzen *Mittermaier/Reinhardt*, in: Griebel/Schäffler/Söllner, Praxishandbuch Bibliotheksmanagement, S. 205 (206 ff.); *de la Durantaye*, S. 24 m. w. N.

Rahmenverträgen, die einzelne Verträge durch die Bibliotheken nicht entbehrlich machen. Die Arten der Zugehörigkeit von E-Books zu einzelnen Bibliotheken sind in der Praxis damit sehr vielfältig.

2. E-Books als Pflichtexemplare

Darüber hinaus können E-Books auch als abgelieferte Pflichtexemplare zum Bibliotheksgut werden. Neben der Ablieferungspflicht für Dissertationen, die sich aus den universitären Promotionsordnungen ergeben, kommt vor allem der allgemeinen, presserechtlichen Ablieferungspflicht für Medienwerke Bedeutung zu.[513] Gemäß § 14 Abs. 1, 2 DNBG sind grundsätzlich sämtliche in Deutschland veröffentlichten Medienwerke, im Ausland veröffentlichten deutschsprachigen Medienwerke, Übersetzungen deutschsprachiger Medienwerke in andere Sprachen und fremdsprachigen Medienwerke über Deutschland an die Deutsche Nationalbibliothek abzuliefern, sofern es sich gemäß § 3 Abs. 2 DNBG um körperliche Medienwerke und damit solche auf Papier, elektronischen Datenträgern und anderen Trägern handelt. Zudem sind nach § 14 Abs. 3 DNBG auch Medienwerke in unkörperlicher Form und damit alle Darstellungen in öffentlichen Netzen (§ 3 Abs. 3 DNBG) abzuliefern, wobei hier nur in Deutschland veröffentlichte Medienwerke betroffen sind. Auch in Deutschland veröffentlichte E-Books unterfallen damit der Ablieferungspflicht gemäß §§ 14 Abs. 3 i. V. m. § 3 Abs. 3 DNBG. Sie sind daher gemäß § 16 S. 1 DNBG vollständig, in einwandfreiem, nicht befristet benutzbarem Zustand und zur dauerhaften Archivierung durch die Bibliothek geeignet unentgeltlich und auf eigene Kosten binnen einer Woche seit Beginn der Verbreitung oder der öffentlichen Zugänglichmachung an die Bibliothek oder der von dieser benannten Stelle abzuliefern. § 7 Abs. 1 PflAV konkretisiert die Ablieferungspflicht für unkörperliche Medienwerke dahingehend, dass diese in marktüblicher Ausführung und in mit marktüblichen Hilfsmitteln benutzbarem Zustand abzuliefern sind. Dies impliziert regelmäßig die Ablieferung ohne technische Schutzmaßnahmen, vgl. § 2 Abs. 3 S. 2 PflAV. Der Ablieferungspflicht genügt gemäß § 16 S. 2 DNBG auch, wer die Medienwerke in unkörperlicher Form zur Abholung durch die Bibliothek bereitstellt. Die Deutsche Nationalbibliothek darf damit das Medienwerk im Wege des Downloads in ihren Bibliotheksbestand aufnehmen. Durch das UrhWissG wurde die hierfür nötige urheberrechtliche Befugnis durch § 16a Abs. 1 DNBG geschaffen, an der es bis dahin fehlte. Danach darf die Deutsche

---

513 Auf Landesebene ist die Pflichtablieferungen von digitalen Netzpublikationen in §§ 1, 1a PflExpAblG-BW; § 13 Abs. 3 BbgPG; § 1 S. 2 PflExpG-HH; § 11 Abs. 1, 6 PresseG-LSA; § 1 S. 2 PflichtexemplarG-NRW; § 3 Abs. 6 LBibG-RLP; § 11 Abs. 1, 5 SächsPresseG; § 9 BiblG-SH; § 12 Abs. 3 PresseG-TH vorgesehen.

Nationalbibliothek (ebenso wie nach § 21 S. 2 DNBG die jeweiligen nach Landesrecht bestimmten Einrichtungen) nunmehr Medienwerke in unkörperlicher Form für eigene und fremde Pflichtexemplarbestände vergütungsfrei vervielfältigen und übermitteln, sofern die Medienwerke öffentlich zugänglich oder zur Abholung durch die Bibliothek bereitgestellt sind. Die erstellten Vervielfältigungsstücke dürfen dann wie sonstige Bestandswerke genutzt werden, § 16a Abs. 1 S. 3 DNBG.

II. Der Bestandsbegriff

Die Verschiedenartigkeit der Geschäftsmodelle beim Erwerb von E-Books und ihrer Distribution an den Nutzer ruft die Frage hervor, unter welchen Bedingungen ein E-Book Teil des Bibliotheksbestandes im urheberrechtlichen Sinne ist. Gemäß § 61 Abs. 2 UrhG sind Bestandsinhalte nur Werke und sonstige Schutzgegenstände in Büchern, Fachzeitschriften, Zeitungen, Zeitschriften oder anderen Schriften (Nr. 1), Filmwerke sowie Bildträger und Bild- und Tonträger, auf denen Filmwerke aufgenommen sind (Nr. 2), und Tonträger (Nr. 3). Wie festgestellt, unterfallen auch E-Books § 61 Abs. 2 Nr. 1 UrhG. Sie sind damit Bestandsinhalte i. S. d. § 61 Abs. 2 UrhG.[514] Allerdings findet sich der Begriff der Bestandsinhalte explizit nur im Rahmen der Vorschriften über verwaiste Werke gemäß §§ 61 ff. UrhG. Darüber hinaus spricht das UrhG lediglich von dem »Bestand« (§ 60e UrhG). Wegen der Begrenzung der Privilegierung auf Werke aus dem Bestand der jeweiligen Bibliothek wird die Bestimmung des Bestandes hier etwa für die Bereitstellung an Leseplätzen (§ 60e Abs. 4 UrhG) relevant. Aufgrund der sprachlichen Nähe zwischen »Bestand« (§ 60e UrhG) und »Bestandsinhalt« (§ 61 Abs. 2 UrhG) könnte die Legaldefinition des § 61 Abs. 2 UrhG auf § 60e UrhG zu übertragen sein. Dies ist angesichts der unterschiedlichen europarechtlichen Grundlagen jedoch fraglich. §§ 61 ff. UrhG dienen der Umsetzung der RL 2012/28/EU über verwaiste Werke, wohingegen sich § 60e UrhG auf Art. 5 Abs. 2 lit. c, Abs. 3 lit. n, RL 2001/29/EG zurückführen lässt. Die Auslegung des Bestandsbegriffes gemäß § 60e UrhG ist daher nicht durch die Legaldefinition des Bestandsinhaltes gemäß § 61 Abs. 2 UrhG vorgezeichnet.

Dennoch ist vor allem angesichts der Varietät der bibliothekarischen Praxis fraglich, ob und unter welchen Voraussetzungen auch (multimediale und interaktive) E-Books zum »Bestand« von Bibliotheken i. S. d. § 60e UrhG gehören.

---

514 Siehe oben S. 101 ff.

1. Digitale Werkexemplare

Gegen eine Einbeziehung von E-Books in den Bestandsbegriff des § 60e UrhG könnte zunächst die Intention des Gesetzgebers hinter der Terminal-Schranke gemäß § 60e Abs. 4 UrhG sprechen, die auf den gesamten § 60e UrhG zu übertragen sein könnte. Ausweislich der Gesetzesbegründung zu § 52b UrhG a. F., dessen Inhalt nunmehr in § 60e Abs. 4 UrhG normiert ist,[515] besteht diese darin, »dass Benutzer von öffentlichen Bibliotheken [...] deren Sammlungen an eigens dafür eingerichteten elektronischen Leseplätzen in gleicher Weise wie in analoger Form nutzen können« sollen.[516] Dies deutet darauf hin, dass der Bestand zunächst in analoger Form vorliegen muss. Eine solche Auslegung lässt sich aber weder dem Wortlaut des § 52b UrhG a. F. noch dem des § 60e UrhG selbst entnehmen. Auch Art. 5 Abs. 3 lit. n RL 2001/29/EG spricht lediglich von »Sammlungen der Einrichtung«. Eine Begrenzung auf analoge Werkexemplare ist nicht erkennbar. Auch in teleologischer Hinsicht kann eine solche restriktive Auslegung nicht überzeugen. Die Möglichkeit der Zugänglichmachung von Werken an Terminals soll einerseits dem Bildungsauftrag der jeweiligen Einrichtungen inklusive der Förderung der Medienkompetenz und andererseits einer zeitgemäßen Forschungsarbeit dienen.[517] Der Ausschluss von digital vorliegenden Medienwerken aus dem Bestandsgriff stünde diesem Zweck diametral entgegen. Vielmehr ist der Gesetzesbegründung zu § 60e UrhG explizit zu entnehmen, dass sogar solche elektronischen Bestände, zu denen die Bibliothek auf Basis von Nutzungsverträgen mit Inhaltsanbietern ihren Nutzern den Zugang gewährt, zum Bestand der Bibliothek gehören.[518] Hieraus folgt, dass § 60e UrhG nicht auf die Sammlung analoger Werkexemplare beschränkt ist,[519] womit E-Books wie analoge Bücher Teil des Bestandes von Bibliotheken sein können. Gleiches ergibt sich letztlich auch aus § 16a Abs. 1 S. 3 DNBG, wonach digitale Medienwerke, welche als Pflichtexemplare in die Sammlung der Bibliothek aufgenommen wurden, wie andere Bestandswerke genutzt werden dürfen.

2. Eigene Werkexemplare

Bibliotheken dürfen Werke aus dem Bestand jedoch nur dann im Rahmen des § 60e UrhG nutzen, wenn sie sich gerade in ihrem Bestand befinden. Dies erfordert eine individuelle Zuordnung des Werkexemplars zu der konkreten Bi-

---

515 Siehe BT-Drucks 18/12329, S. 43.
516 BT-Drucks 16/1828, S. 25 f.
517 BT-Drucks 16/1828, S. 26.
518 BT-Drucks 18/12329, S. 42.
519 Siehe zu § 52b UrhG a. F., BGH GRUR 2013, 503 Rn. 22 – Elektronische Leseplätze I; *König*, S. 113 f.; im Ausgangspunkt auch *Duppelfeld*, S. 155 ff.

bliothek. Angesichts der grundsätzlich möglichen Bestandszugehörigkeit von digitalen Werkexemplaren, die regelmäßig unkörperlich übermittelt werden, kann es jedenfalls nicht auf die Eigentumsverhältnisse ankommen. Dies gilt umso mehr, als dass öffentliche Bibliotheken regelmäßig rechtlich unselbständige Betriebseinheiten (etwa von Hochschulen) sind.[520] Das Erfordernis der Eigentümerstellung der Bibliothek selbst würde den Anwendungsbereich des § 60e UrhG bei konsequenter Umsetzung daher stark einschränken. Um dennoch zu verhindern, dass Bibliotheken ihren Bestand gestützt auf § 60e UrhG erweitern,[521] muss aber jedenfalls eine dauerhafte Verfügungsgewalt über das Werkexemplar gefordert werden.[522] Auch auf etwaige Nutzungsrechte kann es hierbei jedoch nicht zwingend ankommen.[523] Die Forderung eines Nutzungsrechts zur Begründung der Bestandszugehörigkeit kann schon deswegen nicht überzeugen, weil auch bei analog vorliegenden und damit körperlichen Werkexemplaren aus dem Eigentum i. S. d. § 903 BGB weder ausschließliche noch einfache urheberrechtliche Nutzungsrechte hinsichtlich des Werkes folgen, obgleich im Eigentum der Bibliothek stehende Werkstücke unzweifelhaft zu ihrem Bestand gehören. Entscheidend ist vielmehr, dass der Eigentümer eine endgültige Rechtsposition innehat, die ihm – im Rahmen der urheberrechtlichen Bestimmungen – eine dauerhafte, beliebig wiederholbare und autonome Nutzung ermöglicht. Daher ist auch der Verkäufer von digitalen Inhalten, an denen er mangels Körperlichkeit kein Eigentum verschaffen kann, gemäß §§ 433 Abs. 1, 453 Abs. 1 BGB dazu verpflichtet, dem Käufer eine solche Rechtsposition zu verschaffen, wofür urheberrechtliche Nutzungsrechte aber gerade nicht erforderlich sind.[524] An einer solchen Rechtsposition, die eine dauerhafte, beliebig wiederholbare und autonome Nutzung ermöglicht, ist daher auch die Bestandszugehörigkeit von E-Books zu messen.

Im Anschluss hieran fragt sich jedoch, ob auch die auf Grundlage des § 60e Abs. 1 UrhG erstellten Vervielfältigungsstücke von Bestandsinhalten selbst zum Bibliotheksbestand gehören. Auch die jeweiligen Kopien ermöglichen eine dauerhafte, beliebig wiederholbare und autonome Nutzung, sodass die Anforderungen des Bestandsbegriffes erfüllt sind. In der Konsequenz könnten Bibliotheken ihren Bestand selbstständig zahlenmäßig erweitern und diesen er-

---

520 Siehe *Steinhauer*, ZGE 2010, 55 (56).
521 In Bezug auf § 52b UrhG a. F., siehe BT-Drucks IV/270, S. 73.
522 BeckOK-UrhR/*Hagemeier*, § 60e Rn. 16; vgl. auch zu § 52b UrhG a. F. *Dustmann*, in: Fromm/Nordemann, UrhR, § 52b Rn. 6; *Heckmann*, in: Spindler/Schuster, Recht der elektronischen Medien, § 52b UrhG Rn. 13; *Jani*, in: Wandtke/Bullinger, UrhR, § 52b Rn. 29.
523 So aber *Euler*, S. 168 ff., in Bezug auf die Archivschranke gemäß § 53 Abs. 2 S. 2 Nr. 2 UrhG a. F., wo ein »eigenes Werkstück« gefordert war.
524 Siehe *Stieper*, S. 401 f.; a. A. unter Verweis auf die AGB verschiedener Anbieter von E-Books *Orgelmann*, S. 59.

weiteren Bestand gemäß § 60e Abs. 4 UrhG an Terminals zugänglich machen, was problematisch erscheint. Anders als noch in § 52b S. 2 UrhG a. F. ist eine zahlenmäßige Begrenzung der Nutzung an Leseplätzen in § 60e Abs. 4 UrhG aber gerade nicht mehr vorgesehen. Der Gesetzgeber wollte damit eine »intensivere Nutzung von Digitalisaten« ermöglichen, die allerdings bei der Bemessung der angemessenen Vergütung gemäß § 60 h UrhG Berücksichtigung finden soll.[525] Mangels einer quantitativen Begrenzung gehören daher auch die durch die Bibliothek selbst erstellten Werkkopien zum Bibliotheksbestand. Um einen Wertungswiderspruch zu vermeiden, muss die Kopie aber jedenfalls aus einer rechtmäßigen Quelle stammen. Andernfalls unterfiele die erste Vervielfältigung eines Werkes, das etwa mangels einer dauerhaften Verfügungsgewalt nicht im Bestand der Bibliothek steht, nicht § 60e Abs. 1 UrhG, wohingegen alle weiteren (zahlenmäßig unbegrenzten) Vervielfältigungshandlungen aufgrund der Bestandszugehörigkeit des rechtswidrig erstellen Werkexemplars gemäß § 60e UrhG privilegiert wären.[526]

Angesichts der vielfältigen bibliothekarischen Praxis in Bezug auf die Anschaffung von E-Books ist die Bestandszugehörigkeit eines E-Books jeweils im Einzelfall zu klären. Grundsätzlich können aber E-Books, an denen eine Bibliothek lediglich zeitlich befristete Lizenzen innehat, nicht im Rahmen des § 60e UrhG genutzt werden. Der Umfang der zulässigen Nutzung bestimmt sich hier allein aus den jeweiligen vertraglichen Vereinbarungen. Zudem kann die Verfügungsgewalt der einzelnen Bibliotheken bei dem konsortialen Erwerb von E-Books in Abhängigkeit der konkreten Ausgestaltung ausgeschlossen sein. Um die Erweiterung des Bestandes zu verhindern, ist hier zu fordern, dass das jeweilige E-Book der einzelnen Bibliothek individuell zugeordnet werden kann.

Allerdings schadet es der Bestandszugehörigkeit grundsätzlich nicht, wenn den Bibliotheksnutzern die E-Books durch externe Plattformen von Verlagen oder Aggregatoren bereitgestellt werden. Zwar sind die jeweiligen Plattformen regelmäßig umfassend für die Abwicklung der Nutzungsvorgänge der digitalen Inhalte verantwortlich. Sie handeln dabei jedoch im Auftrag der jeweiligen Bibliothek und auf Grundlage der mit dieser getroffenen Vereinbarung. Die bloße Einschaltung eines Dritten bei der Erfüllung der bibliothekarischen Aufgaben (Bestandsvermittlung) führt nicht zur Aufgabe der Verfügungsgewalt der Bibliotheken und somit zur Aufgabe der Bestandszugehörigkeit.

---

525 BT-Drucks 18/12329, S. 44.
526 Vgl. auch EuGH GRUR 2016, 1266 Rn. 67 ff. – Vereniging Openbare Bibliotheken, wonach eine zu verleihende Kopie nicht aus einer illegalen Quelle stammen darf, unter Bezugnahme auf EuGH GRUR 2014, 546 Rn. 41 – ACI Adam/Thuiskopie betreffend die Privatkopie auf Grundlage einer unrechtmäßigen Quelle.

3. Hybride E-Books

Aufgrund der Sonderregelungen über Computerprogramme gemäß §§ 69a ff. UrhG könnten aber solche enhanced E-Books vom Anwendungsbereich des § 60e UrhG und damit letztlich vom urheberrechtlich anerkannten Bibliotheksbestand ausgenommen sein, die mittels eines urheberrechtlich geschützten Computerprogrammes i. S. d. § 69a UrhG umgesetzt werden. Hierfür ist wiederum zu fragen, ob § 60e UrhG oder die Sondervorschriften über Computerprogramme gemäß §§ 69a ff. UrhG aufgrund ihres Regelungszweckes den rechtlich engsten Bezug aufweisen.[527] Die §§ 69a ff. UrhG enthalten keine gesonderte Regelung über die bibliothekarischen Befugnisse im Hinblick auf Computerprogramme. Damit kann bereits gefragt werden, ob § 60e UrhG gemäß § 69a Abs. 4 UrhG gänzlich auf Computerprogramme Anwendung findet. Hiergegen spricht jedoch die Schutzrichtung der Sondervorschriften über Computerprogramme. Diese dienen im Wesentlichen dem Schutz von Investitionen und damit wirtschaftlichen Bedürfnissen (ErwGr 2, 3 RL 2009/24/EG),[528] wohingegen die Privilegierung gemäß § 60e UrhG auf der kulturellen Bedeutung bibliothekarischer Tätigkeiten basiert. Als Wirtschaftsgüter fallen Computerprogramme selbst damit nicht in den Anwendungsbereich des § 60e UrhG. Allerdings streiten die Schutzrichtungen der Vorschriften wiederum dafür, § 60e UrhG jedenfalls auf hybride E-Books anzuwenden. E-Books werden auch dann als Kulturgüter wahrgenommen (§ 2 Abs. 1 Nr. 3 i. V. m. § 1 S. 1 BuchPrG), wenn sie technisch mittels eines Computerprogrammes umgesetzt werden. Die Privilegierung durch § 60e UrhG, die gerade dem Auftrag von Bibliotheken zur Sammlung, Bewahrung und Vermittlung von Kulturgütern dient, weist damit den rechtlich engeren Bezug zu E-Books als die §§ 69a ff. UrhG auf. Dies gilt erst recht mit Blick auf die durch das UrhWissG verfolgte Intention hinter der Novellierung ausgewählter Schranken wie § 60e UrhG. So soll es § 60e UrhG zugunsten von Bibliotheken gerade ermöglichen, dass diese ihrer Aufgabe der Sammlung, Bewahrung und Vermittlung von kulturellem Erbe auch »in der vernetzten und digitalisierten Wissensgesellschaft« angemessen nachkommen zu können.[529] Der bibliothekarische Auftrag bezüglich der Vermittlung von Kultur umfasst dabei auch die Vermittlung und Förderung von Kulturtechniken inklusive solcher im Umgang mit modernen Informationstechnologien.[530] Diesem Zweck entsprechend können folglich auch hybride E-Books als Teil des Bibliotheksbestandes im Rahmen des § 60e UrhG genutzt werden.

---
527 Siehe oben S. 97 ff.
528 Siehe hierzu S. 97 ff.
529 BT-Drucks 18/12329, S. 42.
530 Siehe sogar ausdrücklich zum Verleihrecht für Computersoftware die Erklärung der Deutschen Bibliotheksverbände, Bibliotheksdienst 1995, 1833.

III. Ergebnis

Die urheberrechtlichen Regelungen, die zu Zwecken der bibliothekarischen Arbeit Handlungsspielräume hinsichtlich der Bestandserhaltung und Bestandsvermittlung eröffnen, dabei aber spezifische Voraussetzungen an das zu nutzende Objekt stellen, sind grundsätzlich technologieneutral ausgestaltet und auf sämtliche E-Books anwendbar. Die restriktive Haltung des Urheberrechts, die jedenfalls im Grundsatz hinsichtlich des Buch- und Bibliothekbegriffes ausgemacht wurde, findet sich damit in Bezug auf den Bibliotheksbestand nicht wieder. Vielmehr werden E-Books umfassend im Rahmen des Urheberrechts als Bestandsinhalt einer Bibliothek anerkannt.

C. Bestandsvermittlung in Form des elektronischen Verleihs

Die zentrale und praktisch extensivste Form der Bestandsvermittlung ist der Verleih des Bibliotheksbestandes zum zeitweisen Gebrauch außerhalb der Bibliotheksräume. Bibliotheken intensivieren hierdurch die Nutzung von urheberrechtlich geschützten Werken. Als Ausgleich hierfür und primär zwecks sozialer Absicherung von Autoren wurde im Jahr 1972 durch Anstrengungen des Verbandes Deutscher Schriftsteller die sog. Bibliothekstantieme eingeführt,[531] die in § 27 Abs. 2 UrhG unabhängig von den sonstigen Privilegierungen der Bibliotheken in § 60e UrhG geregelt ist. Auf die Zugehörigkeit zum Bibliotheksbestand i. S. d. § 60e UrhG kommt es für die Bibliothekstantieme damit nicht an. Allerdings erfasst § 27 Abs. 2 UrhG allein den Verleih von Originalen und Vervielfältigungsstücken von Werken, deren Weiterverbreitung nach § 17 Abs. 2 UrhG zulässig ist. Anders als bei analogen Medienwerken wird für die (zeitweise) Gebrauchsüberlassung von digitalen Inhalten jedoch nicht ein Vervielfältigungsstück übergeben, sondern typischerweise ein Online-Zugriff mit anschließender Möglichkeit zur Speicherung auf eigene Endgeräte eröffnet. Die Gebrauchsüberlassung bezüglich gedruckter Bücher einerseits und E-Books andererseits unterscheidet sich damit erheblich. Es fragt sich daher, inwiefern auch der Verleih von E-Books, die grundsätzlich als Bestandsinhalte durch § 60e UrhG anerkannt werden, in den Anwendungsbereich des § 27 Abs. 2 UrhG fällt und damit auch E-Book-Autoren von der Bibliothekstantieme profitieren können.

---

531 *V. Lewinski*, S. 5 ff.; siehe auch BT-Drucks VI/3264, S. 4.

I. Bibliothekarische Praxis

Der Verleih von E-Books ist mittlerweile fester Bestandteil der bibliothekarischen Praxis. Im Jahr 2017 bezogen 19 % der E-Book-Leser ihre E-Books per Ausleihe über öffentliche Bibliotheken.[532] Für die Distribution von E-Books durch Bibliotheken an ihre Nutzer haben sich dabei verschiedene Modelle entwickelt. Zunächst können Bibliotheken E-Books lokal hosten und somit auf eigenen Servern zur Verfügung stellen. Üblicher ist es aber, dass Bibliotheken lediglich den Zugriff auf Online-Angebote von Verlagen oder verlagsübergreifenden Aggregatoren (wie beispielsweise *Ciando* oder *Onleihe* für den Sektor der öffentlichen Bibliotheken) vermitteln.[533] Dies bietet für Bibliotheken den Vorteil, dass sowohl die technische Abwicklung als auch die Verwaltung des einzelnen Leihvorgangs durch den Dritten übernommen wird. Die Gebrauchsüberlassung durch den Anbieter kann dabei sowohl durch Download als auch im Wege des Streamings der Inhalte erfolgen,[534] wobei der Download der Datei aktuell den praktisch relevantesten Fall darstellt.[535] Die Dauer der Nutzungsüberlassung ist dabei konfigurierbar. Während dieses Zeitraums kann das jeweilige E-Book nur von dem jeweiligen Nutzer und damit exklusiv genutzt werden. Anderes gilt nur dann, wenn die Bibliotheken »Mehrfachexemplare« erworben haben, was einen Parallelzugriff ermöglicht.[536] Die zeitliche Begrenzung der Nutzung wird beim Streaming durch die Benutzerauthentifizierung sichergestellt. Wird das E-Book durch den Nutzer auf ein Endgerät heruntergeladen, so soll das jeweilige DRM-System der E-Book-Datei das Öffnen nach Ablauf der Leihfrist verhindern, wobei die Datei jedoch dauerhaft auf dem Endgerät erhalten bleibt.[537] Eine »Rückgabe« unterbleibt damit, wenngleich der Gebrauch auch vor Ablauf der Leihfrist aufgegeben und das E-Book dadurch wieder an andere Nutzer verliehen werden kann.

---

532 *Bitkom*, Welche Möglichkeiten nutzen Sie, um E-Books zu beziehen?, in: Statista, Dossier E-Books, S. 30.
533 Siehe *Mittermaier/Reinhardt*, in: Griebel/Schäffler/Söllner, Praxishandbuch Bibliotheksmanagement, S. 205 (218).
534 Siehe etwa § 3 Abs. 2 der Allgemeinen Benutzungsbedingungen der *divibib GmbH* für das digitale Ausleihen von Inhalten aus der »Onleihe« und den Zugang zu E-Learning-Angeboten von Drittanbietern über die »Onleihe«, Stand: 01.07.2017, abrufbar unter: <http://cms.onleihe.de/opencms/export/sites/default/divibib-customer/common/de/Allgemeine Benutzungsbedingungen.pdf>.
535 *Mittrowann*, in: Schade/Umlauf/Becker, Hdb. Bestandsmanagement, S. 39 (54).
536 *Hammerl/Kempf/Schäffler*, ZfBB 2008, 68 (70).
537 *Mittrowann*, in: Schade/Umlauf/Becker, Hdb. Bestandsmanagement, S. 39 (54).

II. Dogmatik des Verleihrechts

Anders als das Vermietrecht (§§ 17 Abs. 2 a. E., 27 Abs. 1 UrhG) wurde das Verleihrecht nicht als Verbotsrecht ausgestaltet, sondern in Form eines Vergütungsanspruches geregelt. Gemeinsam ist dem Vermiet- und Verleihrecht aber, dass sie auf der RL 2006/115/EG[538] basieren. Diese europäische Perspektive ist auch für die Frage der urheberrechtlichen Zulässigkeit des Verleihs von E-Books zu berücksichtigen. Besteht hinsichtlich des nationalen Rechts weitgehend Einigkeit, dass die zeitliche Überlassung von digitalen Inhalten im Wege der elektronischen Datenübermittlung kein Verleih i. S. d. § 27 Abs. 2 UrhG darstellt,[539] so hat der EuGH auf der Grundlage der RL 2006/115/EG im Jahr 2016 entschieden, dass der Begriff des »Verleihens« grundsätzlich auch die zeitliche Überlassung einer digitalen Kopie eines Buches im Wege der elektronischen Übermittlung erfassen kann.[540] Damit stehen sich die nationale und europäische Perspektive scheinbar diametral entgegen. Es fragt sich daher, inwieweit sich die Entscheidung des EuGH auf das nationale Verleihrecht auswirkt. Grundlage für die Beantwortung der Frage müssen die jeweiligen dogmatischen Grundlagen des Verleihrechts bilden, die ins Verhältnis zueinander zu setzen sind.

1. Das Verleihrecht gemäß der RL 2006/115/EG

a. Rechtsnatur

Nach Art. 1 Abs. 1 RL 2006/115/EG müssen die Mitgliedsstaaten das Recht vorsehen, die Vermietung und das Verleihen von Originalen und Vervielfältigungsstücken urheberrechtlich geschützter Werk zu erlauben oder zu verbieten. Das ausschließliche Recht, die Vermietung und das Verleihen zu erlauben oder zu verbieten, steht gemäß Art. 3 Abs. 1 lit. a RL 2006/115/EG jedenfalls auch dem Urheber zu. Damit werden sowohl das Vermiet- als auch das Verleihrecht auf europäischer Ebene als ausschließliche Rechte ausgestaltet.[541] Sie reihen sich damit in die weiteren Ausschließlichkeitsrechte des Urhebers wie etwa das Vervielfältigungsrecht (Art. 2 RL 2001/29/EG), das Recht der öffentlichen Wiedergabe und der öffentlichen Zugänglichmachung (Art. 3 RL 2001/29/EG) und das Verbreitungsrecht (Art. 4 RL 2001/29/EG) ein. Wie die RL 2001/29/EG

---

538 Richtlinie 2006/115/EG des Europäischen Parlaments und des Rates vom 12. Dezember 2006 zum Vermietrecht und Verleihrecht sowie zu bestimmten dem Urheberrecht verwandten Schutzrechten im Bereich des geistigen Eigentums.
539 *Loewenheim,* in: Schricker/Loewenheim, UrhR, § 27 Rn. 16; *Schulze,* in: Dreier/Schulze, UrhG, § 27 Rn. 22.
540 EuGH GRUR 2016, 1266 Rn. 59 – Vereniging Openbare Bibliotheken.
541 *V. Lewinski,* in: Walter/v. Lewinski, European Copyright Law, Rn. 6.1.1, 6.1.6.

(Art. 5) enthält auch die RL 2006/115/EG selbst mögliche Ausnahmen der zuvor statuierten Ausschließlichkeitsrechte. So können Mitgliedsstaaten gemäß Art. 6 Abs. 1 RL 2006/115/EG von dem ausschließlichen Verleihrecht Ausnahmen vorsehen, sofern zumindest die Urheber hierfür eine Vergütung erhalten. Eine tatbestandliche Voraussetzung der Ausnahme scheint zu sein, dass sie nur das öffentliche Verleihwesen privilegiert. Allerdings ist unter einem »Verleihen« ohnehin nur die zeitlich begrenzte Gebrauchsüberlassung durch eine der Öffentlichkeit zugängliche Einrichtung zu verstehen, Art. 2 Abs. 1 lit. b RL 2006/115/EG. Sofern eine Ausnahme gemäß Art. 6 Abs. 1 RL 2006/115/EG nur für das öffentliche Verleihwesen vorgesehen werden kann, liegt hierin folglich keine Eingrenzung, da schon das Ausschließlichkeitsrecht selbst nur das öffentliche Verleihwesen erfasst. Das ausschließliche Verleihrecht, das gemäß Art. 3 Abs. 1 lit. b-d RL 2006/115/EG grundsätzlich auch den ausübenden Künstlern, Tonträgerherstellern und Filmherstellern zusteht, kann damit gemäß Art. 6 Abs. 1 RL 2006/115/EG auf einen Vergütungsanspruch lediglich der Urheber reduziert werden.

b. Anwendbarkeit auf den elektronischen Verleih
Technisch bedingt ein elektronischer Leihvorgang sowohl in Form des Downloads als auch in Form des Streamings zum einen das Bereithalten der E-Book-Datei auf einem Server durch die Bibliothek oder einen Dritten, auf welche die Bibliotheksnutzer zugreifen können. Zum anderen erfordert die Ausleihe mindestens eine Vervielfältigungshandlung während der technischen Verarbeitung oder in Form der dauerhaften Speicherung. Dieser Vorgang könnte insgesamt als eine zeitlich begrenzte Gebrauchsüberlassung des E-Books in Form des Verleihs i. S. d. Art. 2 Abs. 1 lit. b RL 2006/115/EG zu qualifizieren sein, sofern die Überlassung nicht einem unmittelbaren oder mittelbaren wirtschaftlichen oder kommerziellen Nutzen dient und durch der Öffentlichkeit zugängliche Einrichtungen vorgenommen wird. Anders als die Verwertungsrechte gemäß Art. 2–4 RL 2001/29/EG werden das Verleih- wie das Vermietrecht über eine Funktion (zeitlich begrenzte Gebrauchsüberlassung) definiert, wofür der jeweilige technische Vorgang zunächst unbeachtlich ist.
Gemäß Art. 1 Abs. 1 RL 2006/115/EG beziehen sich das Vermiet- wie das Verleihrecht auf Originale und Vervielfältigungsstücke urheberrechtlich geschützter Werke. Auch stehen die genannten Rechte dem Urheber wiederum in Bezug auf das Original und auf Vervielfältigungsstücke seines Werkes zu, Art. 3 Abs. 1 lit. a RL 2006/115/EG. Hierunter werden die erste Verkörperung bzw. alle weiteren Kopien davon verstanden.[542] Damit wird deutlich, dass das Verleihrecht die körperliche Verwertung betrifft. Allerdings wird beim Verleih eines E-Books

---

542 *V. Lewinski*, in: Walter/v. Lewinski, European Copyright Law, Rn. 6.2.21.

kein körperliches Exemplar zum Gebrauch überlassen. Das E-Book wird vielmehr öffentlich zugänglich gemacht, wobei die Möglichkeit der Vervielfältigung durch den Nutzer eröffnet wird.[543] Beim elektronischen Verleih handelt es sich mithin um eine unkörperliche Verwertungshandlung, die nicht unmittelbar durch das Verleihrecht i. S. d. RL 2006/115/EG erfasst wird.

c. Der elektronische Verleih nach Ansicht des EuGH

Der EuGH geht hierüber in seiner Entscheidung in der Sache *Vereniging Openbare Bibliotheken* hinweg.[544] Vielmehr sollen öffentliche Bibliotheken E-Books im Wege der elektronischen Datenübermittlung ausgehend von der RL 2006/115/EG in gleicher Weise wie körperliche Bücher verleihen dürfen.

(1) Systematische Argumentation

Nach seiner Ansicht enthält Art. 1 Abs. 1 RL 2006/115/EG keine Aussage darüber, ob der Begriff »Vervielfältigungsstück« auch Kopien umfasst, die sich nicht auf einem physischen Träger befinden.[545] Vielmehr könnten auch sog. »unkörperliche Gegenstände« in den Anwendungsbereich der Richtlinie fallen, worunter der EuGH vor allem digitale Kopien fassen will.[546] Allerdings sind auch digitale Kopien körperlich fixiert. Entscheidend ist vielmehr, dass diese regelmäßig wie auch bei der zeitweisen Gebrauchsüberlassung von E-Books unkörperlich verwertet werden.[547] Nach Ansicht des EuGH kann zwar die unkörperliche Verwertung in Form der »digitalen Vermietung« nicht von RL 2006/115/EG erfasst werden. Bezüglich des Vermietrechts stelle die Vereinbarte Erklärung zum WCT[548] klar, dass eine Vermietung i. S. d. Art. 7 WCT jedenfalls das Inverkehrbringen des Originals oder Vervielfältigungsstückes selbst als körperlichen Gegenstand erfordert. Im Wege der völkerrechtskonformen Auslegung anhand des WCT, zu dessen Vertragsparteien die Europäische Union sowie die Mitgliedstaaten selbst zählen, müsse Gleiches auch für das Vermietrecht i. S. d. Art. 2 Abs. 1 lit. a RL 2006/115/EG gelten. Die unkörperliche Überlassung digitaler Kopien im Wege einer Vermietung i. S. d. RL 2006/115/EG sei damit ausgeschlossen.[549]

Demgegenüber trifft der WCT keine Aussage über das Verleihrecht.[550] Da die RL 2006/115/EG teils von den »Vermiet- und Verleihrechten« in der Mehrzahl

---

543 *Graef*, Rn. 250.
544 EuGH GRUR 2016, 1266 – Vereniging Openbare Bibliotheken.
545 EuGH GRUR 2016, 1266 Rn. 28 – Vereniging Openbare Bibliotheken.
546 EuGH GRUR 2016, 1266 Rn. 29 – Vereniging Openbare Bibliotheken.
547 *Stieper*, GRUR 2016, 1270.
548 WIPO-Urheberrechtsvertrag vom 20. Dezember 1996.
549 EuGH GRUR 2016, 1266 Rn. 31 ff. – Vereniging Openbare Bibliotheken.
550 Siehe *Apel*, MR-Int 2016, 104 (105).

spricht (vgl. ErwGr 3) und Art. 2 Abs. 1 RL 2006/115/EG darüber hinaus die Vermietung unabhängig vom Verleih definiert, zwingt die Begrenzung des Vermietrechts auf die körperliche Verwertung zudem laut EuGH nicht dazu, auch beim Verleih eine körperliche Verwertungshandlung zu fordern.[551] Angesichts dessen, dass sich die Beschreibungen der jeweiligen Verwertungshandlung lediglich hinsichtlich des Zwecks und der Einschränkung des Verwerters bezüglich des Verleihens unterscheiden, kann dies aber nicht überzeugen. Die Verwertungshandlung besteht im Kern jeweils in der zeitlich begrenzten Gebrauchsüberlassung, was sich gemäß Art. 1 Abs. 1 i. V. m. Art. 3 Abs. 1 lit. a RL 2006/115/EG auf das Original und Vervielfältigungsstücke urheberrechtlich geschützter Werke bezieht. Dass hiervon nur die körperliche Verwertung erfasst sein soll, zeigt ein Vergleich mit sonstigen europäischen Vorschriften betreffend die Rechte der unkörperlichen Verwertung. Sowohl das Recht der öffentlichen Wiedergabe und der öffentlichen Zugänglichmachung gemäß Art. 3 RL 2001/29/EG als auch das Senderecht gemäß Art. 2 RL 93/83/EWG[552] beziehen sich jeweils auf »urheberrechtlich geschützte Werke« an sich und nicht wie etwa auch das Verbreitungsrecht gemäß Art. 4 Abs. 1 RL 2001/29/EG auf »das Original oder Vervielfältigungsstücke«. Dafür, dass sich das Verleihrecht auch auf sonstige »Gegenstände« beziehen soll, findet sich in der Richtlinie kein Anhaltspunkt.[553]

(2)   Teleologische Argumentation
Zudem muss der elektronische Verleih laut EuGH auch deswegen in den Anwendungsbereich der RL 2006/115/EG fallen, um ein möglichst hohes Schutzniveau für den Urheber zu gewährleisten.[554] Auf die konkrete technische Umsetzung des Verleihs soll es dabei nicht ankommen. Vielmehr zeigt ErwGr 4 RL 2006/115/EG, dass die Richtlinie im Hinblick auf neue wirtschaftliche Entwicklungen anpassungsfähig ist.[555]

Die Statuierung eines ausschließlichen Rechts betreffend den Verleih von körperlichen Werkstücken durch die RL 2006/115/EG dient dem Schutz des Urhebers und dessen wirtschaftlicher Beteiligung an der Verwertung seines Werkes, ErwGr 2 RL 2006/115/EG.[556] Mit dem EuGH kann ein solches Bedürfnis grundsätzlich auch bezüglich des elektronischen Verleihvorganges festgehalten

---
551 EuGH GRUR 2016, 1266 Rn. 37f. – Vereniging Openbare Bibliotheken; zustimmend insoweit *Apel*, MR-Int 2016, 104 (105).
552 Richtlinie 93/83/EWG des Rates vom 27. September 1993 zur Koordinierung bestimmter urheber- und leistungsschutzrechtlicher Vorschriften betreffend Satellitenrundfunk und Kabelweiterverbreitung.
553 *Stieper*, GRUR 2016, 1270.
554 EuGH GRUR 2016, 1266 Rn. 46 – Vereniging Openbare Bibliotheken.
555 EuGH GRUR 2016, 1266 Rn. 45f. – Vereniging Openbare Bibliotheken.
556 Siehe auch *Nérisson*, in: Stamatoudi/Torremans, EU copyright law, Rn. 6.05.

werden. Allerdings könnten die Nutzungshandlungen, die beim elektronischen Verleihvorgang auftreten, auch dem Recht der öffentlichen Zugänglichmachung gemäß Art. 3 Abs. 1 RL 2001/29/EG und dem Vervielfältigungsrecht gemäß Art. 2 RL 2001/29/EG unterfallen. Dem Urheber würde damit auch über die RL 2001/29/EG eine ausschließliche Rechtsposition vermittelt, die ihm seine wirtschaftliche Beteiligung an der Verwertung seines Werkes vermittelt. Gerade dies ist aus Sicht der Bibliotheken aber problematisch, da die RL 2001/29/EG keine Ausnahme für die zeitlich begrenzte Gebrauchsüberlassung in elektronischer Form vorsieht, womit die bibliothekarische Bestandsvermittlung trotz zunehmender Bedeutung elektronischer Medienwerke eingeschränkt ist. Demgegenüber können die Mitgliedsstaaten gemäß Art. 6 RL 2006/115/EG Ausnahmen vom Verleihrecht vorsehen. Insofern dient die RL 2006/115/EG auch dem Ausgleich der Interessen des Urhebers mit jenen der öffentlichen Bibliotheken, die der Öffentlichkeit den Zugang zu Werken eröffnen und somit zur wissenschaftlichen und kulturellen Bildung beitragen.[557] Schwerpunkt der Frage nach der Anwendbarkeit der RL 2006/115/EG auf den elektronischen Verleih ist damit die Anwendbarkeit der Ausnahmevorschrift gemäß Art. 6 Abs. 1 RL 2006/115/EG. Dafür kommt angesichts der von der RL 2006/115/EG geforderten körperlichen Gebrauchsüberlassung methodisch aber lediglich eine analoge Anwendung in Betracht.[558]

Einer solchen Erweiterung des Anwendungsbereiches der RL 2006/115/EG könnte jedoch der gesetzgeberische Wille entgegenstehen. In der Begründung des Vorschlags für eine Richtlinie des Rates zum Vermietrecht, Verleihrecht und zu bestimmten verwandten Schutzrechten aus dem Jahr 1990, der in die RL 92/100/EWG[559] und damit in die Vorgängerversion der RL 2006/115/EG mündete, kommt seitens der Kommission zum Ausdruck, dass die Richtlinie den elektronischen Verleih im Wege der elektronischen Datenübermittlung gerade nicht erfassen soll.[560] Da die elektronische Datenübermittlung in den Mitgliedsstaaten als öffentliche Wiedergabe und damit als unkörperliche Verwertung erachtet wird, würde die Einbeziehung des elektronischen Verleihens in den Anwendungsbereich der Richtlinie Unstimmigkeiten hervorrufen.[561] Allerdings hat dies weder unmittelbar im Vorschlag oder in der darauf basierenden Richtlinie

---

557 *Nérisson*, in: Stamatoudi/Torremans, EU copyright law, Rn. 6.66.
558 *Stieper*, GRUR 2016, 1270.
559 Richtlinie 92/100/EWG des Rates vom 19. November 1992 zum Vermietrecht und Verleihrecht sowie zu bestimmten dem Urheberrecht verwandten Schutzrechten im Bereich des geistigen Eigentums.
560 COM (90) 586 final, S. 34f.; siehe auch EuGH GRUR 2016, 1266 Rn. 41 – Vereniging Openbare Bibliotheken.
561 Siehe *v. Lewinski*, in: Walter/v. Lewinski, European Copyright Law, Rn. 6.1.27.

Niederschlag gefunden,⁵⁶² noch wurde sich hiermit im weiteren Gesetzgebungsverfahren eingehend auseinandergesetzt.⁵⁶³ Daher ging die Kommission auch nur wenige Jahre später in dem Grünbuch »Urheberrecht und verwandte Schutzrechte in der Informationsgesellschaft« aus dem Jahr 1995 davon aus, dass das kraft der RL 92/100/EWG bestehende Vermiet- und Verleihrecht durch eine erweiternde Auslegung auf digitale Übertragungen angewandt werden kann.⁵⁶⁴ Da die RL 2006/115/EG die RL 92/100/EWG im Wesentlichen wortgleich kodifizierte,⁵⁶⁵ muss Gleiches nach Ansicht der Kommission auch für die RL 2006/115/EG gelten. Auf dieser Grundlage vermag der Zweck des Art. 6 Abs. 1 RL 2006/115/EG, der die Interessen der Rechteinhaber mit dem Allgemeininteresse an der wissenschaftlichen und kulturellen Partizipation in Ausgleich bringen soll, dessen analoge Anwendung auf den elektronischen Verleih grundsätzlich zu rechtfertigen.

(3) Anforderungen an den elektronischen Verleih
Entscheidend für die (hier befürwortete analoge) Anwendung des Art. 6 Abs. 1 RL 2006/115/EG auf den elektronischen Verleih von E-Books ist auch nach Ansicht des EuGH jedenfalls, dass eine zeitlich begrenzte Gebrauchsüberlassung vorliegt, die nicht einem unmittelbaren oder mittelbaren wirtschaftlichen oder kommerziellen Nutzen dient und durch der Öffentlichkeit zugängliche Einrichtungen vorgenommen wird, Art. 2 Abs. 1 lit. b RL 2006/115/EG, wobei sich die Gebrauchsüberlassung hier auf die vom Nutzer selbst erstellte digitale Kopie bezieht. Dabei wird nach Ansicht des EuGH die konkrete Ausgestaltung des elektronischen Leihvorgangs maßgeblich, der Merkmale aufweisen muss, »die im Wesentlichen mit denen des Verleihens gedruckter Werke vergleichbar sind«.⁵⁶⁶ Dafür sei entscheidend, »dass die Verleihkapazität der betreffenden Bibliothek nicht größer ist, als es bei einem gedruckten Werk der Fall wäre«.⁵⁶⁷ Das sei jedenfalls dann gegeben, wenn gerade die digitale Kopie, die auf dem Server der Bibliothek abgelegt ist, nur einmal vervielfältigt und damit ausgeliehen werden kann (»one-copy-one-user-Modell«).⁵⁶⁸

Liegt hiernach eine Vergleichbarkeit des elektronischen Leihvorgangs mit der körperlichen Gebrauchsüberlassung vor, so führt die Anwendung der RL 2006/115/EG dazu, dass den Mitgliedsstaaten gemäß Art. 6 Abs. 1 RL 2006/115/EG die

---

562 EuGH GRUR 2016, 1266 Rn. 43 – Vereniging Openbare Bibliotheken; a. A. *Apel*, MR-Int 2016, 104 (106).
563 *V. Lewinski*, in: Walter/v. Lewinski, European Copyright Law, Rn. 6.1.28.
564 KOM (95) 382 endg., S. 58.
565 So auch EuGH GRUR 2016, 1266 Rn. 40 – Vereniging Openbare Bibliotheken.
566 EuGH GRUR 2016, 1266 Rn. 49 ff. – Vereniging Openbare Bibliotheken.
567 EuGH GRUR 2016, 1266 Rn. 52 – Vereniging Openbare Bibliotheken.
568 EuGH GRUR 2016, 1266 Rn. 52, 54 – Vereniging Openbare Bibliotheken.

Möglichkeit eröffnet wird, hinsichtlich des elektronischen Verleihwesens Ausnahmen vom ausschließlichen Verleihrecht vorzusehen, wenn zumindest die Urheber eine Vergütung für dieses Verleihen erhalten. Die RL 2006/115/EG bietet für die Mitgliedsstaaten also einen Rahmen, der das Interesse der Bibliotheken an der Bestandsvermittlung auch in Form des E-Book-Verleihs schützt und damit eine kulturelle Teilhabe auch bezüglich neuer technologischer Entwicklungen ermöglicht. Auch für hybride E-Books ergibt sich nichts anderes, da von der RL 2006/115/EG auch Computerprogramme erfasst werden (vgl. Art. 6 Abs. 2 RL 2006/115/EG).

(4)   Unzulässige elektronische Leihvorgänge

Nach Ansicht des EuGH fallen elektronische Leihvorgänge von E-Books in den Anwendungsbereich der RL 2006/115/EG, sofern sie mit dem Verleih von gedruckten Werken vergleichbar sind.[569] Damit stellt sich die Frage, wie elektronische Verleihvorgänge zu behandeln sind, bei denen es an einer solchen Vergleichbarkeit etwa deswegen fehlt, weil ein E-Book an mehrere Nutzer zum zeitgleichen Gebrauch überlassen wird. Eine solche Erweiterung der Verleihkapazität schließt die Vergleichbarkeit mit dem Verleih von analogen Medienwerken und damit die Anwendung der Art. 1 Abs. 1, 2 Abs. 1 lit. b, 6 Abs. 1 RL 2006/115/EG aus.[570] Mangels Eröffnung des Anwendungsbereiches der Richtlinie verstößt ein solcher elektronischer Verleihvorgang aber auch nicht gegen das ausschließliche Verleihrecht.

Bei einer ausgeschöpften Verleihkapazität verletzt zunächst schon das weitere Bereithalten des E-Books zum Verleih das Recht der öffentlichen Zugänglichmachung gemäß Art. 3 RL 2001/29/EG. Da allein das Bereithalten des E-Books auf einem Server durch die Bibliothek den Bibliotheksnutzern einen orts- und zeitunabhängigen Zugriff eröffnet und damit den Tatbestand des Art. 3 Abs. 1 RL 2001/29/EG erfüllt, kommt es für die Rechtswidrigkeit der Überschreitung der Verleihkapazität insoweit auf einen tatsächlichen Verleihvorgang nicht mehr an.

Darüber hinaus könnte ein tatsächlicher Verleihvorgang bei Überschreitung der Verleihkapazität aufgrund der Erweiterung der Nutzungsmöglichkeiten auch in das Vervielfältigungsrecht des Urhebers nach Art. 2 RL 2001/29/EG eingreifen. Zwar kommt es beim elektronischen Verleih immer zu Vervielfältigungshandlungen. Allerdings muss die Bibliothek gerade sicherstellen, dass sich hierdurch keine weiteren Nutzungsmöglichkeiten ergeben. Insofern sind diese Anforderungen mit denen für die elektronische Weitergabe von Computerprogrammen vergleichbar. Nach Ansicht des EuGH ist ein Weiterverkauf von

---

569   EuGH GRUR 2016, 1266 Rn. 53 – Vereniging Openbare Bibliotheken.
570   EuGH GRUR 2016, 1266 Rn. 54 – Vereniging Openbare Bibliotheken.

Softwarelizenzen im Wege der elektronischen Übermittlung des entsprechenden Programmes nur dann zulässig, wenn der Ersterwerber seine eigene Kopie im Zeitpunkt des Weiterverkaufs unbrauchbar macht, um nicht das ausschließliche Recht des Urhebers auf Vervielfältigung des Computerprogrammes nach Art. 4 Abs. 1 lit. a RL 2009/24/EG zu verletzen.[571] Eine Verletzung des mit Art. 2 RL 2001/29/EG vergleichbaren Vervielfältigungsrechts gemäß Art. 4 Abs. 1 lit. a RL 2009/24/EG soll nach Ansicht des EuGH folglich dann vorliegen, wenn es zu einer Zunahme von brauchbaren Vervielfältigungsstücken kommt. Gleiches muss für einen elektronischen Verleihvorgang gelten, durch den es zu einer Erweiterung der Verleihkapazität kommt.[572]

2. Das Verleihrecht im UrhG

a. Rechtsnatur

Die gemäß Art. 6 Abs. 1 RL 2006/115/EG eröffnete Möglichkeit der vergütungspflichtigen Ausnahme für das öffentliche Verleihwesen wird im deutschen Recht durch § 27 Abs. 2 UrhG ausgefüllt. Diese Regelung der sog. Bibliothekstantieme statuiert für den Verleih von Vervielfältigungsstücken, an denen sich das Verbreitungsrecht gemäß § 17 Abs. 2 UrhG erschöpft hat, einen Vergütungsanspruch seitens der Urheber. Der durch den Verleihvorgang ausgelöste Vergütungsanspruch impliziert die grundsätzliche Zulässigkeit des Verleihs von Vervielfältigungsstücken. Dies lässt sich jedoch nicht unmittelbar aus § 27 Abs. 2 UrhG entnehmen, sondern ist vielmehr eine Folge des Eintritts der Erschöpfungswirkung.

(1) Umfang des Verbreitungsrechts

Der Erschöpfung gemäß § 17 Abs. 2 UrhG unterliegt nur das Verbreitungsrecht. Ist an einem Vervielfältigungsstück keine Erschöpfung eingetreten, so ist dessen Weiterverbreitung vorbehaltlich der §§ 44a ff. UrhG damit gemäß § 17 Abs. 1 UrhG unzulässig. Sofern eine Weiterverbreitung unzulässig ist, könnte auch der Verleih gemäß § 17 Abs. 1 UrhG unzulässig sein. Dies setzt voraus, dass das Verleihrecht als Teil des Verbreitungsrechts geschützt ist. Das Verbreitungsrecht ist das Recht, das Original oder Vervielfältigungsstücke des Werkes der Öffentlichkeit anzubieten oder in Verkehr zu bringen. Fraglich ist, ob die zeitlich begrenzte Gebrauchsüberlassung dem Begriff des »Inverkehrbringens« unterfällt. Bis zum Urteil des EuGH in der Sache *Le-Corbusier-Möbel* bestand Einigkeit darin, dass das Verbreitungsrecht unabhängig von einer Eigentums-

---
571 EuGH GRUR 2012, 904 Rn. 70f. – UsedSoft.
572 So bereits *Peifer*, AfP 2013, 89 (92).

übertragung jede Form der Besitzüberlassung von körperlichen Werkstücken an die Öffentlichkeit und damit auch den Verleih umfasst.[573] In einem Fall, der die Frage des Aufstellens von plagiierten Möbeln auf Verkaufsflächen als Verbreitung betraf, legte der BGH dem EuGH die Frage der Reichweite des Verbreitungsrechts gemäß Art. 4 Abs. 1 RL 2001/29/EG vor. Dieser stellte fest, dass eine Verbreitung i. S. d. Art. 4 Abs. 1 RL 2001/29/EG stets mit einer Eigentumsübertragung verbunden sein muss.[574] Eine bloße Gebrauchsüberlassung soll für eine Verbreitung i. S. d. Art. 4 Abs. 1 RL 2001/29/EG damit nicht genügen. Der BGH schloss hieraus, dass Gleiches für das Verbreitungsrecht gemäß § 17 Abs. 1 UrhG gelten müsse. Nach seiner Ansicht gibt Art. 4 Abs. 1 RL 2001/29/EG nicht nur Mindestvorgaben für den urheberrechtlichen Schutz, »sondern stellt eine verbindliche Regelung des Verbreitungsrechts auch im Sinne eines Maximalschutzes dar«.[575]

Dies überzeugt jedenfalls im Hinblick auf die zeitliche Gebrauchsüberlassung in Form der Vermietung und des Verleihens nicht, da gemäß ErwGr 28 S. 5 RL 2001/29/EG das Verbreitungsrecht die Bestimmungen über die Vermiet- und Verleihrechte gerade unberührt lässt.[576] Eine Auslegung des Verbreitungsrechts gemäß § 17 Abs. 1 UrhG, wonach eine Verbreitung auch nach nationalem Recht eine Eigentumsübertragung erfordert, ist daher jedenfalls mit Blick auf die Vermietung und den Verleih nicht zwingend. Ein enges Verständnis des Verbreitungsrechts hätte vielmehr zur Folge, dass den Urhebern bezüglich solcher Vervielfältigungsstücke, an denen sich das Verbreitungsrecht noch nicht erschöpft hat, weder ein Vergütungsanspruch gemäß § 27 Abs. 2 UrhG noch ein Verbotsrecht zusteht. Dies führte aber – abgesehen von dem eintretenden Wertungswiderspruch – dazu, dass das nationale Recht hinter den Anforderungen an das Verleihrecht nach der RL 2006/115/EG zurückbleibt. Etwas anderes gilt nur dann, wenn man das zunächst auf die körperliche Gebrauchsüberlassung beschränkte Vermiet- und Verleihrecht i. S. d. RL 2006/115/EG als Innominatfälle des § 15 Abs. 1 UrhG ansieht.[577] Jedenfalls mit Blick auf das Verleihrecht bestätigt die systematische Auslegung allerdings ein insofern weites Verständnis des Verbreitungsrechts nach § 17 Abs. 1 UrhG, womit kein Raum für ein unbenanntes Recht nach § 15 Abs. 1 UrhG besteht. Gemäß § 53 Abs. 6 S. 1 UrhG dürfen im Wege der Vervielfältigung zum eigenen und sonstigen Gebrauch

---

573 BGH GRUR 1972, 141 – Konzertveranstalter; BGH GRUR 1986, 736 (737) – Schallplattenvermietung; so auch noch der BGH in seiner Vorlage an den EuGH, BGH GRUR 2007, 50 Rn. 14 – Le-Corbusier-Möbel I; siehe auch BT-Drucks 13/115, S. 8.
574 EuGH GRUR 2008, 604 Rn. 33 – Le-Corbusier-Möbel.
575 BGH GRUR 2009, 840 Rn. 19 – Le-Corbusier-Möbel II.
576 *Heerma*, in: Wandtke/Bullinger, UrhR, § 17 Rn. 8; umfassend *Schmidt*, S. 200ff.
577 *Berger*, ZUM 2012, 353 (356); *Grünberger*, ZUM 2015, 273 (274); *Hofmann*, ZUM 2018, 107 (109, 111).

nach § 53 Abs. 1, 2 UrhG hergestellte Vervielfältigungsstücke grundsätzlich nicht verbreitet werden. Abweichendes gilt nur für den Verleih rechtmäßig hergestellter Vervielfältigungsstücke von Zeitungen und vergriffenen Werken sowie solcher Werkstücke, bei denen kleine beschädigte oder abhanden gekommene Teile durch Vervielfältigungsstücke ersetzt worden sind (§ 53 Abs. 6 S. 2 UrhG). Dieser Ausnahme bedürfte es nicht, wenn der Verleih schon nicht durch das Verbreitungsrecht erfasst wäre.

Das Verbreitungsrecht gemäß § 17 Abs. 1 UrhG muss daher richtlinienkonform so ausgelegt werden, dass jedenfalls der Verleih i. S. d. Art. 2 Abs. 1 lit. b RL 2006/115/EG, der unmittelbar zunächst auf die körperliche Gebrauchsüberlassung beschränkt ist, hiervon erfasst und eine Eigentumsübertragung insofern entbehrlich ist.[578] Auch der Gesetzgeber ging schließlich bei der Umsetzung der RL 92/100/EWG davon aus, dass sich ein Verbotsrecht hinsichtlich des öffentlichen Verleihs bis zum Eintritt der Erschöpfung aus dem Verbreitungsrecht nach § 17 Abs. 1 UrhG ergibt.[579]

(2)   Erschöpfung des Verbreitungsrechts
Die Erschöpfung ist neben der tatbestandlichen Voraussetzung gleichzeitig Anlass für die Bibliothekstantieme. Diese kompensiert den durch die Einschränkung des Verbreitungsrechts bedingten Verlust der potenziellen Vergütungsvorgänge.[580] Wie jeder Vergütungsanspruch ist er damit Ausfluss des Grundsatzes, wonach der Urheber angemessen an den wirtschaftlichen Früchten seines Schaffens, die andere aus der Nutzung seines Werkes ziehen, zu beteiligen ist.[581] Trotz der systematischen Stellung der Regelung der Bibliothekstantieme im Unterabschnitt 4 als »sonstiges Recht« entspricht der erlaubnisfreie Verleih von Werkstücken gegen einen Anspruch auf eine angemessene Vergütung seitens des Urhebers gemäß § 27 Abs. 2 i. V. m. § 17 Abs. 2 UrhG konstruktiv einer gesetzlichen Lizenz.[582]

b.   Unmittelbare Anwendbarkeit auf den elektronischen Verleih
Als Teil des Verbreitungsrechts gemäß § 17 Abs. 1 UrhG erfasst das »Verleihrecht« nur die Verwertung in körperlicher Form. Das Erfordernis der Körper-

---

578 Siehe auch *Schulze*, in: Dreier/Schulze, UrhG, § 27 Rn. 15; *Loewenheim*, in: Schricker/Loewenheim, UrhR, § 27 Rn. 13; *Heerma*, in: Wandtke/Bullinger, UrhR, § 17 Rn. 9; *Stieper*, ZGE 2011, 227 (233 ff.); a. A. *Dustmann*, in: Fromm/Nordemann, UrhR, § 17 Rn. 16.
579 BT-Drucks 13/115, S. 8, 13.
580 BGH GRUR 1999, 707 (714) - Kopienversanddienst; *Schulze*, in: Dreier/Schulze, UrhG, § 27 Rn. 1; *Stohr*, S. 52.
581 *Gerlach*, in: FS Pfennig, S. 351 f.
582 *Stieper*, S. 142 ff.; a. A. *Stöhr*, S. 53; *v. Lewinski*, S. 9; im Ergebnis offen gelassen *Hofmann*, ZUM 2018, 107 (110).

lichkeit drückt sich unmittelbar auch in § 27 Abs. 2 UrhG aus, wonach eine Vergütung nur für das Verleihen von Originalen oder Vervielfältigungsstücken eines Werkes zu zahlen ist. Da beim elektronischen Verleih der Online-Zugriff auf das jeweilige E-Book eröffnet wird, erfolgt die Verwertung hier jedoch in unkörperlicher Form im Wege der öffentlichen Zugänglichmachung gemäß § 19a UrhG. Dabei wird nicht das auf dem Server bereitgehaltene körperliche Werkstück zum Gebrauch überlassen, sondern der Nutzer gebraucht vielmehr ein vom ihm gemäß § 16 UrhG selbst erstelltes Vervielfältigungsstück. § 17 Abs. 1, 2 UrhG sowie § 27 Abs. 2 UrhG sind auf den elektronischen Verleih von E-Books folglich nicht unmittelbar anwendbar.

c. Analoge Anwendbarkeit auf den elektronischen Verleih
Allerdings könnte auf den elektronischen Verleih § 27 Abs. 2 UrhG analog angewandt werden, mit der Folge, dass eine angemessene Vergütung auch für die zeitlich begrenzte Gebrauchsüberlassung von E-Books im Wege der elektronischen Übermittlung zu zahlen ist.

(1) § 27 Abs. 2 UrhG analog
Fraglich ist aber schon, ob hierfür ein Bedürfnis besteht. § 27 Abs. 2 UrhG dient der Kompensation des Verlustes potenzieller Vergütungsvorgänge, der aufgrund der Erschöpfung des Verbreitungsrechts gemäß § 17 Abs. 2 UrhG entsteht.[583] Der elektronische Verleihvorgang berührt jedoch nicht das Verbreitungsrecht, sondern vielmehr das Recht der öffentlichen Zugänglichmachung sowie das Vervielfältigungsrecht, die nicht der Erschöpfung unterliegen. Eine zeitlich begrenzte Gebrauchsüberlassung im Wege des elektronischen Verleihs bedarf damit der Erlaubnis des Rechteinhabers, sodass dem Urheber die Möglichkeit der Nutzungsrechtseinräumung gegen eine angemessene Vergütung erhalten bleibt. Folglich bedarf es insoweit keiner Kompensation, womit eine analoge Anwendung des § 27 Abs. 2 UrhG ausscheidet.[584]

(2) § 27 Abs. 2 i. V. m. § 17 Abs. 2 UrhG analog
Auch angesichts des tatbestandlichen Erfordernisses in § 27 Abs. 2 UrhG kann etwas anderes nur dann gelten, wenn gleichzeitig § 17 Abs. 2 UrhG auf die Online-Nutzung entsprechend angewandt wird, sodass der Urheber nach der erstmaligen elektronischen Übermittlung eine nachgelagerte elektronische Weitergabe zum zeitlich begrenzten Gebrauch nicht mehr verbieten kann. Die Frage der Übertragbarkeit der Erschöpfung auf die Weitergabe digitaler Güter

---
583 Siehe oben S. 139.
584 *Hofmann*, ZUM 2018, 107 (111).

ist Gegenstand einer heftigen Kontroverse.[585] In den Mittelpunkt der Diskussion rückte dabei das *UsedSoft*-Urteil des EuGH, wonach die Erschöpfung des Verbreitungsrechts an einem Computerprogramm auch dann eintritt, wenn das Programm nicht als (körperliches) Vervielfältigungsstück, sondern online in den Verkehr gebracht wurde.[586] Dies stützt der EuGH darauf, dass Art. 4 Abs. 2 RL 2009/24/EG für den Eintritt der Erschöpfungswirkung durch den Verkauf einer Programmkopie nicht zwischen körperlicher und nichtkörperlicher Form unterscheidet und beide Formen der Veräußerung funktionell und wirtschaftlich gleichwertig seien.[587] Gefordert werden muss lediglich, dass der Rechteinhaber dem Ersterwerber gegen Zahlung eines Entgelts gestattet, die heruntergeladene Software zeitlich unbegrenzt zu nutzen und der Ersterwerber seine Programmkopie zum Zeitpunkt der Weitergabe unbrauchbar macht.[588] Fraglich ist, ob Gleiches auch für die Weitergabe sonstiger digitaler Güter wie etwa E-Books gilt.[589]

Jedenfalls können das Urteil des EuGH und die hierauf basierende Rechtsprechung des BGH bezüglich des Handels mit Softwarelizenzen[590] nicht unmittelbar angewandt werden, da sie ihren Ausgangspunkt in der RL 2009/24/EG haben und somit nur die Erschöpfung bezüglich Computerprogramme betreffen. Eine entsprechende Anwendung des § 17 Abs. 2 UrhG auf die elektronische Weitergabe digitaler Güter soll dennoch deswegen angezeigt sein, weil wie auch bei der Weitergabe von Computerprogrammen eine ökonomische Gleichwertigkeit zwischen der körperlichen und unkörperlichen Weitergabe vorliege.[591] Der Zweck des Erschöpfungsgrundsatzes, die Verkehrsfähigkeit von Waren und damit einen funktionierenden Binnenmarkt zu gewährleisten,[592] gelte sowohl für körperlich als auch für unkörperlich in den Verkehr gebrachte Güter.[593] An der

---

585 Ausführlich etwa *Ganzhorn*, S. 200 ff. m. w. N.; eine Systematisierung der verschiedenen Argumente findet sich bei *de la Durantaye/Kuschel*, ZGE 2016, 195 ff.; insbesondere bezüglich E-Books siehe *Graef*, Rn. 192 ff.; *Schippel*, MMR 2016, 802 (803 ff.).
586 EuGH GRUR 2012, 904 Rn. 35 ff. – UsedSoft.
587 EuGH GRUR 2012, 904 Rn. 55, 61 – UsedSoft.
588 EuGH GRUR 2012, 904 Rn. 49, 70 – UsedSoft.
589 Speziell zur Frage der Erschöpfung beim Weiterverkauf von E-Books siehe das Vorabentscheidungsersuchen der Rechtbank Den Haag (Niederlande) v. 16.04.2018, EuGH, C-263/18 – Nederlands Uitgeversverbond/Tom Kabinet.
590 BGH GRUR 2014, 264 – UsedSoft II; BGH GRUR 2015, 772 – UsedSoft III; BGH GRUR 2015, 1108 – Green-IT.
591 *Ganzhorn*, S. 211 ff., 226; *Hartmann*, GRUR Int 2012, 980 (982 ff.).
592 BGH GRUR 1986, 736 (737) – Schallplattenvermietung; *Heerma*, in: Wandtke/Bullinger, UrhR, § 17 Rn. 23.
593 *Peifer*, AfP 2013, 89 (90); *Hoeren/Jakopp*, MMR 2014, 646 (647); siehe aber *Oprysk/Matulevičius/Kelli*, JIPITEC 2017, 128 Rn. 34, die aufgrund der mittels DRM geschaffenen Abhängigkeit der Nutzer von den Anbietern an einem funktionierenden Sekundärmarkt für E-Books allein durch die Anwendung des Erschöpfungsgrundsatzes auf die Online-Über-

wirtschaftlichen Gleichwertigkeit lässt sich aber schon deswegen zweifeln, weil unkörperlich weitergegebene digitale Güter wie E-Books nicht der Abnutzung unterliegen und ihr Gebrauch somit nicht zu einer Wertminderung führt.[594]

Darüber hinaus könnte eine europarechtskonforme Auslegung des § 17 Abs. 2 UrhG die für eine Analogie nötige planwidrige Regelungslücke ausschließen. Zwar kann nach hier vertretener Ansicht die Ausnahme vom Verleihrecht gemäß Art. 6 Abs. 1 RL 2006/115/EG auf den elektronischen Verleih entsprechend Anwendung finden. Allerdings ist das Verleihrecht i. S. d. RL 2006/115/EG als ein eigenständiges Ausschließlichkeitsrecht ausgestaltet. Demgegenüber betrifft § 17 Abs. 2 UrhG das Verbreitungsrecht einschließlich des Verleihrechtes. Anders als in Bezug auf Art. 6 Abs. 1 RL 2006/115/EG stellt sich hier damit nicht nur die Frage der analogen Anwendung auf den elektronischen Verleih, sondern ob eine unkörperliche Weitergabe generell der Erschöpfungswirkung unterliegt. Nach der RL 2001/29/EG unterliegt aber weder das Vervielfältigungsrecht noch das Recht der öffentlichen Zugänglichmachung (Art. 3 Abs. 3 RL 2001/29/EG) der Erschöpfung. Die Erschöpfungswirkung erfasst gemäß Art. 4 Abs. 2 RL 2001/29/EG allein das Verbreitungsrecht. ErwGr 28, 29 RL 2001/29/EG zeigt aber, dass die Bereitstellung eines Online-Dienstes mangels Inverkehrbringen eines materiellen Trägers keine Verbreitungshandlung darstellt.[595] Auch eine analoge Anwendung des Art. 4 Abs. 2 RL 2001/29/EG auf die elektronische Weitergabe digitaler Güter kommt auf dieser Grundlage damit nicht in Betracht. Folglich unterliegt eine Online-Übermittlung nicht der Erschöpfung.

Das Urteil in der Sache *Vereniging Openbare Bibliotheken* lässt offen, ob sich auch der EuGH dieser Ansicht anschließt. Zwar geht er aufgrund der Vergleichbarkeit des analogen und elektronischen Verleihs von der Anwendbarkeit der RL 2006/115/EG auf den elektronischen Verleih aus, obgleich sich die Richtlinie nach ihrem Wortlaut auf die Gebrauchsüberlassung körperlicher Vervielfältigungsstücke bezieht. Insofern könnte hieraus auf ein generell weites Verständnis der Überlassung von Vervielfältigungsstücken geschlossen werden.[596] Gleichzeitig betont der EuGH aber, dass das Vermietrecht gemäß Art. 2 Abs. 1 lit. a RL 2006/115/EG aufgrund der völkerrechtlichen Bindung an Art. 7 WCT einschließlich der vereinbarten Erklärung zu Art. 6 und 7 WCT ausschließlich Gegenstände erfasst, die auf einem materiellen Träger verkörpert

---

mittlung zweifeln; siehe dort aber zugleich den Vorschlag einer technischen Lösung, Rn. 35 ff.
594 *Ohly*, NJW-Beil. 2014, 47 (48); *Hauck*, NJW 2014, 3616; siehe auch *Graef*, Rn. 196.
595 *Schmidt*, S. 198 f.; *Stieper*, ZUM 2012, 668 (670); so auch OLG Hamm MMR 2014, 689 (692); a. A. *Orgelmann*, S. 178 ff.; *Redeker*, CR 2014, 73 (76); kritisch auch *Hoeren/Jakopp*, MMR 2014, 646 ff., und *Neuber*, WRP 2014, 1274 ff.
596 So *Marly/Wirz*, EuZW 2017, 16 (18 f.).

sind.⁵⁹⁷ Auch wenn der WCT lediglich Mindestrechte regelt (Art. 1 Abs. 4 WCT i. V. m. Art. 19 RBÜ),⁵⁹⁸ sieht sich der EuGH im Hinblick auf den Umfang des Vermietrechts i. S. d. RL 2006/115/EG damit an die Vorgaben des WCT gebunden. Anders als bei dem elektronischen Verleih⁵⁹⁹ oder der unkörperlichen Weitergabe von Computerprogrammen⁶⁰⁰ kann an dem Erfordernis der körperlichen Weitergabe folglich auch eine etwaige funktionelle oder wirtschaftliche Gleichwertigkeit zwischen körperlicher und unkörperlicher Weitergabe nichts ändern. Soweit sich der EuGH damit an die Vorgaben des WCT gebunden sieht, müsste er Gleiches konsequenterweise für das Verbreitungsrecht nach Art. 4 RL 2001/29/EG annehmen.⁶⁰¹ Da eine Verbreitungshandlung i. S. d. Art. 6 Abs. 1 WCT die Übertragung des Eigentums an einem Vervielfältigungsstück im Sinne eines körperlichen Gegenstandes zwingend erfordert (siehe die Vereinbarten Erklärung zu Art. 6 und 7 WCT), kann eine unkörperliche Weitergabe damit gerade keine der Erschöpfung unterliegende Verbreitungshandlung i. S. d. Art. 4 RL 2001/29/EG darstellen.

(3) Zwischenergebnis

Im Ergebnis schließen die europäischen Vorgaben eine analoge Anwendung des § 17 Abs. 2 UrhG auf die Online-Übermittlung von Werken aus. Der Urheber kann damit nach der erstmaligen elektronischen Übermittlung seines Werkes jede nachgelagerte elektronische Weitergabe untersagen.⁶⁰² Dementsprechend hat der Urheber die Möglichkeit, die Weitergabe (zum dauerhaften oder zeitlich begrenzten Gebrauch) gegen eine Vergütung zu erlauben. Einer Kompensation durch die analoge Anwendung des § 27 Abs. 2 UrhG bedarf es damit nicht mehr. § 27 Abs. 2 UrhG ist damit weder unmittelbar noch analog auf den elektronischen Verleih von digitalen Inhalten anwendbar.⁶⁰³

---

597 EuGH GRUR 2016, 1266 Rn. 34f. – Vereniging Openbare Bibliotheken.
598 BGH GRUR 2014, 264 Rn. 40 – UsedSoft II; *Katzenberger/Metzger*, in: Schricker/Loewenheim, UrhR, Vor §§ 120ff. Rn. 38; *Stieper*, ZGE 2011, 227 (233).
599 Siehe EuGH GRUR 2016, 1266 Rn. 45 – Vereniging Openbare Bibliotheken.
600 Siehe EuGH GRUR 2012, 904 Rn. 61 – UsedSoft.
601 So auch *Apel*, MR-Int 2016, 104 (106).
602 OLG Stuttgart ZUM 2012, 811 (813) – Hörbuch-AGB; OLG Hamm MMR 2014, 689; OLG Hamburg ZUM 2015, 503; *Schulze*, in: Dreier/Schulze, UrhG, § 17 Rn. 30; *Loewenheim*, in: Schricker/Loewenheim, UrhR, § 17 Rn. 38; *Dreyer*, in: Dreyer/Kotthof/Meckel, UrhR, § 17 Rn. 34; *Schack*, UrhR, Rn. 463; *Graef*, Rn. 244ff.; *Jani*, K&R 2012, 297 (298); a. A. *Heerma*, in: Wandtke/Bullinger, UrhR, § 17 Rn. 27ff.; *Ganzhorn*, S. 226ff.; *Hartmann*, GRUR Int 2012, 980 (982ff.); *Kubach*, CR 2013, 279 (283); *Redeker*, CR 2014, 73 (77); *Marly/Wirz*, EuZW 2017, 16 (17ff.).
603 A. A. *Peifer*, AfP 2013, 89 (92).

d. Hybride E-Books

Anderes kann sich jedoch in Bezug auf enhanced E-Books ergeben, sofern ihr Inhalt mittels eines urheberrechtlich geschützten Computerprogrammes i. S. d. § 69a UrhG umgesetzt wird. Auch der Verleih von Computerprogrammen unterfällt grundsätzlich § 27 Abs. 2 UrhG.[604] Für den Verleih von Originalen oder Vervielfältigungsstücken eines Computerprogrammes ist damit eine angemessene Vergütung an den Urheber zu zahlen, sofern deren Weiterverbreitung aufgrund der Erschöpfung des Verbreitungsrechtes zulässig ist. Zwar richtet sich die Erschöpfung des Verbreitungsrechts an Computerprogrammen nach § 69c Nr. 3 S. 2 UrhG und damit nicht wie von § 27 Abs. 2 S. 1 UrhG gefordert nach § 17 Abs. 2 UrhG. Allerdings finden auf Computerprogramme gemäß § 69a Abs. 4 UrhG die für Sprachwerke geltenden Bestimmungen und damit auch § 27 Abs. 2 UrhG Anwendung.[605] Da nach der *UsedSoft*-Rechtsprechung eine Erschöpfung auch beim Online-Vertrieb von Software eintritt, kann auch ein online erworbenes Computerprogramm zum zeitlich begrenzten Gebrauch an einen Dritten überlassen werden. Konsequenterweise ist hierfür eine angemessene Vergütung gemäß § 27 Abs. 2 UrhG an den Urheber zu zahlen, wenn die Software durch eine der Öffentlichkeit zugängliche Einrichtung verliehen wird.

Damit kommt es bei der Nutzung eines hybriden E-Books erneut zur Kollision der allgemeinen Vorschriften mit den Sondervorschriften für Computerprogramme. Die Bestimmung des anzuwendenden Rechts auf den Verleih hybrider E-Books durch Bibliotheken muss wiederum anhand des rechtlichen Bezuges der jeweiligen Vorschrift zur Fallgestaltung erfolgen.[606] § 27 Abs. 2 i. V. m. § 17 Abs. 2 UrhG dient dem Ausgleich der Interessen des Urhebers mit jenen der öffentlichen Bibliotheken, denen kultur-, bildungs- und erziehungspolitischen Aufgaben zukommen.[607] Vor diesem Hintergrund leuchtet nicht ein, warum ein elektronischer Verleih gerade dann zulässig sein soll, wenn die grafischen oder audiovisuellen Bestandteile eines E-Books mit einem Computerprogramm kombiniert werden. Es würde vielmehr einen Wertungswiderspruch darstellen, den kultur-, bildungs- und erziehungspolitischen Auftrag der Bibliotheken beim elektronischen Verleih gerade dann zu berücksichtigen, wenn das urheberrechtliche Ausschließlichkeitsrecht insbesondere auf der wirtschaftlichen – und nicht etwa der kulturellen – Bedeutung von Computerpro-

---

604 BeckOK-UrhR/*Freudenberg*, § 27 Rn. 31; *Schulze*, in: Dreier/Schulze, UrhG, § 27 Rn. 3; BT-Drucks 13/115, S. 9 ff.; siehe aber dort auch die *Selbstverpflichtungserklärung* der Betreiber der öffentlichen Bibliotheken, wonach Computerprogramme von besonderer Relevanz nur mit Gestattung der Rechtsinhaber verliehen werden.
605 *Grützmacher*, in: Wandtke/Bullinger, UrhR, § 69c Rn. 62; BeckOK-UrhR/*Kaboth/Spies*, § 69a Rn 17.
606 Siehe oben S. 98 ff.
607 BT-Drucks 13/115, S. 8; *Loewenheim*, in: Schricker/Loewenheim, UrhR, § 27 Rn. 11.

grammen basiert.⁶⁰⁸ Da sich der Verleih eines hybriden E-Books zudem weder tatsächlich noch wirtschaftlich von dem Verleih eines sonstigen enhanced oder eines klassischen E-Books unterscheidet, müssen die jeweiligen Verleihvorgänge vielmehr einheitlich beurteilt werden. Folglich dürfen auch hybride E-Books nicht kraft Gesetzes verliehen werden.⁶⁰⁹

Im Gegensatz zur Rechtslage im Hinblick auf analoge Bücher bedürfen Bibliotheken für den Verleih von E-Books damit unabhängig von ihrer technischen Ausgestaltung stets der jeweiligen Lizenz durch den Rechteinhaber.

3. Verhältnis der Regelungen

Anders als im deutschen Urheberrecht können die das Verleihrecht betreffenden europäischen Regelungen auch auf den elektronischen Verleih von E-Books angewandt werden. Bedingt wird diese Differenz vor allem durch die unterschiedliche dogmatische Ausgestaltung des Verleihrechts, das gemäß der RL 2006/115/EG als eigenständiges Verwertungsrecht konzipiert ist, im UrhG indes vom Verbreitungsrecht gemäß § 17 Abs. 1 UrhG umfasst wird. Gerade die Möglichkeit der Ausnahme vom ausschließlichen öffentlichen Verleihrecht gemäß Art. 6 RL 2006/115/EG sollte aber die bereits bestehenden, unterschiedlichen Regelungen der Bibliothekantieme in den Mitgliedsstaaten – teils auch außerhalb des Urheberrechts⁶¹⁰ – erfassen.⁶¹¹ Ihrer Natur als Richtlinie gemäß ergeben sich bei der Umsetzung der RL 2006/115/EG daher umfangreiche Handlungsspielräume. So sind Richtlinien gemäß Art. 288 Abs. 3 AEUV für jeden Mitgliedstaat, an den sie gerichtet werden, hinsichtlich des zu erreichenden Zieles verbindlich, überlassen jedoch den innerstaatlichen Stellen die Wahl der Form und der Mittel, wobei Umsetzungsspielräume seitens der Mitgliedsstaaten allerdings nur innerhalb der von der Richtlinie gezogenen Grenzen bestehen.⁶¹² Problematisch wird die unterschiedliche dogmatische Ausgestaltung damit erst dann, wenn das durch die Richtlinie zu erreichende Ziel beeinträchtigt wird.⁶¹³ In Bezug auf den elektronischen Verleih von E-Books scheint dies insofern möglich, als dessen Einbeziehung in den Anwendungsbereich der RL 2006/115/EG nach Ansicht des EuGH durch das Ziel der Anpassung an neue wirtschaftliche Entwicklungen (ErwGr 4 RL 2006/115/EG) geboten ist.⁶¹⁴ Zudem mache der allgemeine Grundsatz eines möglichst hohen

---

608 Siehe oben S. 97 f.
609 A. A. *Graef*, Rn. 247, wonach enhanced E-Books insgesamt wie Software zu behandeln sind.
610 Siehe *v. Lewinski*, GRUR Int 1992, 432 ff.
611 *V. Lewinski*, in: Walter/v. Lewinski, European Copyright Law, Rn. 6.5.1.
612 *Nettesheim*, in: Grabitz/Hilf/Nettesheim, AEUV, Art. 288 Rn. 112.
613 Siehe *Ruffert*, in: Callies/Ruffert, AEUV, Art. 288 Rn. 27.
614 EuGH GRUR 2016, 1266 Rn. 45 f. – Vereniging Openbare Bibliotheken.

Schutzniveaus für den Urheber die Anwendung der RL 2006/115/EG auf den elektronischen Verleih erforderlich. Insgesamt provoziert die unterschiedliche dogmatische Ausgestaltung des Verleihrechts damit die Frage, ob das Ziel eines möglichst hohen urheberrechtlichen Schutzniveaus sowohl in Bezug auf die körperliche als auch hinsichtlich der unkörperlichen Gebrauchsüberlassung ausreichend durch das nationale Urheberrecht verwirklicht wird.

a.   Schutzniveau hinsichtlich der körperlichen Gebrauchsüberlassung

(1)   Ausdrücklicher Anwendungsbereich des § 27 Abs. 2 UrhG
Nach Art. 1, 2 Abs. 1 lit. b RL 2006/115/EG müssen die Mitgliedsstaaten das Recht vorsehen, die zeitlich begrenzte Gebrauchsüberlassung, die nicht einem unmittelbaren oder mittelbaren wirtschaftlichen oder kommerziellen Nutzen dient und durch der Öffentlichkeit zugängliche Einrichtungen vorgenommen wird, zu erlauben oder zu verbieten. Gemäß Art. 6 Abs. 1 RL 2006/115/EG kann ein solches Recht jedoch auf einen Vergütungsanspruch des Urhebers reduziert werden.

Entsprechend diesen Vorgaben sieht das deutsche Urheberrecht in § 17 Abs. 1 UrhG grundsätzlich ein Verbotsrecht vor, wonach Urheber die zeitlich begrenzte (körperliche) Gebrauchsüberlassung von Originalen und Vervielfältigungsstücken durch eine der Öffentlichkeit zugängliche Einrichtung untersagen können. Anderes gilt jedoch dann, wenn das Vervielfältigungsstück gemäß § 17 Abs. 2 UrhG mit Zustimmung des zur Verbreitung Berechtigten im Gebiet der Europäischen Union oder eines anderen Vertragsstaates des Abkommens über den Europäischen Wirtschaftsraum im Wege der Veräußerung in Verkehr gebracht worden ist. In diesem Fall ist dem Urheber jedoch gemäß § 27 Abs. 2 UrhG eine angemessene Vergütung zu zahlen. Nach Eintritt der Erschöpfung entspricht § 27 Abs. 2 UrhG damit den Anforderungen des Art. 6 Abs. 1 RL 2006/115/EG.

(2)   Erweiterter Anwendungsbereich des § 27 Abs. 2 UrhG
Problematisch ist jedoch, dass das Verleihrecht als Teil des Verbreitungsrechts auch den übrigen urheberrechtlichen Schranken der §§ 44a ff. UrhG unterliegt, die teils vergütungsfrei ausgestaltet sind. Mit Bezug auf die bibliothekarische Praxis wird dies vor allem im Rahmen des § 48 UrhG relevant. So dürfen etwa Druckschriften, die Reden über Tagesfragen beinhalten und im Wesentlichen den Tagesinteressen Rechnung tragen, gemäß § 48 Abs. 1 Nr. 1 UrhG verliehen werden, obgleich hier ausdrücklich lediglich die Vervielfältigung und Verbreitung erlaubt ist. Für die Zulässigkeit der Verbreitung nach § 48 UrhG kommt es auf den Eintritt der Erschöpfung i. S. d. § 17 Abs. 2 UrhG nicht an. Auch wenn der Verleih der Druckschrift durch eine der Öffentlichkeit zugängliche Einrichtung erfolgt, erhält der Urheber damit keine Vergütung gemäß § 27 Abs. 2

UrhG, der ausdrücklich die Zulässigkeit der Weiterverbreitung gemäß § 17 Abs. 2 UrhG fordert. Zugleich ist § 48 UrhG selbst nicht vergütungspflichtig ausgestaltet. Im Ergebnis fehlt es damit in den Fällen, in denen Bibliotheken gestützt auf § 48 Abs. 1 Nr. 1 UrhG die jeweiligen Druckschriften verleihen, an der nach Art. 6 Abs. 1 RL 2006/115/EG erforderlichen Vergütung der Urheber.

Fraglich ist, inwiefern dies mit den unionsrechtlichen Vorgaben zu vereinbaren ist. Zunächst lässt sich § 48 UrhG seinem Grunde nach auf Art. 5 Abs. 2 lit. e, f RL 2001/29/EG zurückführen,[615] der einen gerechten Ausgleich des Rechtsinhabers nicht zwingend vorsieht. Anders als nach nationaler Rechtslage bezieht sich diese Schranke mit Blick auf das Verbreitungsrecht (Art. 3 Abs. 1 RL 2001/29/EG) jedoch auf die dauerhafte Gebrauchsüberlassung in Form der Eigentumsübertragung.[616] Demgegenüber setzt Art. 6 Abs. 1 RL 2006/115/EG für die Zulässigkeit einer Ausnahme vom Verleihrecht voraus, dass zumindest die Urheber eine Vergütung für den öffentlichen Verleih ihrer Werke erhalten. Angesichts der Spezialität der RL 2006/115/EG gemäß Art. 1 Abs. 2 lit. b RL 2001/29/EG und damit ihres Vorrangs vor der RL 2001/29/EG[617] kann auch bei dem Verleih der einschlägigen Druckschriften durch Bibliotheken – gestützt auf § 48 Abs. 1 Nr. 1 UrhG – nicht auf eine Vergütung bei der Beschränkung des Verleihrechts verzichtet werden.

Diese zwingende unionsrechtliche Vorgabe könnte einerseits durch eine richtlinienkonforme Auslegung des § 48 UrhG erfüllt werden, indem der öffentliche Verleih i. S. d. Art. 2 Abs. 1 lit. b RL 2001/29/EG vom Anwendungsbereich des § 48 UrhG ausgeschlossen wird. Das Verleihrecht bliebe damit insoweit als Verbotsrecht bestehen. Eine solche restriktive Auslegung widerspricht jedoch der gesetzgeberischen Wertung hinter den sonstigen Privilegierungen bibliothekarischer Tätigkeiten. Wie gesehen, erkennt das Urheberrecht sowohl durch § 27 Abs. 2 UrhG als auch durch § 60e UrhG den bildungs- und kulturpolitischen Beitrag von Bibliotheken an. Speziell den öffentlichen Verleih vom Anwendungsbereich des § 48 UrhG, der einen breiten Meinungsbildungs- und Kommunikationsprozess über tagespolitische Themen ermöglichen soll,[618] auszuschließen und damit eine Zustimmung der Rechteinhaber anders als beispielsweise für den kommerziellen Vertrieb von Tageszeitungen zu fordern, kann daher nicht überzeugen.

Andererseits könnte § 27 Abs. 2 UrhG den unionsrechtlichen Vorgaben entsprechend über seinen Wortlaut hinaus auch für den Verleih von Vervielfältigungsstücken gelten, deren Weiterverbreitung aufgrund sonstiger Schranken-

---

615 *Lüft*, in: Wandtke/Bullinger, UrhR, § 48 Rn. 1.
616 Siehe oben S. 137 ff.
617 EuGH GRUR 2016, 1266 Rn. 56 – Vereniging Openbare Bibliotheken.
618 BeckOK-UrhR/*Engels*, § 48 Rn 1; *Lüft*, in: Wandtke/Bullinger, UrhR, § 48 Rn. 1.

bestimmungen vergütungsfrei zulässig ist. Hierfür spricht zunächst der Zweck hinter der vermeintlichen Begrenzung der Bibliothekstantieme auf den Verleih von Vervielfältigungsstücken, deren Weiterverbreitung gemäß § 17 Abs. 2 UrhG zulässig ist. § 27 Abs. 2 UrhG dient dem Ausgleich des durch die Einschränkung des Verbreitungsrechts bedingten Verlusts einer möglichen Vergütung.[619] Dabei wird davon ausgegangen, dass das Verbreitungsrecht nicht verbraucht und ein Verleihen daher stets unzulässig sei, wenn das Original oder Vervielfältigungsstück nicht zuvor mit Zustimmung des zur Verbreitung Berechtigten rechtmäßig in den Verkehr gebracht wurde.[620] Richtig daran ist, dass ein Bedürfnis der Kompensation für den Verlust potenzieller Vergütungsvorgänge insbesondere beim Eintritt der Erschöpfung besteht. Allerdings gilt die Erwägung gleichermaßen in anderen Fällen, in denen das Verbreitungsrecht ohne Statuierung eines gesetzlichen Vergütungsanspruches eingeschränkt wird. Ein zwingender Zusammenhang zwischen Bibliothekstantieme und der Zulässigkeit der Verbreitung gerade nach § 17 Abs. 2 UrhG ist hierbei weder aus systematischen noch aus teleologischen Gründen zu erkennen.

Dem könnte entgegengehalten werden, dass sich mit Blick auf die Zulässigkeit der dauerhaften Gebrauchsüberlassung ein Wertungswiderspruch ergäbe. Zwar dürfen Bibliotheken gemäß § 48 Abs. 1 Nr. 1 UrhG die einschlägigen Druckschriften auch dauerhaft zum Gebrauch überlassen, wofür dem Urheber keine Vergütung zu zahlen ist. Eine Vergütung ist aufgrund Art. 6 Abs. 1 RL 2006/115/EG allein für die zeitlich begrenzte Gebrauchsüberlassung erforderlich. Allerdings ist die dauerhafte Gebrauchsüberlassung nicht zwingend ein intensiverer Eingriff in die Rechte des Urhebers als die zeitweise Gebrauchsüberlassung. Bibliotheken intensivieren die Nutzung von Werken gerade durch die sukzessive, mehrmalige Gebrauchsüberlassung an eine Vielzahl potenzieller Nutzer.[621] Teleologische Gründe sprechen damit nicht gegen eine Anwendung des § 27 Abs. 2 UrhG auf den öffentlichen Verleih im Anwendungsbereich des § 48 UrhG.

Eine richtlinienkonforme Anwendung des § 27 Abs. 2 UrhG anhand des Art. 6 Abs. 1 RL 2006/115/EG verlangt vielmehr, dass sich die Zulässigkeit des Verleihs nicht zwingend aus § 17 Abs. 2 UrhG ergeben muss, sondern den Verleih sämtlicher Vervielfältigungsstücke umfasst, deren Weiterverbreitung aufgrund einer Schrankenbestimmung vergütungsfrei zulässig ist. Ein solches Verständnis wird sowohl den unionsrechtlichen Vorgaben als auch den urheberrechtlichen Wertungen hinter den Privilegierungen der bibliothekarischen

---

619 BGH GRUR 1999, 707 (714) – Kopienversanddienst; *Schulze*, in: Dreier/Schulze, UrhG, § 27 Rn. 1; *Stöhr*, S. 52.
620 *Boddien*, in: Fromm/Nordemann, UrhR, § 27 Rn. 20; *Loewenheim*, in: Schricker/Loewenheim, UrhR, § 27 Rn. 13; *Heerma*, in Wandtke/Bullinger, UrhR, § 27 Rn. 9; BeckOK-UrhR/*Freudenberg*, § 27 Rn 29.
621 *Schulze*, in: Dreier/Schulze, UrhG, § 27 Rn. 20.

Bestandsvermittlung gerecht. Da der Wortlaut des § 27 Abs. 2 UrhG aber insoweit eindeutig ist und ausdrücklich an die Zulässigkeit der Weiterverbreitung nach § 17 Abs. 2 UrhG anknüpft, ist eine richtlinienkonforme Auslegung der Norm ausgeschlossen.[622] § 27 Abs. 2 UrhG kann aufgrund seines Regelungszweckes jedoch im Wege der richtlinienkonformen Rechtsfortbildung in Form der teleologischen Extension[623] korrigiert werden.

b. *Schutzniveau hinsichtlich der unkörperlichen Gebrauchsüberlassung*

Nach Ansicht des EuGH sollen Art. 1 und Art. 2 Abs. 1 lit. b RL 2006/115/EG auch für den elektronischen Verleih gelten. Damit müssen die nationalen Regelungen ein Verbotsrecht in Bezug auf die zeitlich begrenzte Gebrauchsüberlassung, die nicht einem unmittelbaren oder mittelbaren wirtschaftlichen oder kommerziellen Nutzen dient und durch der Öffentlichkeit zugängliche Einrichtungen vorgenommen wird, vorsehen. Diesen Vorgaben wird das deutsche Urheberrecht dadurch gerecht, dass der Urheber den elektronischen Verleih in der Form, dass der Verleiher den Online-Zugriff auf eine Datei durch einen Nutzer ermöglicht, gemäß § 19a UrhG aufgrund des Rechts der öffentlichen Zugänglichmachung und gemäß § 16 UrhG aufgrund des Vervielfältigungsrechts untersagen kann.

Gemäß Art. 6 Abs. 1 RL 2006/115/EG können die Mitgliedsstaaten unter der Voraussetzung eines Vergütungsanspruches des Urhebers hiervon Ausnahmen vorsehen. Dem deutschen Gesetzgeber wird damit die Möglichkeit eröffnet, eine über die Schranken gemäß §§ 44a ff. UrhG hinausgehende Regelung vorzusehen, wonach die öffentliche Zugänglichmachung bzw. Vervielfältigung zum Zwecke der zeitlich begrenzten Gebrauchsüberlassung, die nicht einem unmittelbaren oder mittelbaren wirtschaftlichen oder kommerziellen Nutzen dient und durch der Öffentlichkeit zugängliche Einrichtungen vorgenommen wird, gegen Zahlung einer angemessenen Vergütung an den Urheber zulässig ist. Die Anwendung der RL 2006/115/EG auf den elektronischen Verleih ermöglicht damit entgegen dem vom EuGH postulierten Grundsatz eines möglichst hohen Schutzniveaus für den Urheber gerade dessen Abschwächung durch die Mitgliedsstaaten. Allerdings führen die dogmatischen Unterschiede bei der Ausgestaltung des Verleihrechts auf europäischer und nationaler Ebene jedenfalls nicht dazu, dass das Ziel eines möglichst hohen Schutzniveaus hinsichtlich der elektronischen Gebrauchsüberlassung beeinträchtigt wird.

---

622 *Roth/Jopen*, in: Riesenhuber, Europäische Methodenlehre, S. 263 Rn. 46; *Möllers*, Methodenlehre, § 8 Rn. 55.
623 *Roth/Jopen*, in: Riesenhuber, Europäische Methodenlehre, S. 263 Rn. 54; siehe auch *Reimer*, Methodenlehre, Rn. 623 f.

c. *Richtlinienkonformität*

Mit Blick auf den elektronischen Verleih von E-Books bleibt das deutsche Recht auch nach dem Urteil des EuGH in der Sache *Vereniging Openbare Bibliotheken* nicht hinter dem von der RL 2006/115/EG geforderten Rechtszustand zurück. Zwar fordert der EuGH im Hinblick auf den elektronischen Verleih die Anwendung der RL 2006/115/EG zwecks Anpassung an neue wirtschaftliche Entwicklungen. Da elektronische Verleihvorgänge jedoch durch das Vervielfältigungsrecht gemäß § 16 UrhG sowie das Recht der öffentlichen Zugänglichmachung gemäß § 19a UrhG erfasst werden und die vorgesehene Ausnahme vom ausschließlichen öffentlichen Verleihrecht gemäß Art. 6 Abs. 1 RL 2006/115/EG lediglich fakultativ ist, führt die geforderte Anpassung des europäischen Verleihrechts an neue technische Entwicklungen insoweit nicht zur Anpassungsbedürftigkeit seitens der nationalen Vorschriften.[624]

Eine Betrachtung der dogmatischen Grundlagen des Verleihrechts hat jedoch gezeigt, dass sich die Bibliothekstantieme gemäß § 27 Abs. 2 UrhG in unionsrechtskonformer Anwendung nicht auf die Vergütung für den Verleih von Vervielfältigungsstücken beschränkt, an denen sich das Verbreitungsrecht nach § 17 Abs. 2 UrhG erschöpft hat. Vielmehr gilt § 27 Abs. 2 UrhG für den Verleih sämtlicher Vervielfältigungsstücke, deren Weiterverbreitung aufgrund einer Schrankenbestimmung vergütungsfrei zulässig ist.

III. Ergebnis

Der EuGH hat damit zwar den Weg für die urheberrechtliche Zulässigkeit des Verleihs von E-Books bereitet. Im nationalen Recht bleibt jedoch unverändert, dass Bibliotheken für den elektronischen Verleih von E-Books der jeweiligen Lizenz durch den Rechteinhaber bedürfen.[625] Gleiches gilt im Übrigen für die als Pflichtexemplare abgelieferten E-Books. Aus der Pflicht der Ablieferung eines E-Books entspringt zugleich die öffentlich-rechtliche Pflicht der Nutzungsrechtseinräumung, deren Umfang sich nach dem Zweck der Rechteeinräumung bestimmt (§ 31 Abs. 5 UrhG).[626] Mangels einer ausdrücklichen Regelung in den einschlägigen Vorschriften ist zur Bestimmung des Zweckes der Rechteeinräumung auf die Aufgaben der bibliothekarischen Arbeit abzustellen, die jedenfalls die Sammlung, Erschließung, Bewahrung und Nutzbarmachung für die Allge-

---

624 A. A. *Marly/Wirz*, EuZW 2017, 16 (19).
625 Zu Gestaltungsoptionen des elektronischen Verleihs de lege ferenda siehe *Henke*, in: Hennemann/Sattler, Immaterialgüter und Digitalisierung, S. 183 (192 ff.); siehe auch unten S. 204 f.
626 *Heckmann/Weber*, AfP 2008, 269 (270 ff.); *Euler/Steinhauer*, in: Hinte/Steinhauer, Die digitale Bibliothek und ihr Recht, S. 109 (132, 135).

meinheit umfassen.[627] Die Nutzbarmachung der Pflichtexemplare für die Allgemeinheit ist dabei jedoch auf die Präsenznutzung in der jeweiligen Bibliothek begrenzt. Gemessen an der Zweckübertragungsregel gemäß § 31 Abs. 5 UrhG werden den Bibliotheken bei der Pflichtablieferung von online vertriebenen Werken nur die Befugnisse eingeräumt, die für die Aufnahme in den Bestand, die Archivierung und die Zugänglichmachung an »Ort und Stelle«[628] sowie das Angebot sonstiger bibliografischer Dienste erforderlich sind.[629] Sofern die Bestandsvermittlung von analog vorliegenden Pflichtexemplaren auch außerhalb der Räumlichkeiten der jeweiligen Bibliothek möglich ist, basiert dies allein auf den Eintritt der Erschöpfung gemäß § 17 Abs. 2 UrhG, der für die elektronische Weitergabe nicht gilt. Der elektronische Verleih bleibt damit auch für als Pflichtexemplare abgelieferten E-Books ausgeschlossen.

D. Sonstige Formen der Bestandsvermittlung

Neben der zeitlich begrenzten Überlassung des Bibliotheksbestandes zum Gebrauch außerhalb der Räume der Bibliothek (Verleih) bilden auch die zeitlich begrenzte Gebrauchsüberlassung innerhalb der Räume der Bibliothek (Präsenznutzung) sowie die dauerhafte Gebrauchsüberlassung in Form des Kopienversands wesentliche Bestandteile der bibliothekarischen Bestandsvermittlung. Die Gebrauchsüberlassung in den Räumen der Bibliothek kann mit Blick auf E-Books durch elektronische Leseplätze realisiert werden. Jedenfalls für Forschungs- oder Studienzwecke erlaubt es § 60e Abs. 4 UrhG den Bibliotheken, Werke aus ihrem Bestand an Terminals in ihrem Räumen zugänglich zu machen. Auch dürfen Bibliotheken gemäß § 60e Abs. 5 UrhG auf Einzelbestellung Vervielfältigungen von bis zu 10 Prozent eines erschienenen Werkes sowie einzelne Beiträge, die in Fachzeitschriften oder wissenschaftlichen Zeitschriften erschienen sind, an Nutzer zu nicht-kommerziellen Zwecken übermitteln. Damit könnte die Vermittlung von E-Books durch Bibliotheken trotz der Unzulässigkeit des elektronischen Verleihs jedenfalls im Hinblick auf die Präsenznutzung und den Kopienversand grundsätzlich durch den gesetzlichen Interessenausgleich Berücksichtigung finden.

Im Gesetzgebungsverfahren zum UrhWissG wurde kontrovers diskutiert, ob der bis dahin unter bestimmten Voraussetzungen geltende Vorrang von Li-

---

627 Siehe etwa § 2 Nr. 1 DNBG.
628 BT-Drucks 16/322, S. 8.
629 *Heckmann/Weber*, AfP 2008, 269 (275); *Euler/Steinhauer*, in: Hinte/Steinhauer, Die digitale Bibliothek und ihr Recht, S. 109 (132, 135).

zenzangeboten[630] bzw. -verträgen[631] vor der jeweiligen gesetzlichen Erlaubnis aufrechterhalten werden soll.[632] Gemäß § 60g Abs. 1 UrhG gilt nunmehr, dass sich Rechteinhaber auf Vereinbarungen, die erlaubte Nutzungen nach den §§ 60a–60f UrhG zum Nachteil der Nutzungsberechtigten beschränken, grundsätzlich nicht berufen können. Ein genereller Vorrang von Vertragsangeboten oder vertraglichen Vereinbarungen vor den gesetzlichen Schranken konnte sich damit nicht durchsetzen. Abweichendes gilt jedoch gerade für die Bestandsvermittlung durch elektronische Leseplätze und den Kopienversand. So gehen nach § 60g Abs. 2 UrhG Vereinbarungen, die ausschließlich die Zugänglichmachung an Terminals gemäß § 60e Abs. 4 UrhG oder den Kopienversand auf Einzelbestellung gemäß § 60e Abs. 5 UrhG zum Gegenstand haben, der gesetzlichen Erlaubnis vor. Dabei ergibt sich der zwingende Vorrang von Lizenzverträgen vor der gesetzlichen Privilegierung der Zugänglichmachung an Terminals aus Art. 5 Abs. 3 lit. n RL 2001/29/EG, wohingegen die Subsidiarität der Schranke im Hinblick auf den Kopienversand auf der Entscheidung des nationalen Gesetzgebers fußt.[633] Jedenfalls stellt sich damit die Frage, wie weit der gesetzliche Interessenausgleich in Bezug auf beide Formen der bibliothekarischen Vermittlung von E-Books reicht.

I. Zugänglichmachung von E-Books an Terminals

Anders als noch im Rahmen des § 52b UrhG a. F. tritt die gesetzliche Erlaubnis in Bezug auf die Nutzung an Terminals nicht hinter jede vertragliche Vereinbarung über eine Werknutzung in elektronischer Form zurück,[634] die bei digitalen Gütern im Allgemeinen und E-Books im Speziellen regelmäßig bestehen wird.[635] Vielmehr muss die Vereinbarung gemäß § 60g Abs. 2 UrhG ausschließlich die Zugänglichmachung an Terminals nach § 60e Abs. 4 UrhG (oder den Versand von Vervielfältigungen auf Einzelbestellung nach § 60e Abs. 5 UrhG) zum Gegenstand haben. Hierdurch soll gewährleistet werden, dass sich die Bibliotheken

---

630 Bezüglich § 52a UrhG a. F. siehe BGH GRUR 2014, 549 Rn. 58 – Meilensteine der Psychologie; siehe aber auch § 53a S. 3 UrhG a. F.
631 Bezüglich § 52b UrhG a. F. BGH GRUR 2015, 1101 Rn. 22 – Elektronische Leseplätze II, im Anschluss an EuGH GRUR 2014, 1078 Rn. 35 – TU Darmstadt/Eugen Ulmer.
632 Siehe *de la Durantaye*, GRUR 2017, 558 (562 f.).
633 Siehe BT-Drucks 18/12329, S. 46.
634 Bezüglich § 52b UrhG a. F. siehe BT-Drucks 16/1828, S. 26; *Loewenheim*, in: Schricker/Loewenheim, UrhR, § 52b Rn. 10.
635 *Duppelfeld*, S. 58 f., 157; so auch BGH GRUR 2013, 503 Rn. 22 – Elektronische Leseplätze I; siehe auch die einschlägigen AGB von E-Book-Anbietern bei *Graef*, Rn. 78 ff.

und Rechteinhaber jeweils »gesondert über diese spezifische Form der Nutzung verständigen«.[636]

Ein solcher qualifizierter Vorbehalt scheint jedoch mit Blick auf Art. 5 Abs. 3 lit. n RL 2001/29/EG problematisch, der eine mögliche nationale Regelung der Nutzung an Terminals lediglich auf Werke eingrenzt, »für die keine Regelungen über Verkauf und Lizenzen gelten«. An die Vereinbarung zwischen Rechteinhaber und Bibliothek werden nach dem Wortlaut damit keine speziellen Anforderungen gestellt, mit der Folge, dass auch eine Vereinbarung, die allgemein die elektronische Nutzung eines E-Books betrifft, die Anwendbarkeit der gesetzlichen Erlaubnis ausschließt.[637] Durch die gesteigerten Anforderungen an die Vereinbarung, die der gesetzlichen Erlaubnis vorgeht, erweitert § 60g Abs. 2 UrhG damit den vom Wortlaut des Art. 5 Abs. 3 lit. n RL 2001/29/EG vorgesehenen Anwendungsbereich der Terminal-Schranke. Angesichts des abschließenden Charakters der möglichen Ausnahmetatbestände gemäß Art. 5 Abs. 1–3 RL 2001/29/EG inklusive ihrer Reichweite[638] fragt sich, ob eine solche Erweiterung des Ausnahmetatbestandes noch mit Art. 5 Abs. 3 lit. n RL 2001/29/EG vereinbar ist. Dies ist dann der Fall, wenn auch Art. 5 Abs. 3 lit. n RL 2001/29/EG derart verstanden werden kann, dass die Mitgliedsstaaten qualifizierte Voraussetzungen an die »Regelungen über Verkauf und Lizenzen« stellen können. Der Wortlaut selbst gibt hierüber keinen Aufschluss. Allerdings streitet ErwGr 40 S. 5 RL 2001/29/EG für ein solches Verständnis. Hiernach sollen spezifische Verträge und Lizenzen, die nicht kommerziellen Einrichtungen und ihrer Zweckbestimmung zur Verbreitung der Kultur in ausgewogener Weise zugutekommen, unterstützt werden. Diesem Ziel entspricht auch die Forderung nach einer gesonderten Vereinbarung gemäß § 60g Abs. 2 UrhG. Allgemeine Vereinbarungen etwa über die Nutzung eines Werkes in elektronischer Form können diesem Ziel nicht in gleicher Weise wie gesonderte Absprachen gerecht werden.

Darüber hinaus vermögen im Rahmen des § 60g Abs. 2 UrhG aber auch lediglich ausdrückliche Vereinbarungen über die Zugänglichmachung an Terminals oder den Versand von Vervielfältigungen auf Einzelbestellung nicht die gesetzliche Erlaubnis zu verdrängen, sofern sie gleichzeitig Regelungen über sonstige Nutzungshandlungen beinhalten. Ein Vorrang der vertraglichen Vereinbarung setzt vielmehr voraus, dass sich Rechteinhaber und Bibliotheken jeweils im Einzelfall isoliert über die betreffende Nutzung einigen, was zwar mit einem Mehraufwand hinsichtlich der zu treffenden Vereinbarungen einhergeht, jedoch einen ausgewogenen Ausgleich der Interessen jeweils in Bezug auf die

---

636 BT-Drucks 18/12329, S. 46.
637 So auch EuGH GRUR 2014, 1078 Rn. 32 – Elektronische Leseplätze.
638 Siehe oben S. 89 ff.

konkrete Nutzungshandlung verspricht. Die Forderung einer Vereinbarung, die ausschließlich die Zugänglichmachung an Terminals nach § 60e Abs. 4 UrhG zum Gegenstand hat, entspricht damit den teleologischen Erwägungen der RL 2001/29/EG und überschreitet mithin nicht den zulässigen Umfang der Schranke gemäß Art. 5 Abs. 3 lit. n RL 2001/29/EG.

Die Forderung einer gesonderten Vereinbarung gilt dabei gleichermaßen für erworbene wie auch für die als Pflichtexemplar an die Bibliotheken abgelieferten E-Books. Zwar ergibt sich aus der Pflicht der Ablieferung eines E-Books zugleich die öffentlich-rechtliche Pflicht der Nutzungsrechtseinräumung, deren Umfang sich gemäß § 31 Abs. 5 UrhG nach dem Zweck der bibliothekarischen Arbeit richtet. Um die Nutzbarmachung eines E-Books für die Allgemeinheit seitens der Bibliothek zu ermöglichen, umfassen die konkludent eingeräumten Rechte bei der Pflichtabgabe auch das Recht zur Zugänglichmachung des E-Books an einem elektronischen Leseplatz.[639] Allerdings fehlt es hier an einer Vereinbarung, die ausschließlich die Zugänglichmachung an Terminals zum Gegenstand hat. Die konkludente Einräumung von Nutzungsrechten im Zuge der Pflichtablieferung verdrängt daher nicht die gesetzliche Erlaubnis. Vielmehr kann sich auch die Vermittlung von als Pflichtexemplare abgelieferten E-Books auf § 60e Abs. 4 UrhG stützen. Dies gilt jedoch nur für Zwecke der Forschung oder private Studien, § 60e Abs. 4 S. 1 UrhG. Für darüber hinausgehende Zwecke bleiben Bibliotheken nach wie vor auf die Nutzungsrechtseinräumung angewiesen.

II. Kopienversand von E-Books

Wie die Zugänglichmachung von Werken an Terminals gemäß § 60e Abs. 4 UrhG gilt auch für den Kopienversand gemäß § 60e Abs. 5 UrhG der Vorrang vertraglicher Vereinbarungen gemäß § 60g Abs. 2 UrhG. Dies ist im Hinblick auf die RL 2001/29/EG unproblematisch. Der Vorbehalt vertraglicher Regelungen dient zunächst dem Schutz der Rechteinhaber und entspricht damit dem Ziel eines möglichst hohen Schutzniveaus für den Rechteinhaber, vgl. ErwGr 9 RL 2001/29/EG. Nach ErwGr 45 RL 2001/29/EG steht der Schrankenkatalog gemäß Art. 5 Abs. 2, 3, 4 RL 2001/29/EG vertraglichen Beziehungen zur Sicherstellung eines gerechten Ausgleiches für die Rechteinhaber zudem nicht entgegen.

Ohnehin fehlt es der gesetzlichen Erlaubnis des Kopienversands durch § 60e Abs. 5 UrhG für E-Books aber an Relevanz. Hiernach dürfen Bibliotheken auf Einzelbestellung bis zu 10 % eines erschienenen Werkes sowie einzelne Beiträge, die in Fachzeitschriften oder wissenschaftlichen Zeitschrift erschienen sind, an

---

639 *Heckmann/Weber*, AfP 2008, 269 (273); *Euler/Steinhauer*, in: Hinte/Steinhauer, Die digitale Bibliothek und ihr Recht, S. 109 (135).

Nutzer zu nicht kommerziellen Zwecken übermitteln. Damit kann dem Nutzer hier zwar dauerhaft ein Vervielfältigungsstück überlassen werden. Anders als hinsichtlich der Bestandsvermittlung in Form des Verleihs gemäß §§ 17 Abs. 2, 27 Abs. 2 UrhG erstreckt sich die Privilegierung des Kopienversands hierbei auch auf die Gebrauchsüberlassung im Wege der elektronischen Übermittlung. Aufgrund der Beschränkung auf erschienene Werke i. S. d. § 6 Abs. 2 UrhG sind ausschließlich online publizierte Werke jedoch von vornherein vom Anwendungsbereich der Schranke ausgeschlossen.[640] Denkbar ist der Kopienversand damit allenfalls für solche E-Books, die auf einem Datenträger körperlich verbreitet werden.

III. Ergebnis

Die Befugnisse zur Vermittlung von E-Books durch Bibliotheken sind im Ergebnis folglich stark eingeschränkt. Neben dem elektronischen Verleih ist regelmäßig auch der (elektronische) Kopienversand von E-Books ausgeschlossen. Zulässig bleibt im Grunde zwar die Präsenznutzung in Form der Zugänglichmachung an elektronischen Leseplätzen.[641] Allerdings unterliegt die Schranke dem Vorbehalt vertraglicher Vereinbarungen. Immerhin wird der gesetzliche Interessenausgleich nur dann verdrängt, wenn sich die Bibliotheken und Rechteinhaber gesondert über die Nutzung an elektronischen Leseplätzen verständigen.

E. Bestandserhaltung

In Bezug auf die Tätigkeiten der Bestandserhaltung ergeben sich für Bibliotheken in tatsächlicher Hinsicht besondere Herausforderungen daraus, dass sich angesichts des technologischen Fortschritts derzeit keine Technik ausmachen lässt, die ähnlich wie Papier eine langfristige Haltbarkeit von digitalen Inhalten wie etwa E-Books verspricht.[642] Dabei stellen sowohl die Haltbarkeit der Speichermedien als auch die Lesbarkeit der Dateien[643] durch geeignete Software Herausforderungen für die digitale Langzeitarchivierung dar. Der Gesetzgeber hat hierauf mit dem UrhWissG reagiert. Waren gemäß § 53 Abs. 2 S. 1 Nr. 2 UrhG a. F. nur die »Aufnahme« in das Archiv privilegiert und Vervielfältigungen in-

---

640 Siehe oben S. 64 ff.
641 Zu Einschränkungen durch den Einsatz technischer Schutzmaßnahmen siehe unten S. 177.
642 Zu technischen Einzelheiten siehe *Iordanidis*, in: Hinte/Steinhauer, Die digitale Bibliothek und ihr Recht, S. 141 ff.; siehe auch *Steinhauer*, in: Klimpel/Keiper, Was bleibt?, S. 61 (66).
643 Zu den verschiedenen Dateiformaten von E-Books und ihrer Entwicklung siehe oben S. 35 ff.

nerhalb des Archivs damit ausgeschlossen,[644] so erlaubt § 60e Abs. 1 UrhG Bibliotheken nunmehr auch mehrfache Vervielfältigungen und solche mit technisch bedingten Änderungen. Hierdurch sollen gerade auch formatwandelnde Vervielfältigungen erfasst werden, um technischen Entwicklungen standhalten zu können.[645] Die bibliothekarischen Zwecken dienende Privilegierung auch solcher Vervielfältigungshandlungen, die mit technisch bedingten Änderungen einhergehen, legt im Umkehrschluss nahe, dass übrige Privilegierungen auf Vervielfältigungshandlungen unter gleichzeitiger Wahrung der technischen Integrität und damit Beibehaltung des Dateiformats begrenzt sind. Im Rahmen der Zulässigkeit der Privatkopie gemäß § 53 UrhG steht einer solchen Auslegung jedoch bereits der Wortlaut des § 53 Abs. 1 UrhG entgegen, wonach Vervielfältigungen gerade auf beliebigen Trägern zulässig sind.[646] Angesichts der Immaterialität des Werkes und dessen Unabhängigkeit von der technischen Festlegung muss dies aber generell gelten. Eine gegenteilige Auffassung führte dazu, dass etwa auch der Ausdruck eines E-Books aufgrund einer formwandelnden Vervielfältigung nur in den Fällen des § 60e Abs. 1 UrhG privilegiert wäre. Dies wäre jedoch mit den übrigen Privilegierungen nicht vereinbar, die stets abstrakt die Vervielfältigung des unkörperlichen Werkes als dessen körperliche Festlegung beliebiger Art erfassen. Sofern § 60e Abs. 1 UrhG im Rahmen von Vervielfältigungshandlungen auch technisch bedingte Änderungen erlaubt, kann dem lediglich ein deklaratorischer Wert beigemessen werden. Gleiches gilt insofern für § 23 S. 3 UrhG. Bedeutsam ist jedoch, dass Bibliotheken Werke aus ihrem Bestand auch mehrfach vervielfältigen dürfen. Da jedes rechtmäßig erstellte Werkexemplar durch den Bestandsbegriff erfasst wird,[647] können Bibliotheken für die mehrfache Vervielfältigung auch auf die von ihr nach § 60e Abs. 1 UrhG selbst erstellten Kopien zugreifen. § 60e Abs. 1 UrhG greift insofern die Probleme der digitalen Langzeitarchivierung auf und ermöglicht eine langfristige Erhaltung und Nutzung des Bibliotheksbestandes.

F. Zusammenfassung

Obwohl E-Books in Bibliotheken einen festen Platz eingenommen haben, bleiben die urheberrechtlichen Befugnisse der Bibliotheken teilweise hinter denen in Bezug auf das klassische Buch zurück. Das Lokationserfordernis des Biblio-

---

644 *Steinhauer*, in: Klimpel/Keiper, Was bleibt?, S. 61 (66); *Raue/Hegemann*, in: Hoeren/Sieber/Holznagel, Multimedia-Recht, Teil 7.3 Rn. 212; siehe auch BGH GRUR 1997, 459 (461) – CB-Infobank I; a. A. *Euler*, S. 172.
645 BT-Drucks 18/12329, S. 42.
646 Siehe oben S. 93.
647 Siehe oben S. 124 ff.

theksbegriffes bedingt zunächst, dass eine rein digitale Bibliothek wie etwa eine bloße E-Book-Sammlung keine Bibliothek i. S. d. Urheberrechts ist. Rein digitale Bibliotheken werden folglich nicht durch die einschlägigen Vorschriften privilegiert, selbst wenn diese im öffentlichen Interesse und ohne Erwerbszwecke tätig sind. Dieser räumlich-funktionale Bibliotheksbegriff des UrhG unterstreicht zunächst, dass das Urheberrecht die bibliothekarische Tätigkeit im Ausgangspunkt in dem Aufbau, dem Erhalt und der Vermittlung eines stofflichen Bestandes und seiner körperlichen Nutzung sieht.

Allerdings können E-Books grundsätzlich als Bestand einer Bibliothek anerkannt werden. Vor allem für die Bestandsvermittlung ergeben sich für Bibliotheken im Vergleich zum klassischen Buch aber erhebliche Einschränkungen. Zwar hat der EuGH über die Auslegung der RL 2006/115/EG den Weg für die Mitgliedsstaaten bereitet, auch den elektronischen Verleih durch Bibliotheken gegen eine angemessene Vergütung der Urheber zu erlauben. Dennoch bleibt es bisher dabei, dass Bibliotheken für den Verleih von E-Books der Lizenz durch den jeweiligen Rechtsinhaber bedürfen. Der Ausgleich zwischen dem öffentlichen Interesse an der Nutzbarkeit eines E-Books und dem privaten Interesse des Rechteinhabers an seiner Beteiligung an der Verwertung wird in Bezug auf die maßgebliche Tätigkeit der bibliothekarischen Bestandsvermittlung damit der vertraglichen Disposition überlassen.

Besondere Bedeutung für die bibliothekarische Vermittlung von E-Books kann jedoch der Terminal-Schranke gemäß § 60e Abs. 4 UrhG beigemessen werden. Hier genügt der einmalige Erwerb eines Werkexemplars dafür, das E-Book zahlenmäßig unbegrenzt in den Räumen der Bibliothek an Terminals den Nutzern für deren Forschung oder private Studien zugänglich zu machen. Gleiches gilt für das analoge Buch, wofür es jedoch zunächst der aufwendigen Digitalisierung durch die Bibliothek bedarf. Vor allem für E-Books besteht daher für die Rechteinhaber ein Anreiz, eine Vereinbarung i. S. d. § 60g Abs. 2 UrhG mit den Bibliotheken zu schließen. Obgleich auch für den Kopienversand gemäß § 60e Abs. 5 UrhG ein Vorrang gesonderter Vereinbarungen gemäß § 60g Abs. 2 UrhG gilt, fehlt es für die Anwendung des § 60e Abs. 5 UrhG für E-Books bereits an einem tatsächlichen Anwendungsbereich. Ein urheberrechtlich zulässiger Kopienversand für E-Books scheidet regelmäßig schon mangels Erscheinen aus. Demgegenüber ergeben sich für die bibliothekarische Bestandserhaltung keine Unterschiede zwischen der Archivierung von analogen und elektronischen Büchern. Vielmehr ermöglichen die urheberrechtlichen Regelungen eine dauerhafte Nutzung von E-Books im Bibliotheksbestand auch trotz des Umstandes, dass die Nutzung von E-Books aufgrund ihres digitalen Formates anders als die Nutzung eines analogen Buches stets von einem kompatiblen technischen Umfeld abhängig ist.

7. Kapitel: E-Books in Bildung und Wissenschaft

Die urheberrechtlichen Schrankenbestimmungen privilegieren an verschiedenen Stellen Nutzungshandlungen zu Bildungs- und Forschungszwecken. In jeweils verschiedener Ausprägung basieren diese Schranken verfassungsrechtlich auf der Informationsfreiheit gemäß Art. 5 Abs. 1 S. 1 GG, der Wissenschaftsfreiheit gemäß Art. 5 Abs. 3 S. 1 GG, dem Kulturstaatsprinzip sowie dem anerkannten Allgemeinwohlzweck der Schulbildung.[648] Die Vermittlung und Generierung von Wissen ist dabei auf moderne Technologien als zeitgemäße Informationsquellen angewiesen. Elektronische Medien ermöglichen dabei einerseits zeit- und ortsunabhängiges Lernen und bieten andererseits aufgrund von Interaktivität, Vernetzungsmöglichkeiten und Multimedialität weitergehende Potenziale der Wissensvermittlung als etwa Printmedien.[649] Der Zugang zu digitalen Medien und deren Nutzung haben damit entscheidenden Einfluss auf Bildungschancen.[650] Zudem wird vor allem von Schulen erwartet, dass sie moderne Technologien selbst zum Gegenstand eines modernen medienpädagogischen Unterrichts machen.[651] Damit besteht grundsätzlich aus verschiedenen Perspektiven ein Bedürfnis, auch E-Books zu Zwecken der Bildung und Wissenschaft nutzen zu können.

Neben § 46 UrhG (Sammlungen für Kirchen-, Schul- oder Unterrichtsgebrauch) und § 47 UrhG (Schulfunksendungen) kommt in diesem Zusammenhang §§ 60a, 60c UrhG besondere Bedeutung zu. In den §§ 60a, 60c UrhG wurden die gesetzlich erlaubten Nutzungen für Zwecke des Unterrichts und der Lehre sowie für Zwecke der wissenschaftlichen Forschung, die vormals in den §§ 52a, 52b, 53 Abs. 3, 53a Abs. 1 S. 2 UrhG a. F. gestreut waren, durch das

---
648 *De la Durantaye*, S. 67 ff.
649 Sechster Zwischenbericht der Enquete-Kommission »Internet und digitale Gesellschaft«, BT-Drucks 17/12029, S. 23.
650 Sechster Zwischenbericht der Enquete-Kommission »Internet und digitale Gesellschaft«, BT-Drucks 17/12029, S. 14.
651 *Sieber*, MMR 2004, 715; siehe auch Sechster Zwischenbericht der Enquete-Kommission »Internet und digitale Gesellschaft«, BT-Drucks 17/12029, S. 88 ff.

UrhWissG zusammengefasst.[652] Hiermit sollte auf die Vorwürfe reagiert werden, wonach die zuvor geltenden Schrankenbestimmungen zu Zwecken der Bildung und Forschung für den Einsatz neuer Medien ungeeignet waren und der Praxis nur rechtsunsichere und unverständliche Maßstäbe an die Hand gaben.[653]

Auf dieser Grundlage sollen im Folgenden die sich aus den §§ 60a, 60c UrhG ergebenden rechtlichen Möglichkeiten der Nutzung von E-Books für Bildung und Wissenschaft unter Berücksichtigung der tatsächlichen Nutzungsmöglichkeiten genauer beleuchtet werden. § 60a Abs. 1 UrhG erlaubt es Bildungseinrichtungen, 15 % eines Werkes für Lehrende und Teilnehmer der jeweiligen Veranstaltung (Nr. 1), für Lehrende und Prüfer an derselben Bildungseinrichtung (Nr. 2) sowie gegebenenfalls für Dritte (Nr. 3) zu nutzen. Gemäß § 60a Abs. 2 UrhG dürfen darüber hinaus Werke vollständig genutzt werden, sofern es sich um Abbildungen, einzelne Beiträge aus derselben Fachzeitschrift oder wissenschaftlichen Zeitschrift oder sonstige Werke geringen Umfangs oder vergriffene Werke handelt. Wie in § 60a Abs. 1 UrhG ausdrücklich verlangt, muss das Werk auch im Rahmen des Abs. 2 jedenfalls i. S. d. § 6 Abs. 1 UrhG veröffentlicht worden sein, was mit der Eröffnung des Online-Zugriffes auf E-Books der Fall ist.[654]

In ähnlicher Weise erlaubt § 60c Abs. 1 die Vervielfältigung, Verbreitung und öffentliche Zugänglichmachung von bis zu 15 % eines Werkes zum Zweck der nicht kommerziellen wissenschaftlichen Forschung. Für die eigene Forschung können darüber hinaus bis zu 75 % eines Werkes vervielfältigt werden (Abs. 2). Entsprechend § 60a Abs. 2 UrhG können auch hier Werke vollständig genutzt werden, sofern es sich um Abbildungen, einzelne Beiträge aus derselben Fachzeitschrift oder wissenschaftlichen Zeitschrift oder sonstige Werke geringen Umfangs oder vergriffene Werke handelt (§ 60c Abs. 3 UrhG). Anders als für Zwecke des Unterrichts und der Bildung können im Rahmen des § 60c UrhG jedoch auch unveröffentlichte Werke genutzt werden, wodurch etwa die Nutzung von unveröffentlichten Nachlässen ermöglicht wird.[655]

Hinsichtlich des Einsatzes von E-Books für Bildungs- und Forschungszwecke kommt damit eine Nutzung von E-Book-Teilen oder von E-Books geringen Umfangs in Betracht. Dabei stellt sich die Frage, wie der Umfang eines E-Books insgesamt und die Größe eines nutzbaren Teiles festgestellt werden kann und welche Nutzungsmöglichkeiten sich aus den §§ 60a, 60c UrhG für Bildungs- und Forschungszwecke tatsächlich ergeben. Jedenfalls sind E-Books, die für den

---

652 Zum Fortschritt durch das UrhWissG siehe *Schack*, ZUM 2017, 802 (803).
653 Siehe zu den Vorwürfen etwa *de la Durantaye*, S. 191 f.; *Sieber*, MMR 2004, 715 ff.; siehe auch *Maas*, ZUM 2016, 207 (209): »[…] – unverständlicher geht auch einfach nicht mehr.«
654 Siehe oben S. 64.
655 BT-Drucks 18/12329, S. 39.

Unterrichtsgebrauch an Schulen bestimmt sind, von der Privilegierung zu Unterrichts- und Lehrzwecken ausgenommen, § 60a Abs. 3 Nr. 2 UrhG.

A. Nutzung von E-Books geringen Umfangs

Die schon in §§ 52a Abs. 1, 53 Abs. 3 UrhG a. F. vorgesehene Beschränkung der §§ 60a Abs. 2, 60c Abs. 3 UrhG auf Werke geringen Umfangs ist angelehnt an § 46 Abs. 1 S. 1 UrhG,[656] der seinerseits über §§ 19 Nr. 4, 21 Nr. 3 LUG[657] auf § 7 lit. a des Gesetzes vom 11. 6. 1870 betreffend das Urheberrecht an Schriftwerken, Abbildungen, musikalischen Kompositionen und dramatischen Werken[658] zurückgeführt werden kann.[659] Mit Blick auf diesen geschichtlichen Hintergrund werden für die Vorschriften jedenfalls Gedichte,[660] kurze Artikel und Erzählungen, kürzere wissenschaftliche Aufsätze, Liedtexte und Lieder (pauschal) als Werke geringen Umfangs eingeordnet (vgl. §§ 19 Nr. 4, 21 Nr. 3 LUG).[661] Strittig ist die Einordnung von Monografien.[662] Insgesamt sollen Werke nur dann einen geringen Umfang haben, »wenn sie bei einer Gesamtbetrachtung aller möglichen Werke umfänglich zu den Kleinsten gehören«,[663] wobei die konkrete Werkart zu berücksichtigen sei.[664] Diesbezüglich bestand vor allem hinsichtlich Werke der bildenden Kunst und Lichtbildwerke Uneinigkeit. Zum einen wurde vertreten, dass solche Werke stets Werke geringen Umfangs seien, da sie nicht teilbar seien, ohne ihren Sinn und Zweck zu verlieren.[665] Zum anderen wurde nach dem inneren Umfang und damit dem schöpferischen Gehalt des jeweiligen Werkes differenziert.[666] Der Gesetzgeber hat sich in den §§ 60a Abs. 2, 60c Abs. 3

---

656 Siehe BT-Drucks 15/837, S. 34, und BT-Drucks 15/38, S. 21.
657 RGBl. 1901, S. 227; siehe auch *Melichar*, in: Schricker/Loewenheim, UrhR, § 46 Rn. 2.
658 BGBl. des Norddeutschen Bundes 1870, Nr. 19, S. 339.
659 Siehe LUG-Entwurf vom 8. 12. 1900, abgedruckt in *Schulze*, Materialien zum Urheberrechtsgesetz, Bd. 1, S. 138 (144).
660 BGH GRUR 1972, 432 (433) – Schulbuch.
661 *Loewenheim*, in: Schricker/Loewenheim, UrhR, § 53 Rn. 64; BeckOK-UrhR/*Grübler*, § 60a Rn. 20; vgl. zu § 52a UrhG a. F. *Dustmann*, in: Fromm/Nordemann, UrhR, § 52a Rn. 8; *Dreyer*, in: Dreyer/Kotthof/Meckel, UrhR, § 52a Rn. 11; *Hoeren*, ZUM 2011, 369 (371); siehe auch BT-Drucks 18/12329, S. 35.
662 Für die Einordnung als Werk geringen Umfangs siehe BT-Drucks 15/837, S. 34; a. A. *Hoeren*, ZUM 2011, 369 (371); *Dreyer*, in: Dreyer/Kotthof/Meckel, UrhR, § 52a Rn. 11; nunmehr wohl auch BT-Drucks 18/12329, S. 35, wonach ein »Druckwerk« von 25 Seiten noch ein Werk geringen Umfangs ist.
663 *Dustmann*, in: Fromm/Nordemann, UrhR, § 52a Rn. 8; ähnlich auch *Dreyer*, in: Dreyer/Kotthof/Meckel, UrhR, § 52a Rn. 11.
664 *Hoeren*, ZUM 2011, 369 (371).
665 BeckOK-UrhR/*Schulz/Hagemeier*, 18. Ed., § 52a Rn. 9; so auch schon *Ulmer*, UrhR, S. 316.
666 *Dreyer*, in: Dreyer/Kotthof/Meckel, UrhR, § 52a Rn. 12; *Dustmann*, in: Fromm/Nordemann, UrhR, § 52a Rn. 8; *Hoeren*, ZUM 2011, 369 (S. 371); *Oechsler*, GRUR 2006, 205 (207).

UrhG nunmehr der Ansicht angeschlossen, wonach Abbildungen stets Werke geringen Umfangs sind.

Die zwischen den Verwertungsgesellschaften und den Bundesländern geschlossenen Gesamtverträge zur Vergütung von Ansprüchen nach § 52a UrhG (a. F.) für Nutzungen an Schulen (Stand: Februar 2014) sowie zur Einräumung und Vergütung von Ansprüchen nach § 53 UrhG (Stand: Januar 2015) legen zur Bestimmung von Werken geringen Umfangs konkrete Größen fest.[667] Gemäß § 2 Abs. 1 lit. c des Gesamtvertrages zur Vergütung von Ansprüchen nach § 52a UrhG (a. F.) für Nutzungen an Schulen gelten als Werke geringen Umfangs ein Druckwerk mit maximal 25 Seiten bzw. bei Musikeditionen maximal sechs Seiten, Filme und Musikstücke von maximal fünf Minuten Länge sowie alle hierin enthaltenen vollständigen Bilder, Fotos und sonstigen Abbildungen. Ähnlich bestimmt § 4 Abs. 1 lit. b des Gesamtvertrages zur Einräumung und Vergütung von Ansprüchen nach § 53 UrhG als Werke geringen Umfangs Musikeditionen mit maximal sechs Seiten, sonstige Druckwerke mit 25 Seiten sowie alle vollständigen Bilder, Fotos und sonstige Abbildungen.

I. Quantifizierbarkeit von E-Books

Auf dieser Basis ist zu fragen, wann ein E-Book ein Werk geringen Umfangs ist. Die Gesamtverträge zwischen den Verwertungsgesellschaften und den Bundesländern können allenfalls für paginierte E-Books fruchtbar gemacht werden. Für E-Books mit einem sich dynamisch anpassenden Layout können diese aber auch für die Praxis keine Anhaltspunkte liefern. Problematisch ist die Frage vor allem für E-Books, die einen urheberrechtlichen Schutz als Multimediawerk genießen. Die Frage nach der Geringfügigkeit des Umfangs eines Multimediawerkes bleibt auch in der Literatur gänzlich unbeantwortet. Bei einem Multimediawerk stößt bereits die Feststellung seines Umfangs an sich auf Schwierigkeiten, weswegen auch die Formel, wonach Werke dann einen geringen Umfang haben, wenn sie bei einer Gesamtbetrachtung aller möglichen Werken umfänglich zu den Kleinsten gehören, an ihre Grenzen stößt.

Der Umfang soll die absolute Ausdehnung eines Werkes beschreiben,[668] was grundsätzlich sowohl in einer räumlichen als auch einer zeitlichen Dimension erfolgen kann. Eine Quantifizierung des Werkes steht jedoch schon im Ausgangspunkt im Spannungsverhältnis dazu, dass das Werk eine immaterielle Schöpfung und als solche weder räumlich noch zeitlich messbar ist. Für die

---

[667] Beide abrufbar unter: <http://www.bibliotheksverband.de/dbv/vereinbarungen-und-vertraege/urheberrecht-gesamtvertraege.html>.
[668] So schon *Daude*, S. 56.

Bestimmung der Ausdehnung eines Werkes muss daher an die jeweilige wahrnehmbare Formgebung des Werkes angeknüpft werden. Fraglich ist jedoch, an welche quantifizierbare Formgebung angeknüpft werden muss. Deutlich wird diese Problematik auch in § 2 Abs. 1 lit. c des Gesamtvertrages zwischen den Verwertungsgesellschaften und den Bundesländern bezüglich der Vergütung von Ansprüchen nach § 52a UrhG (a. F.). Dieser stellt zwecks der Einordnung eines Musikwerkes als Werk von geringem Umfang einerseits auf die zeitliche Dimension (maximal fünf Minuten) und andererseits auf die räumliche Dimension (maximal sechs Seiten) ab. Für ein Musikwerk werden diese Abgrenzungskriterien jedoch regelmäßig zu unterschiedlichen Ergebnissen führen. Trotz dieser Friktionen bleiben mangels Quantifizierbarkeit des Werkes selbst jedoch nur seine jeweiligen Ausdrucksformen als Anhaltspunkte. Die mit der Abhängigkeit von der konkreten Ausdrucksform einhergehenden Unsicherheiten verschärfen sich bei Multimediawerken, in denen verschiedene Ausdrucksformen zu einer Einheit verschmelzen. Dem Problem der Quantifizierung des Werkes anhand einer Ausdrucksform vorgeschaltet ist hier die Frage, welche der verschiedenen Ausdrucksformen für die Bestimmung des Umfangs maßgeblich ist, die angesichts der Varietät nicht einheitlich beantwortet werden kann.

II. Normative Gesamtbetrachtung

Diese Unsicherheiten verbieten eine generelle Aussage darüber, wann ein Werk solchen geringen Umfangs ist. Die Abhängigkeit von der jeweiligen Ausdrucksform und das Verschmelzen verschiedener Ausdrucksformen kann nur eine normative Betrachtung durch einen Vergleich des Werkes mit sonstigen Werken angemessen einbeziehen. Berücksichtigung muss dabei auch der Zweck der Begrenzung auf Werke geringen Umfangs finden. Parallel zur Nutzung von Werken geringen Umfangs erlauben § 60a Abs. 1 UrhG sowie § 60c Abs. 1 UrhG auch die Nutzung von 15 % eines Werkes für Bildungs- und Forschungszwecke. Die Begrenzung der nutzbaren Werke in §§ 60a Abs. 1, 60c Abs. 1 UrhG dient dazu, einen Ausgleich zwischen dem Interesse an einer sinnvollen Nutzung für die konkreten Bildungs- und Forschungszwecke einerseits und den Ausschließlichkeitsrechten des Urhebers andererseits zu schaffen.[669] Die Nutzung von ganzen Werken (geringen Umfangs) ist ausnahmsweise nur deshalb zulässig, weil eine Nutzung in Teilen angesichts des geringen Umfangs für – die verfassungsrechtlich verankerten – Bildungs- und Forschungszwecke nicht

---

669 BeckOK-UrhR/*Grübler*, § 60a Rn. 1, § 60c Rn. 1.

zielführend ist.⁶⁷⁰ Im Rahmen der normativen Gesamtbetrachtung zur Bestimmung eines Werkes von geringem Umfang ist also zu fragen, ob von dem konkreten Werk ein Teil abgespalten werden kann, der noch eine sinnvolle Nutzung für die nach §§ 60a Abs. 1, 60c Abs. 1 UrhG zulässigen Zwecke gewährleistet. Gleiches gilt zur Bestimmung der Geringfügigkeit des Umfangs von E-Books.

Trotz der hierbei bestehenden Abhängigkeit von der jeweiligen wahrnehmbaren Formgestaltung darf bei der Frage nach der Teilbarkeit jedoch nicht auf die körperliche Festlegung des Werkes abgestellt werden. Würde man die tatsächliche Teilbarkeit des Werkes auf Grundlage seiner körperlichen Fixierung als Maßstab heranziehen, würden vor allem in Bezug auf digital vorliegende Werke technische Begebenheiten und damit gegebenenfalls technische Fertigkeiten des Nutzers über die urheberrechtliche Zulässigkeit der Nutzungshandlung entscheiden. Unabhängigkeit von der tatsächlichen Teilbarkeit eines E-Books⁶⁷¹ ist für seine Einordnung als ein Werk von geringem Umfang daher lediglich nach der Teilbarkeit des Werkes in Abhängigkeit seiner wahrnehmbaren Formgestaltung zu fragen. Eine pauschale Beurteilung von E-Books verbietet sich jedenfalls auch hinsichtlich solcher E-Books, aus denen einzelne Teile faktisch nicht extrahiert werden können.

III. Ergebnis

Die Einstufung eines E-Books als ein Werk von geringem Umfang muss damit aufgrund einer normativen Gesamtbetrachtung erfolgen. Eine Festsetzung einer Größe wie etwa die Seitenzahl in Bezug auf Schriftwerke oder auch die – von der Erscheinungsweise eines Schriftwerkes unabhängige – Größe der Zeichenzahl können daher nicht überzeugen. Auf der Grundlage einer Gesamtbetrachtung ist für einen als Multimediawerk geschützten Inhalt auch nicht nur ein Ausdrucksmittel als das Maßgebliche heranzuziehen, sondern die Einheit aus den verschiedenen Ausdrucksformen. Schließlich liefert jedoch auch die Kontrollfrage, ob sich ein für die Zwecke der §§ 60a Abs. 1, 60c Abs. 1 UrhG sinnvoll nutzbarer Teil aus dem Werk extrahieren lässt, kein trennscharfes Kriterium zur Bestimmung eines Werkes von geringem Umfang.

---

670 Siehe *Dreier*, in: Dreier/Schulze, UrhG, § 46 Rn. 5.
671 Siehe unten S. 169f.

B. Nutzung von E-Book-Teilen

Ist die Nutzung eines E-Books in seiner Gesamtheit aufgrund des Umfangs unzulässig, kommt im Rahmen der §§ 60a, 60c UrhG eine Nutzung von Teilen des E-Books in Betracht.

I. Klarstellung durch das UrhWissG

Anders als noch in den §§ 52a, 53 Abs. 3, 53a Abs. 1 S. 1, 3 UrhG a. F. konkretisieren die §§ 60a, 60c UrhG die nutzbaren Werkteile dahingehend, dass 15 % (§§ 60a Abs. 1, 60c Abs. 1 UrhG) bzw. 75 % (§ 60c Abs. 2 UrhG) für Bildungs- und Forschungszwecke genutzt werden dürfen. Insofern trägt das UrhWissG zur Klärung der konkreten Ausmaße der erlaubten Nutzung von kleinen Teilen eines Werkes (§§ 52a Abs. 1 Nr. 1, 53 Abs. 3 UrhG a. F.) bzw. Teilen eines Werkes (§ 52a Abs. 1 Nr. 2 UrhG a. F.) und ihrer Abgrenzung bei. Eine abstrakte Definition eines kleinen Teiles fiel bis dahin wegen der begrifflichen Unbestimmtheit schwer.[672] Als Höchstgrenze des kleinen Teiles eines Werkes wurden Prozentzahlen zwischen 10 %[673] und 20 %[674] des Gesamtwerkes diskutiert.[675] Auch wurde vertreten, dass sich eine generelle Höchstgrenze verbiete, sondern das Verhältnis vielmehr im Einzelfall wertend festzustellen sei.[676] In Anlehnung an § 2 Abs. 1 lit. a des zwischen den Verwertungsgesellschaften und den Bundesländern geschlossenen Gesamtvertrages zur Vergütung von Ansprüchen nach § 52a UrhG (a. F.) für Nutzungen an Schulen[677] nahm der BGH eine Höchstgrenze von 12 % für Sprachwerke an.[678] Um einen Abstand zu kleinen Teilen eines Werkes zu gewährleisten, wurde für die Bestimmung eines Werkteiles ein

---

672 *Hoeren*, ZUM 2011, 369.
673 In der Tendenz *Loewenheim*, in: Schricker/Loewenheim, UrhR, § 53 Rn. 55, unter Bezug auf OLG Karlsruhe GRUR 1978, 818 (820) – Referendarkurs, wonach jedenfalls 10 % des Gesamtwerkes ein kleiner Teil ist.
674 *Haberstumpf*, Hdb. d. UrhR, Rn. 345; siehe auch der Vorschlag vom *Börsenverein des Deutschen Buchhandels*, Kopierrecht, S. 59, für die Neuregelung des § 53 UrhG.
675 Siehe auch *Dreyer*, in: Dreyer/Kotthof/Meckel, UrhR, § 53 Rn. 85.
676 BeckOK-UrhR/*Grübler*, § 53 Rn. 29; *Dustmann*, in: Fromm/Nordemann, UrhR, § 52a Rn. 7; *Lüft*, in: Wandtke/Bullinger, UrhR, § 52a Rn. 5; *Dreier*, in: Dreier/Schulze, UrhG, § 53 Rn. 33; *Hoeren*, ZUM 2011, 369 (370).
677 Abrufbar unter: <http://www.bibliotheksverband.de/dbv/vereinbarungen-und-vertraege/urheberrecht-gesamtvertraege.html>, so auch § 3 Abs. 1 lit. a des Rahmenvertrages der VG Wort zur Vergütung von Ansprüchen nach § 52a UrhG bei Schriftwerken (Hochschulen), Stand: Oktober 2016, a. a. O.
678 BGH GRUR 2014, 549 Rn. 27 – Meilensteine der Psychologie.

großzügigerer Maßstab angelegt.⁶⁷⁹ Indem der Gesetzgeber von der noch im Referentenentwurf zum UrhWissG ursprünglich vorgesehenen Nutzung von 25 % eines Werkes Abstand genommen hat,⁶⁸⁰ reiht sich die Begrenzung auf die Nutzbarkeit von 15 % eines Werkes nunmehr in die Mitte der Werte ein, die allein für die kleinen Werkteile diskutiert wurden. Im Hinblick auf die bis dahin vorgesehene Nutzung von Teilen eines Werkes wird der Umfang der zulässigen Werknutzung mithin eingeschränkt.

Wegen der funktionellen Äquivalenz ist auch der Umfang eines kleinen Teiles im Rahmen des § 53 Abs. 2 S. 1 Nr. 4 lit. a UrhG zukünftig am Maßstab der §§ 60a Abs. 1, 60c Abs. 3 UrhG zu messen.⁶⁸¹ Hintergrund der Begrenzung der Nutzbarkeit von Teilen eines Werkes ist in beiden Fällen, dass einerseits die wirtschaftlichen Interessen des Urhebers durch die Nutzung von Werkteilen nur begrenzt beeinträchtigt werden, andererseits dem Nutzer wirtschaftlich nicht zugemutet werden kann, das ganze Werk zu erwerben, obwohl er nur Teile aus dem Werk benötigt.⁶⁸² Der gesetzlich festgelegte Interessenausgleich mittels einer Grenze von 15 % des Gesamtwerkes muss daher einheitlich gelten.

II. Absolute Höchstgrenze

Auch mit Einführung der §§ 60a, 60c UrhG bleibt aber unklar, ob für die Nutzung von Werkteilen eine absolute Höchstgrenze gilt. Für die Zugänglichmachung eines kleinen Teiles eines Werkes zur Veranschaulichung im Unterricht an einer Hochschule gemäß § 52a Abs. 1 Nr. 1 UrhG a. F. hat der BGH eine absolute Höchstgrenze von 100 Seiten postuliert, wobei er sich ausdrücklich nur auf Sprachwerke bezieht.⁶⁸³ Der Bezug zur Paginierung zeigt, dass der BGH sein Augenmerk auf Werke in analoger Form richtet. Die angenommene absolute Höchstgrenze stößt im digitalen Bereich schon dort an die Grenzen, wo es an einer Paginierung fehlt. Dies ist gerade bei den (üblichen) E-Books mit einem sich dynamisch anpassenden Layout der Fall. Die auf HTML basierende Strukturierung des Textes ermöglicht hier eine Skalierung nach individuellem Bedarf. Diesem Umstand Rechnung tragend, wird daher eine maximale Be-

---

679 *Lüft*, in: Wandtke/Bullinger, UrhR, § 52a Rn. 13; *Loewenheim*, in: Schricker/Loewenheim, UrhR, § 52a Rn. 15.
680 Siehe *de la Durantaye*, GRUR 2017, 558 (564).
681 Zur funktionalen Äquivalenz der Begrenzung der Werknutzung siehe *Hoeren*, ZUM 2011, 369; zum Verhältnis von § 52a Abs. 1 UrhG a. F. und § 53 Abs. 3 Nr. 1 UrhG a. F. siehe auch BT-Drucks 15/837, S. 34.
682 BT-Drucks IV/270, S. 73.
683 BGH GRUR 2014, 549 Rn. 28 – Meilensteine der Psychologie.

grenzung nach Wort- oder Zeichenzahl gefordert,[684] was jedenfalls bei Sprachwerken eine variable Gestaltung überwinden kann.

Die Forderung einer absoluten Höchstgrenze entbehrte jedoch bereits im Rahmen des § 52a Abs. 1 Nr. 1 UrhG a. F. insgesamt einer gesetzlichen Grundlage. Sie entspringt dem Gedanken, dass besonders umfangreiche Werke insofern geschützt sein müssen, als ein relativ kleiner Teil des Werkes absolut betrachtet den Rechteinhaber unangemessen benachteiligen würde.[685] Es soll verhindert werden, dass etwa »ganze Bände eines mehrbändigen Geschichtswerks oder Kommentars«[686] öffentlich zugänglich gemacht werden könnten.[687] Insofern wird aber zur Bestimmung des kleinen Teiles nicht das Werk an sich, sondern vielmehr ein konkretes Vervielfältigungsstück als Maßstab herangezogen, das jedoch gegebenenfalls auch eine Mehrzahl verschiedener Werke enthalten kann.[688] Gerade die möglichen Unterschiede in der Erscheinungsweise eines Werkes in analoger und digitaler Form zeigen, dass grundsätzlich auf die geistige Wesenheit abgestellt werden muss, um jeweils zu gleichen Ergebnissen zu kommen. Mit den Schwierigkeiten bei der konkreten Quantifizierung eines Werkes[689] gehen hier jedoch Friktionen bei der Festlegung von absoluten Grenzwerten einher.

Zudem steht die Relativität des kleinen Teiles in Abhängigkeit vom Gesamtwerk einer absoluten Höchstgrenze entgegen. Die Festlegung von starren Grenzwerten begründet unabhängig von ihrem konkreten Wert rechtsstaatliche Bedenken, da sie auch nach dem UrhWissG ohne gesetzlichen Niederschlag beliebig sind. §§ 60a, 60c UrhG kann eine absolute Höchstgrenze nicht entnommen werden.

III. Bestimmung des nutzbaren Teiles

Damit ist der zulässige Umfang der Werknutzung von 15 % (§§ 60a Abs. 1, 60c Abs. 1 UrhG) bzw. 75 % (§ 60c Abs. 2 UrhG) in jedem Fall mittels der Relation von Werkteil zum Gesamtwerk zu beurteilen. Es bedarf dafür der Feststellung des tatsächlichen Verhältnisses zwischen Gesamtwerk und zu nutzendem Werkteil. Das Verhältnis kann dabei umso genauer bestimmt werden, je kleiner

---

684 *Stieper*, ZUM 2014, 532 (533); so auch *Wandtke*, GRUR 2015, 221 (224); für das Abstellen auf die Zeichenzahl schon *Rauer*, GRUR Prax 2012, 226 (227).
685 BGH GRUR 2014, 549 Rn. 28 – Meilensteine der Psychologie.
686 BGH GRUR 2014, 549 Rn. 28 – Meilensteine der Psychologie.
687 So auch schon BGH GRUR 2013, 1220 Rn. 38 – Gesamtvertrag Hochschul-Intranet.
688 Zur Differenzierung zwischen Werk und Werkverkörperung auch *Wandtke*, NJW 2018, 1129 (1134).
689 Siehe oben S. 162 f.

die gemessenen Einheiten sind. Bei digital vorliegenden Werken könnte daher auf die Bits abzustellen sein, die als kleinste Einheit lediglich zwei verschiedene Zustände haben können.[690] Damit würde jedoch nicht das Werk an sich zur Bemessungsgrundlage zur Bestimmung nutzbaren Werkteiles gemacht, sondern die jeweilige Datei, in der das Werk digital eingebunden ist. Die Datei besteht aber neben dem Content auch aus Steueranweisungen und sonstigen Informationen, die lediglich für die Verarbeitung der Datei relevant werden. Das Verhältnis von Gesamtwerk und Werkteil kann somit nicht mit dem Verhältnis von Gesamtdatei und »Dateiteil« gleichgesetzt werden. Insofern ist das Verhältnis zwischen Datei und Content mit der Situation bei einem Buch und seinem Verhältnis zum darin enthaltenen Sprachwerk vergleichbar. »[A]us Gründen der Praktikabilität« hat der BGH aber gerade hier entschieden, dass für die Bestimmung des Gesamtumfangs des Werkes auch »Inhaltsverzeichnis, Vorwort, Einleitung, Literaturverzeichnis, Namensregister und Sachregister« heranzuziehen, hingegen Leerseiten und Seiten, die nicht überwiegend aus Text bestehen, außer Acht zu lassen sind.[691] Auch hier nimmt der BGH damit nicht das Werk an sich zum Maßstab, sondern stellt auf das Trägermedium (hier: Buch) ab.

Dabei ist jedoch schon grundsätzlich zweifelhaft, das Trägermedium zum Gegenstand der Beurteilung zu machen. Die Festlegung eines Werkes in einer Datei ist wie auch bei einem körperlichen Trägermedium beliebig.[692] So wie der Umfang eines Buches durch das jeweilige Seitenlayout bedingt wird,[693] hängt auch die Dateigröße wesentlich von der konkreten Codierung ab. Sowohl das Dateiformat als auch das Seitenlayout eines Buches stehen zudem häufig außerhalb der Disposition des Urhebers (des Sprachwerkes). Vielmehr übernehmen regelmäßig Verlage die jeweilige äußere Gestaltung des Buchinhaltes sowie die Wahl des Dateiformates zum Vertrieb. Die Bestimmung des nutzbaren Werkteiles gestaltet sich mit der Bezugnahme auf das Trägermedium also insoweit sowohl für den Urheber als auch für den Nutzer als zufällig. Bei digital vorliegenden Werken kommt hinzu, dass die kraft Gesetzes zulässige Konvertierung in ein anderes Trägermedium[694] im Wege einer zulässigen Vervielfältigungshandlung jedenfalls bei den offenen Standards leicht durch entsprechende Computerprogramme möglich ist. Die Begrenzung auf einen nutzbaren Werkteil gemäß §§ 60a, 60c UrhG würde mit der Bezugnahme auf das Trägermedium folglich in das Belieben des Nutzers gestellt und so seinen Sinn verfehlen.

---

690 Siehe oben S. 35.
691 BGH GRUR 2014, 549 Rn. 29 – Meilensteine der Psychologie.
692 Zu den verschiedenen Ausgaben von Verlagserzeugnissen siehe *Stieper*, ZUM 2014, 532 (533).
693 *Kuhlen*, ZGE 2015, 77 (103).
694 Siehe oben S. 93 und S. 155f.

Maßgeblich muss damit das Werk an sich unabhängig von seinem Trägermedium sein, wobei wiederum auf die konkrete Ausdrucksform abzustellen ist. Dies ermöglicht auch eine Bestimmung des nutzbaren Werkteiles, der im analogen und digitalen Format identisch ist.

Als kleinste messbare Einheit ist bei Sprachwerken das einzelne Zeichen auszumachen. Mittels der Zeichenzahl kann damit am genausten das Verhältnis zwischen nutzbarem Werkteil und Gesamtwerk bestimmt werden. Bei Multimediawerken lassen sich kleinste messbare Einheiten, aus denen sich das Werk zusammensetzt, aber nicht ausmachen. Vielmehr verschmelzen verschiedene Ausdrucksarten zu einer neuen Einheit, sodass das Multimediawerk nicht in einzelne Messgrößen auf Ebene der Ausdrucksmittel zerlegt werden kann. Messbare Größen könnten sich bei multimedialen und interaktiven E-Books allenfalls aus der äußerlichen Gestaltung des Contents ergeben. Die Gestaltung eines Medienproduktes ist grundsätzlich ein Kriterium zur Bestimmung der Buchnähe und damit zur Feststellung des Vorliegens eines E-Books.[695] Ein E-Book ist damit regelmäßig wie ein analoges Buch etwa in Kapitel oder durch Überschriften gegliedert. Zudem kann der E-Book-Content im Einzelfall äußerlich durch Positionsnummern in messbare Größen zerlegt werden. Eine solche buchnahe Gestaltung kann damit auch zur Bestimmung des kleinen Teiles eines multimedialen und interaktiven E-Books dienen. Als maßgebliche Größen können dabei jedoch nur solche Einheiten herangezogen werden, die dem Werk immanent und damit unabhängig von Dateiformat oder sonstiger Erscheinungsweise sind. Insofern steht die Feststellung des Verhältnisses von Werkteil zum Gesamtwerk dennoch in Abhängigkeit von der äußeren Gestaltung des konkreten Werkes. Dies zeigt, dass aufgrund der fehlenden Messbarkeit des Werkes an sich bzw. bestehender Unsicherheiten bei der Quantifizierung anhand seiner Ausdrucksformen[696] der konkret nutzbare Werkteil im Einzelfall letztlich nur normativ bestimmbar ist.

IV. Praktische Umsetzungsmöglichkeiten

Auf dieser Grundlage ist auch bei multimedialen und interaktiven E-Books ein nach §§ 60a, 60c UrhG nutzbarer Werkteil zu bestimmen. Allerdings ergeben sich in tatsächlicher Hinsicht beachtliche Hürden für die Nutzung von Werkteilen eines (multimedialen und interaktiven) E-Books. Wegen der leichten Kopierbarkeit digitaler Güter wird das E-Book in der Regel in seiner Gesamtheit

---
695 Siehe oben S. 31 ff.
696 Siehe oben S. 162 f.

vervielfältigt bzw. öffentlich zugänglich gemacht.[697] Im digitalen Bereich stellt das Extrahieren eines Werkteiles im Vergleich zur identischen Vervielfältigung eines Werkes anders als bei Werken in analoger Form regelmäßig einen Mehraufwand dar. Dies wird durch die jeweilige Dateistruktur bedingt, die bei der bloßen Vervielfältigung übernommen werden kann (angesichts einer möglichen Konvertierung in ein anderes Dateiformat jedoch nicht übernommen werden muss). Soll lediglich ein Teil des Contents extrahiert werden, bedarf es auf der Computerebene regelmäßig einer Umstrukturierung der Datei. Dies ist durch das Container-Format als ein maßgebliches Strukturmerkmal für E-Book-Dateien bedingt. Sowohl die speziellen E-Book- als auch PDF-Dateien sind Container-Dateien,[698] weshalb sie eine Vielzahl von einzelnen Dateien unterschiedlicher Formate enthalten. Gleiches gilt für Apps (oder sonstige Computerprogramme), die verschiedene, untereinander vernetzte Module enthalten.[699] Um den Content in Teile zu separieren, müssen daher einzelne, für den konkreten Ausschnitt nötige Einzeldateien aus der Container-Datei neu zusammengestellt werden.

Für den Nutzer lässt sich dies grundsätzlich über zwei Wege bewerkstelligen. Zunächst kann das jeweilige Programm zur Verarbeitung des E-Books eine dementsprechende Funktion bereitstellen, womit sich unmittelbar auf der Nutzerebene ein Auszug des E-Book-Contents erstellen lässt. Dies ist bei den einschlägigen Programmen allerdings nur für PDF-Dateien möglich. Eine Verarbeitung von Teilen eines E-Books ist daneben nur hinsichtlich des ibooks-Formates insoweit möglich, als das Ausdrucken von beliebigen Auszügen gewährleistet wird.[700] Eine digitale Vervielfältigung von Auszügen unmittelbar durch die für das Lesen von E-Books bestimmten Programme ist darüber hinaus nicht vorgesehen. Zum anderen könnte ein Teil eines E-Book-Contents auch manuell aus der Computerebene extrahiert werden. Ein solches Vorgehen ist für den Nutzer allerdings sehr umständlich und daher (auch angesichts der leichten Kopierbarkeit der gesamten Datei) unattraktiv. Zudem erfordert es grundsätzlich, dass die Computerebene auch zugänglich ist. Gerade dies ist aber bei den proprietären Kindle-Formaten und dem ibooks-Format nicht der Fall. Bereits unabhängig von besonderen technischen Schutzmaßnahmen besteht damit eine faktische Hürde für das Extrahieren von Teilen aus dem E-Book.

Die praktischen Umsetzungsmöglichkeiten für die Nutzungsbefugnisse gemäß §§ 60a, 60c UrhG (sowie § 53 Abs. 2 S. 1 Nr. 4 lit. a UrhG) in Bezug auf E-Books sind damit stark eingeschränkt.

---

697 *Ganzhorn*, S. 259; *Graef*, Rn. 252.
698 Siehe oben S. 38 ff.
699 Siehe oben S. 42 f.
700 <https://support.apple.com/kb/PH2811?locale=de_DE&viewlocale=de_DE>.

C. Hybride E-Books

Fraglich ist, ob und inwieweit auch hybride E-Books in den Anwendungsbereich der §§ 60a, 60c UrhG fallen. Entscheidend ist hierfür zunächst die Rechtslage in Bezug auf Computerprogramme. Die für Computerprogramme geltenden speziellen Schranken gemäß §§ 69d, 69e UrhG enthalten keine Regelungen bezüglich Nutzungshandlungen zu Bildungs- und Forschungszwecken, sodass die Anwendung der §§ 60a, 60c UrhG auch für reine Computerprogramme gemäß § 69a Abs. 4 UrhG grundsätzlich möglich ist. Sowohl zu Bildungs- als auch zu Forschungszwecken ist die Nutzung von Computerprogrammen vor allem im Bereich der Informatik unerlässlich.[701] Die Nichtanwendbarkeit der §§ 60a, 60c UrhG auf Computerprogramme führte daher weitestgehend zu einem Ausschluss eines gesamten Fachbereiches von den Privilegierungen zu Bildungs- und Forschungszwecken, was nicht zu überzeugen vermag. Zudem droht dem Rechteinhaber durch die prozentuale Begrenzung der nutzbaren Teile des Computerprogrammes in den §§ 60a, 60c UrhG regelmäßig kein wirtschaftlicher Verlust, da Computerprogramme in Teilen typischerweise nicht ablauffähig sind.[702] Der dem Rechtsschutz von Computerprogrammen zugrundeliegende Gedanke des Investitionsschutzes (vgl. ErwGr 2, 3 RL 2009/24/EG)[703] wird daher durch die Anwendung der §§ 60a, 60c UrhG nur unwesentlich beeinträchtigt. Die dargestellten teleologischen Erwägungen rechtfertigen damit eine Anwendung der §§ 60a, 60c UrhG auch auf Computerprogramme, womit die Privilegierung hybrider Werke zu Bildungs- und Forschungszwecken einhergeht.

Über die grundsätzlichen Erwägungen der einheitlichen Behandlung von E-Books aufgrund ihrer kulturellen Bedeutung[704] hinaus spricht für die Geltung der §§ 60a, 60c UrhG jedenfalls für hybride E-Books auch eine grundrechtskonforme Auslegung. §§ 60a, 60c UrhG privilegieren urheberrechtliche Nutzungshandlungen zu Bildungs- und Forschungszwecken, die verfassungsrechtlich durch die Informationsfreiheit (Art. 5 Abs. 1 S. 1 GG), die Wissenschaftsfreiheit (Art. 5 Abs. 3 S. 1 GG), das Kulturstaatsprinzip sowie den anerkannten Allgemeinwohlzweck der Schulbildung gesichert sind.[705] Auch im Rahmen der Unionsgrundrechte[706] ist der Schutz des Urhebers gemäß Art. 17 Abs. 2 GrCh

---

701 Zur Anwendbarkeit des § 52a UrhG a. F. im Hinblick auf den Informatikunterricht siehe *Loewenheim/Spindler*, in: Schricker/Loewenheim, UrhR, § 69a Rn. 25; für die Anwendbarkeit des § 52a UrhG a. F. auf Computerprogramme auch *Grützmacher*, in: Wandtke/Bullinger, UrhR, § 69a Rn. 75; BeckOK-UrhR/*Kaboth/Spies*, § 69d Rn. 2.
702 *Grützmacher*, in: Wandtke/Bullinger, UrhR, § 69a Rn. 75.
703 Siehe auch oben S. 97 f.
704 Siehe oben S. 97 f.
705 Siehe BT-Drucks 18/12329, S. 26.
706 Zur Anwendbarkeit der Unionsgrundrechte siehe *Melichar/Stieper*, in: Schricker/Loewenheim, UrhR, Vor §§ 44a ff. Rn. 32.

mit der Kunst- und Forschungsfreiheit (Art. 13 GrCh) sowie der Meinungs- und Informationsfreiheit (Art. 11 GrCh) abzuwägen.[707] Durch die genannten grundrechtlichen Positionen wird jedenfalls in gewissem Umfang die Zugänglichkeit zu Informationen unter zumutbaren Bedingungen gewährleistet.[708] Sowohl Bildungs- als auch Forschungszwecke erfordern dabei die Nutzung zeitgemäßer Informationsquellen.[709] Auch die grundrechtliche Perspektive spricht daher gegen eine Behandlung hybrider Werke nach den Sondervorschriften gemäß §§ 69a ff. UrhG, die keine Privilegierungen für die Nutzung von Computerprogrammen für Bildungs- und Forschungszwecke enthalten. Die Nutzung hybrider E-Books ist vielmehr nach §§ 60a, 60c UrhG zu beurteilen. Wie auch bei sonstigen Werken ist der Bestimmung des nutzbaren Teiles sowie der Beurteilung, ob ein Werk geringen Umfangs vorliegt, das hybride E-Book als Gesamtwerk zugrunde zu legen.

D. Zusammenfassung

Bezüglich der Nutzung von urheberrechtlich geschütztem Material für Bildungs- und Forschungszwecke gemäß §§ 60a, 60c UrhG zeigt eine genaue Betrachtung, dass für eine zulässige Nutzung von E-Books trotz der multimedialen und interaktiven Gestaltungsspielräume und dem damit verbundenen Mehrwert im Vergleich zu gedruckten Büchern nur ein geringer Platz besteht. Unabhängig davon, ob ein E-Book mittels eines Computerprogrammes umgesetzt wird, stellen die Tatbestandsmerkmale der §§ 60a, 60c UrhG trotz der Technologieneutralität ihres Wortlauts beachtliche Hürden für die Nutzung von E-Books dar.

Obgleich der Umfang einer zulässigen Werknutzung durch das UrhWissG konkretisiert wurde, scheidet eine Nutzung regelmäßig deswegen aus, weil E-Book-Inhalte faktisch nicht extrahiert werden können. Ihre technische Ausgestaltung auf digitaler Basis verhindert in großem Umfang den Zugriff auf die Computerebene und macht den Nutzer damit von den vorgegebenen Funktionen der Nutzerebene abhängig, die eine separate Speicherung von Teilen des Inhaltes jedoch nur eingeschränkt vorsieht. Zwar verbleibt stets die Möglichkeit der manuellen Reproduktion der jeweiligen Werkteile (etwa in Form des Abschreibens), sodass keine unbedingte Abhängigkeit der Werknutzung von der konkreten technischen Gestaltung des zu nutzenden Vervielfältigungsstückes besteht. Aufgrund des mit einer manuellen Vervielfältigung einhergehenden

---

707 *De la Durantaye*, S. 50.
708 *Fechner*, S. 339, 349, 360.
709 Vgl. BVerfG GRUR 1972, 481 (484) – Kirchen- und Schulgebrauch, wonach »die Allgemeinheit ein bedeutsames Interesse daran [hat], dass die Jugend im Rahmen eines gegenwartsnahen Unterrichts mit dem Geistesschaffen vertraut gemacht wird.«

Aufwandes wird dieser eingeschränkte Anwendungsbereich dem Zweck der durch das UrhWissG eingeführten Vorschriften, den Einsatz moderner Medien für Forschungs- und Bildungszwecke zu erleichtern,[710] allerdings nicht gerecht. Hinsichtlich der Beschränkung auf einen Werkteil sind die §§ 60a, 60c UrhG daher insoweit technologieabhängig. Dies lässt sich darauf zurückführen, dass auch das moderne Werkschaffen nicht technologieneutral erfolgt; multimediale und interaktive Werke basieren auf einem digitalen Umfeld.

Damit verbleibt im Rahmen der §§ 60a, 60c UrhG für E-Books regelmäßig allein die Frage, ob sie als Werke von geringem Umfang genutzt werden können. Hier ist eine normative Gesamtbetrachtung anzustellen, womit für die Praxis jedoch schwierig zu beurteilen sein wird, wann ein E-Book ein Werk von geringem Umfang ist. Die Nutzung bleibt damit im Einzelfall risikobehaftet, was jedoch nicht für den Fall der Nutzung von E-Books vorbehalten ist. Allerdings bestehen für sämtliche E-Books ohne feste Paginierung auch keine Anhaltspunkte in den Gesamtverträgen der Länder mit den Verwertungsgesellschaften. Diese Rechtsunsicherheit bildet damit eine weitere Hürde für die Nutzung von modernen Lernmedien.[711]

Die Nutzung von E-Books als Lehr- und Lernmedium ist trotz des technisch ermöglichten didaktischen Mehrwertes damit stark eingeschränkt. Gleichzeitig wird jedenfalls erschwert, dass moderne Medien selbst zum Gegenstand der Medienerziehung zwecks Förderung der Medienkompetenz gemacht werden.

---

710 BT-Drucks 18/12329, S. 20, 28, 25.
711 Sowohl der Vorschlag für eine Allgemeine Bildungs- und Wissenschaftsschranke von *de la Durantaye*, S. 228f., als auch von *Schack*, ZUM 2016, 266 (277), verzichten daher auf eine Differenzierung von (kleinen) Teilen eines Werkes und Werken geringen Umfangs. Der Nutzungsumfang ist jedoch durch die Gebotenheit bzw. den jeweiligen Zweck beschränkt, kritisch dazu *Kuhlen*, ZGE 2015, 77 (102).

8. Kapitel: Auswirkungen technischer Schutzmaßnahmen auf die E-Book-Nutzung

A. Umgehungsverbot

Obwohl die kraft Gesetzes eingeräumten Möglichkeiten der Nutzung von E-Books im Vergleich zum analogen Buch eingeschränkt sind, sieht das Urheberrecht dennoch gesetzliche Privilegierungen vor, durch die das öffentliche Interesse an der Nutzung von elektronischen Büchern jedenfalls zum Teil Berücksichtigung finden kann. Die eingeräumten Befugnisse stehen dabei jedoch unter der Prämisse, dass eine Nutzung technisch überhaupt möglich ist. Dies kann aber bereits durch die Verwendung technischer Schutzmaßnahmen i. S. d. § 95a Abs. 2 S. 1 UrhG eingeschränkt sein, mittels derer der Rechteinhaber die Möglichkeiten der E-Book-Nutzung in tatsächlicher Hinsicht vorgeben kann. Gemäß § 95a Abs. 1 UrhG dürfen solche technischen Schutzmaßnahmen nicht ohne Zustimmung des Rechteinhabers umgangen werden.

Fraglich ist, ob Gleiches auch für hybride E-Books gilt. Gemäß § 69a Abs. 5 UrhG findet § 95a UrhG auf Computerprogramme keine Anwendung. Im Hinblick auf hybride E-Books ist daher zu fragen, ob der Grundsatz des Umgehungsverbotes gemäß § 95a Abs. 1 UrhG oder die Ausnahme hiervon nach § 69a Abs. 5 UrhG den rechtlich engeren Bezug aufweist.[712] Für die Anwendbarkeit der allgemeinen Regelungen inklusive des Verbotes der Umgehung technischer Schutzmaßnahmen spricht, dass § 69a Abs. 5 UrhG die Anwendbarkeit des § 95a UrhG für Computerprogramme vor allem mit Blick auf § 69d Abs. 2 UrhG ausschließt.[713] Aus § 69d Abs. 2 UrhG folgt zunächst, dass die Erstellung einer Sicherungskopie durch eine Person, die zur Benutzung des Programmes berechtigt ist, nicht vertraglich untersagt werden darf, wenn die Kopie für die Sicherung der künftigen Benutzung erforderlich ist. Entgegenstehende vertragliche Bestimmungen sind gemäß § 69g Abs. 2 UrhG nichtig. Damit die

---

712 Siehe oben S. 98ff.
713 *Dreier*, in: Dreier/Schulze, UrhG, § 69a Rn. 35; *Grützmacher*, in: Wandtke/Bullinger, UrhR, § 69a Rn. 81.

Möglichkeit der Erstellung einer Sicherungskopie darüber hinaus auch gegen technische Schutzmaßnahmen durchgesetzt werden kann, ist anerkannt, dass der rechtmäßige Programmnutzer zudem einen Anspruch auf Lieferung einer Sicherungskopie oder auf Entfernung des Kopierschutzmechanismus hat.[714] Insgesamt stünde die Geltung des § 95a UrhG für Computerprogramme damit im Widerspruch zu einer gleichzeitigen Befugnis zur Erstellung einer Sicherungskopie eines Computerprogrammes.

Für hybride E-Books findet § 69d Abs. 2 UrhG wie festgestellt aber gerade keine Anwendung,[715] womit Friktionen zwischen der Zulässigkeit der Herstellung einer Sicherungskopie und dem Verbot der Umgehung technischer Schutzmaßnahmen nicht entstehen. Vielmehr folgt aus der Geltung des § 53 Abs. 1, 2 UrhG für hybride E-Books, dass auch die Grenzen der Privatkopie einheitlich für sämtliche E-Books gelten müssen.[716] Bei der Nutzung von E-Books gilt damit insgesamt, dass technische Schutzmaßnahmen nicht umgangen werden dürfen, § 95a Abs. 1 UrhG.

Der Einsatz technischer Schutzmaßnahmen bei E-Books entspricht der üblichen Praxis. Rechteinhaber versehen E-Books im PDF oder ePUB-Format regelmäßig mit einem Kopierschutz, mit dem kraft einer Authentifizierung des Nutzers das E-Book einer Person individuell zugeordnet wird.[717] In ähnlicher Weise unterliegen auch E-Books im ibooks-Format sowie in den Kindle-Formaten einem DRM, wodurch das E-Book nur durch einen konkreten Nutzer und nur auf den jeweiligen Endgeräten von *Apple* bzw. *Amazon* genutzt werden kann.[718] Allerdings werden E-Books auch zunehmend lediglich mit einem sog. weichen Kopierschutz (etwa in Form digitaler Wasserzeichen)[719] oder sogar ohne technische Schutzmaßnahmen vertrieben. So verzichten zahlreiche Verlage wie beispielsweise der *Bastei Lübbe Verlag*[720] oder der *O'Reilly Verlag*[721] auf den Einsatz von DRM.[722] Darüber hinaus sind E-Books als Pflichtexemplare ebenfalls ohne technische Schutzmaßnahmen an die jeweiligen Bibliotheken

---

714 *Loewenheim/Spindler*, in: Schricker/Loewenheim, UrhR, § 69d Rn. 20; BeckOK-UrhR/ *Kaboth/Spies*, § 69d Rn. 14; *Czychowski*, in: Fromm/Nordemann, UrhR, § 69d Rn. 26; *Dreier*, in: Dreier/Schulze, UrhG, § 69d Rn. 19; a. A. *Marly*, Praxishandbuch Softwarerecht, Rn. 1584.
715 Siehe oben S. 93 ff.
716 Zum Verhältnis von § 53 UrhG zum Einsatz technischer Schutzmaßnahmen siehe *Loewenheim*, in: Schricker/Loewenheim, UrhR, § 53 Rn. 3; *Wirtz*, in: Fromm/Nordemann, UrhR, § 53 Rn. 3.
717 *Graef*, Rn. 260.
718 *Graef*, Rn. 261 f.
719 *Graef*, Rn. 263.
720 <https://www.luebbe.de/bastei-entertainment>.
721 *O'Reilly Verlag*, Was darf ich mit dem E-Book vom oreilly.verlag tun (DRM, Kopierschutz)?, <https://www.oreilly.de/faq.php>.
722 Siehe auch eine Auflistung verschiedener Verlage bei *Graef*, Rn. 268.

abzuliefern.[723] Die Nutzung eines E-Books innerhalb der urheberrechtlichen Vorschriften ist damit nicht per se aufgrund eines technisch vermittelten Schutzes ausgeschlossen.

B. Durchsetzbarkeit der Schrankenbestimmungen

Auch in den Fällen, in denen ein E-Book mit einem technischen Kopierschutz vertrieben wird, muss eine gesetzlich privilegierte Nutzung jedoch nicht ausgeschlossen bleiben. Vor allem für die untersuchten Vorschriften betreffend die Nutzung von E-Books durch Bibliotheken (§ 60e UrhG) und für Zwecke der Bildung und Wissenschaft (§§ 60a, 60c UrhG) sieht § 95b Abs. 1 S. 1 UrhG die Durchsetzbarkeit der Schrankenbestimmungen gegenüber den technischen Schutzmaßnahmen vor. Soweit die durch die jeweiligen Bestimmungen Begünstigten rechtmäßig Zugang zu dem Werk haben, hat der Rechteinhaber diesen die notwendigen Mittel zur Verfügung zu stellen, um von den Schranken in dem erforderlichen Maße Gebrauch machen zu können. Einschränkungen ergeben sich lediglich für die Nutzung von Werken an Terminals in Bibliotheken gemäß § 60e Abs. 4 UrhG, vgl. § 95b Abs. 1 S. 1 Nr. 12 UrhG. Bedingt durch den unionsrechtlichen Ursprung des § 95b Abs. 1 UrhG in Art. 6 Abs. 4 Uabs. 1 RL 2001/29/EG, der eine Durchsetzung der Terminal-Schranke nach Art. 5 Abs. 3 lit. n RL 2001/29/EG gegenüber technischen Schutzmaßnahmen nicht vorsieht, bleibt es hier dabei, dass eine Nutzung von E-Books an elektronischen Leseplätzen von Bibliotheken nicht gegenüber technischen Schutzmaßnahmen durchgesetzt werden kann. Dies ist für die Rechteinhaber vor allem im Hinblick auf die zahlenmäßig unbegrenzte Zulässigkeit der Werknutzung gemäß § 60e Abs. 4 UrhG von Vorteil.[724] Im Ergebnis können Rechteinhaber damit unterbinden, dass Bibliotheken nur ein E-Book erwerben, dieses aber unbeschränkt mittels elektronischer Leseplätze in ihren Räumen den Bibliotheksnutzern zur Verfügung stellen. Schließlich kann auch die grundsätzliche Zulässigkeit der digitalen Privatkopie aufgrund der Beschränkung des § 95b Abs. 1 S. 1 Nr. 6 lit. a UrhG auf den Bereich der Reprografie nicht gegenüber technischen Schutzmaßnahmen durchgesetzt werden.

---

723 Siehe oben S. 122.
724 Siehe oben S. 125 f.

C. Relevanz des Online-Vertriebs

I. Ausschluss der Durchsetzbarkeit der Schrankenbestimmungen

Nach § 95b Abs. 3 UrhG können die zur rechtmäßigen Nutzung notwendigen Mittel vom Rechteinhaber allerdings dann nicht verlangt werden, soweit Werke der Öffentlichkeit aufgrund einer vertraglichen Vereinbarung in einer Weise zugänglich gemacht werden, dass sie Mitgliedern der Öffentlichkeit von Orten und zu Zeiten ihrer Wahl zugänglich sind. Dabei zeigt die Formulierung »soweit«, dass die Ausnahme von der Durchsetzbarkeit der Schrankenbestimmungen allein für die technischen Schutzmaßnahmen gilt, die konkret auf der Grundlage von vertraglichen Vereinbarungen angewandt werden. Auch bleibt die Möglichkeit der Schrankendurchsetzung in Bezug auf sonstige Vertriebsformen unangetastet.[725] Die durch Art. 6 Abs. 4 Uabs. 4 RL 2001/29/EG vorgezeichnete Vorschrift soll einen Anreiz für die Rechteinhaber bieten, ihrerseits den interaktiven Online-Abruf[726] geschützter Werke mittels einer vertraglichen Vereinbarung zu eröffnen.[727]

II. Reichweite der Ausnahme

Strittig ist jedoch, ob die Ausnahme von der Durchsetzbarkeit der Schrankenbestimmungen gemäß § 95b Abs. 3 UrhG allein für die öffentliche Zugänglichmachung oder auch für darüber hinausgehende Nutzungshandlungen gilt.[728]

1. Begrenzung auf den Online-Zugang

Angesichts der gesetzgeberischen Wertung des § 95b Abs. 1 UrhG, wonach an den aufgezählten Schrankenregelungen ein erhöhtes öffentliches Interesse besteht,[729] scheint ein Verständnis, wonach sich die Befugnisse hinsichtlich eines öffentlich zugänglich gemachten Werkes unabhängig von der Berücksichtigung des qualifizierten öffentlichen Interesses ausschließlich nach der jeweiligen vertraglichen Vereinbarung richten, widersprüchlich.[730] Für online vertriebene digitale Inhalte würden die besonderen Privilegierungen etwa der bibliotheka-

---

725 BT-Drucks 15/38, S. 27; *Arlt*, S. 138; *Götting*, in: Schricker/Loewenheim, UrhR, § 95b Rn. 26; *Dreier/Specht*, in: Dreier/Schulze, UrhG, § 95b Rn. 18.
726 *Arlt*, S. 138; *Lauber-Rönsberg*, S. 74, 272.
727 BT-Drucks 18/12329, S. 25.
728 Siehe *Götting*, in: Schricker/Loewenheim, UrhR, § 95b Rn. 26.
729 *Götting*, in: Schricker/Loewenheim, UrhR, § 95b Rn. 13.
730 *Metzger/Kreutzer*, MMR 2002, 139 (141); *Lauber-Rönsberg*, S. 74.

rischen Arbeit bzw. für Zwecke der Bildung und Wissenschaft in § 95b Abs. 1 UrhG vielmehr erheblich an ihrer Wirksamkeit einbüßen.[731] Dementsprechend soll sich § 95b Abs. 3 UrhG allein auf die Zugänglichmachung des Werkes beschränken.[732] Neben diesen teleologischen Erwägungen für eine enge Auslegung des § 95b Abs. 3 UrhG wird zudem der Wortlaut der Vorschrift herangezogen, der sich nur auf das Zugänglichmachen von Werken beziehen soll.[733]

2. Umfassende Geltung

Demgegenüber soll für einen weiten Anwendungsbereich des § 95b Abs. 3 UrhG vor allem eine Auslegung anhand der RL 2001/29/EG streiten.[734] Zum einen bestimmt Art. 6 Abs. 4 Uabs. 4 RL 2001/29/EG auch die Nicht-Anwendbarkeit des Art. 6 Abs. 4 Uabs. 2 RL 2001/29/EG, der sich jedoch allein auf die Schranke der Privatkopie gemäß Art. 5 Abs. 2 lit. b RL 2001/29/EG bezieht. Eines solchen Verweises bedürfte es aber nicht, wenn sich Art. 6 Abs. 4 Uabs. 4 RL 2001/29/EG ohnehin nur auf die öffentliche Zugänglichmachung beschränken würde.[735] Zum anderen sollen die Vorschriften über den Schutz technischer Maßnahmen gemäß ErwGr 53 RL 2001/29/EG ein sicheres Umfeld für die Erbringung von interaktiven Online-Diensten gewährleisten. Ein solches Umfeld soll vor allem dann gesichert sein, wenn sich die Nutzungsbefugnisse auch dann ausschließlich aus den mit dem Vertragspartner getroffenen Vereinbarungen ergeben, falls sich der Nutzer strengeren als den gesetzlichen Regelungen unterworfen hat.[736]

3. Stellungnahme

Zunächst kann dem Wortlaut des § 95b Abs. 3 UrhG bezüglich der Frage, ob sein Anwendungsbereich allein die öffentliche Zugänglichmachung oder auch darüber hinausgehende Nutzungshandlungen umfasst, keine eindeutige Aussage entnommen werden.[737] Danach sollen die Absätze 1 und 2 dann nicht gelten, wenn Werke der Öffentlichkeit aufgrund einer vertraglichen Vereinbarung in einer Weise zugänglich gemacht werden, dass sie Mitgliedern der Öffentlichkeit von Orten und zu Zeiten ihrer Wahl zugänglich sind. Der Wortlaut ist zwar

---

731 *Dreyer*, in: Dreyer/Kotthof/Meckel, UrhR, § 95b Rn. 21; *Lindhorst*, S. 161; *Lauber-Rönsberg*, S. 75; *Dreier*, ZUM 2002, 28 (37); *Schweikart*, UFITA 2005, 7 (13).
732 So *Stieper*, S. 218 ff.; *Orgelmann*, S. 129 f.; *Wandtke/Ohst*, in: Wandtke/Bullinger, UrhR, § 95b Rn. 45; *Czychowski*, in: Fromm/Nordemann, UrhR, § 95b Rn. 27.
733 *Schweikart*, UFITA 2005, 7 (13).
734 *Götting*, in: Schricker/Loewenheim, UrhR, § 95b Rn. 25; *Dreier/Specht*, in: Dreier/Schulze, UrhG, § 95b Rn. 17.
735 *Spindler*, GRUR 2002, 105 (119); *Enders*, ZUM 2004, 593 (603).
736 *Spindler*, GRUR 2002, 105 (118); *Hänel*, S. 285 f.
737 Gleiches gilt für den Wortlaut des Art. 6 Abs. 4 Uabs. 4 RL 2001/29/EG, siehe *Stieper*, S. 219.

grundsätzlich mit einer engen Auslegung vereinbar.[738] Allerdings kann der Wortlaut auch derart verstanden werden, dass er nicht die betroffenen Nutzungshandlungen, sondern allein die Objekte, die in den Anwendungsbereich des § 95b Abs. 3 UrhG fallen, beschränkt.

Auf dieser Grundlage spricht die richtlinienkonforme Auslegung trotz der teleologischen Einwände gewichtig für einen weiten Anwendungsbereich des § 95b Abs. 3 UrhG. Allerdings ist hierfür auch der Verweis auf die Nichtanwendbarkeit der Privatkopieschranke gemäß Art. 6 Abs. 4 Uabs. 4 RL 2001/29/EG kein tragendes Argument. Auch unter der Annahme, dass Art. 6 Abs. 4 Uabs. 4 RL 2001/29/EG allein für den Online-Zugang gilt, kann der Verweis auf die Privatkopieschranke in Art. 6 Abs. 4 Uabs. 2 RL 2001/29/EG Geltung beanspruchen. Relevant würde der Ausschluss der Durchsetzbarkeit der Privatkopieschranke dann immerhin noch in den Fällen, in denen dem Nutzer mittels eines Online-Abrufdienstes allein der Werkgenuss ermöglicht werden soll.[739] Hier beschränkt sich die vertragliche Vereinbarung lediglich auf die zum Werkgenuss nötige partielle und temporäre Vervielfältigung des Werkes. Möchte der Nutzer über die vertragliche Vereinbarung hinaus eine dauerhafte Kopie erstellen, so bliebe ihm die Berufung auf die Privatkopieschranke nach Art. 6 Abs. 4 Uabs. 2 RL 2001/29/EG verwehrt. Auch der Systematik des Art. 6 Abs. 4 RL 2001/29/EG lässt sich damit keine eindeutige Aussage über seine Reichweite entnehmen. Dennoch sprechen vor allem die Erwägungsgründe der RL 2001/29/EG für eine umfassende Ausnahme von der Durchsetzbarkeit der Schrankenbestimmungen. So sollen gemäß ErwGr 40 S. 5 RL 2001/29/EG spezifische Verträge und Lizenzen, die öffentlichen Einrichtungen und ihrer Zweckbestimmung zur Verbreitung der Kultur in ausgewogener Weise zugutekommen, gerade unterstützt werden. Umfassender lässt sich ein Interesse des europäischen Gesetzgebers an individuellen Vereinbarungen in ErwGr 51 S. 2 RL 2001/29/EG erkennen, wonach freiwillige Maßnahmen wie der Abschluss und die Umsetzung von Vereinbarungen zwischen Rechteinhabern und anderen interessierten Parteien gefördert werden sollen, mit denen die Ziele der urheberrechtlichen Schranken erreicht werden können. Schließlich steht die Durchsetzbarkeit der ausgewählten Schrankenbestimmungen gemäß Art. 6 Abs. 4 Uabs. 1 RL 2001/29/EG sogar unter der tatbestandlichen Voraussetzung, dass seitens der Rechteinhaber keine freiwilligen Maßnahmen wie vertragliche Vereinbarungen mit den betroffenen Parteien getroffen werden. Für Nutzer wie öffentliche Einrichtungen würde ein Anreiz zum Abschluss solcher Verträge jedoch erheblich abgeschwächt, sofern die einschlägigen gesetzlichen Privilegierungen (hier etwa §§ 60a, 60c, 60e UrhG) auch trotz technische Schutzmaßnahmen betreffender Vereinbarungen durchsetzbar wären. Daraus lässt sich schließen, dass individuelle

---

738 *Metzger/Kreutzer*, MMR 2002, 139 (141 f.).
739 *Stieper*, S. 221.

Vereinbarungen betreffend den Einsatz technischer Schutzmaßnahmen Vorrang vor der Durchsetzbarkeit von Schrankenbestimmungen haben müssen,[740] dem eine weite Auslegung des § 95b Abs. 3 UrhG gerecht werden kann. Ein solcher Vorrang ist gemäß § 95b Abs. 3 UrhG gerade auf öffentlich zugänglich gemachte Werke begrenzt, da die Vorschriften über den Schutz technischer Maßnahmen auch ein sicheres Umfeld für die Erbringung von interaktiven Online-Diensten gewährleisten sollen (ErwGr 53 RL 2001/29/EG). Dieser besondere Schutz des Online-Vertriebs entspricht einerseits der erklärten Regelungsabsicht des deutschen Gesetzgebers hinter § 95b Abs. 3 UrhG, wodurch Rechteinhaber zur Eröffnung eigener Online-Angebote motiviert werden sollen.[741] Andererseits ermöglicht der Online-Vertrieb von digitalen Inhalten in besonderem Maße den individuellen Abschluss von vertraglichen Vereinbarungen zwischen den nach §§ 95a ff. UrhG maßgeblichen Rechteinhabern[742] und einzelnen Nutzern. Erst solche vertraglichen Vereinbarungen bezüglich des Einsatzes der technischen Schutzmaßnahmen begründen gemäß § 95b Abs. 3 UrhG den Vorrang der technischen Maßnahmen vor den gesetzlichen Schrankenbestimmungen. Aus dem weiten Anwendungsbereich des § 95b Abs. 3 UrhG ergibt sich jedoch nicht, dass der rechtliche Umgehungsschutz gemäß § 95a UrhG unbeschränkt gilt. Vielmehr sind die geschlossenen Vereinbarungen regelmäßig der Inhaltskontrolle nach AGB-Recht zugänglich.[743] Dabei können die gesetzlichen Schranken zwar nicht unmittelbar als Maßstab des gesetzlichen Leitbildes fungieren.[744] Allerdings können die den Schranken zugrundeliegenden Wertungen für die Beurteilung der Unangemessenheit einer Klausel nach § 307 Abs. 1 BGB Berücksichtigung finden.[745] Hierbei ist auch die gesetzgeberische Wertung durch § 95b Abs. 1 UrhG zu beachten, wonach den aufgezählten Schrankenbestimmungen ein qualifiziertes öffentliches Interesse bestätigt wird. Damit kann zugleich Berücksichtigung finden, ob die vertraglichen Regelungen der »Verbreitung der Kultur in ausgewogener Weise zugute kommen« (ErwGr 40 S. 5 RL 2001/29/EG) bzw. den Zielen der einzelnen Schrankenbestimmungen ausreichend Sorge getragen ist (ErwGr 51 S. 2 RL 2001/29/EG).

Auch der nationale Gesetzgeber geht daher zu Recht davon aus, dass sich § 95b Abs. 3 UrhG nicht allein auf die Zugänglichmachung beschränkt. Nach der Gesetzesbegründung zum UrhWissG »setzen sich gesetzliche Schrankenrege-

---

740 *Arlt*, S. 98.
741 BT-Drucks 18/12329, S. 25.
742 Siehe hierzu *Stieper*, S. 451 ff.
743 *Götting*, in: Schricker/Loewenheim, UrhR, § 95b Rn. 28; *Spindler*, GRUR 2002, 105 (118); *Enders*, ZUM 2004, 593 (604).
744 *Melichar/Stieper*, in: Schricker/Loewenheim, UrhR, Vor §§ 44a ff. Rn. 58; *Stieper*, S. 364 ff; a. A. *Dreier*, in: Dreier/Schulze, UrhG, Vor §§ 44a Rn. 9; *Gräbig*, GRUR 2012, 331 (335 f.).
745 *Stieper*, S. 374 ff., 383.

lungen gegen technische Schutzmaßnahmen nicht durch, wenn die Inhalte aufgrund einer vertraglichen Vereinbarung öffentlich zugänglich gemacht werden, also etwa bei online verfügbaren Werken. Die gesetzlichen Schranken haben für diese Fälle also keine Wirkung.«[746] Eine Beschränkung auf die öffentliche Zugänglichmachung kann dem nicht entnommen werden.

D. Zusammenfassung

Aufgrund der Geltung des § 95b Abs. 3 UrhG für sämtliche Nutzungshandlungen bezüglich online erworbener Inhalte[747] ist die Durchsetzbarkeit der Schranken für E-Books im Ergebnis erheblich eingeschränkt. Für E-Books, die regelmäßig allein online vertrieben werden und deren jeweilige technische Schutzmaßnahmen auf einer vertraglichen Vereinbarung basieren, führt der Einsatz von DRM im Ergebnis dazu, dass sich die zulässige Nutzung allein nach den technisch vorgegebenen Möglichkeiten richtet. Der urheberrechtliche Interessenausgleich wird in Bezug auf die E-Book-Nutzung damit primär der Praxis der Verlage überlassen.[748] Auch wenn hierin grundsätzlich ein erheblicher Unterschied zwischen der Nutzung analoger und elektronischer Bücher liegt, wirkt sich dieser in der Praxis nur dort aus, wo E-Books tatsächlich mit technischen Schutzmaßnahmen vertrieben werden, was immerhin nur eingeschränkt der Praxis entspricht.

---

746 BT-Drucks 18/12329, S. 25; so wohl auch schon in Bezug auf das Gesetz zur Regelung des Urheberrechts in der Informationsgesellschaft, BT-Drucks 15/38, S. 27, siehe auch *Lauber-Rönsberg*, S. 272f.
747 So auch BeckOK-UrhR/*Lindhorst*, § 95b Rn. 5a; *Peukert*, in: Loewenheim, Hdb. d. UrhR, § 36 Rn. 7; *Schack*, UrhR, Rn. 836.
748 Siehe daher zu einer Regelung de lege ferenda S. 207f.

9. Kapitel: Kollektive Rechtewahrnehmung durch Verwertungsgesellschaften

Nach der vorangegangenen Untersuchung bleibt für die Nutzung von E-Books kraft gesetzlicher Erlaubnis im Vergleich zum analogen Buch mit Ausnahme der Privatkopie lediglich ein eingeschränkter Spielraum, der durch den Einsatz technischer Schutzmaßnahmen sogar noch weiter verringert werden kann. Dennoch ist eine Nutzung sowohl klassischer als auch multimedial und interaktiv gestalteter elektronischer Bücher im Rahmen der erörterten §§ 53, 60a, 60c, 60e UrhG nicht per se ausgeschlossen. Gemein ist den genannten Schrankenbestimmungen, dass die Werknutzung jeweils einen Vergütungsanspruch seitens der Urheber auslöst, der nur durch eine Verwertungsgesellschaft geltend gemacht werden kann, §§ 54 Abs. 1, 60h i. V. m. § 54h Abs. 1 UrhG. Die hierdurch bedingte kollektive Wahrnehmung von Rechten an E-Books durch Verwertungsgesellschaften soll im Folgenden näher betrachtet werden.

A. Allgemeines

Verwertungsgesellschaften nehmen gemäß § 2 Abs. 1 VGG treuhänderisch für mehrere Rechtsinhaber Urheberrechte oder verwandte Schutzrechte zu deren kollektiven Nutzen wahr. Hierfür schließen sie einerseits mit Verwertern Nutzungsverträge und verfolgen andererseits Rechtsverletzungen durch unberechtigte Verwerter. Verwertungsgesellschaften sind für den einzelnen Urheber damit vor allem bei fehlender individueller Durchsetzungskraft von Interesse.[749] Andererseits vereinfachen Verwertungsgesellschaften durch die zentrale Rechtewahrnehmung den Abschluss von Nutzungsverträgen und dienen insofern auch den Interessen von Werkverwertern.[750] Diese Funktionen können die Verwertungsgesellschaften nur dann erfüllen, wenn ihnen durch die Rechteinhaber die jeweiligen Rechte eingeräumt wurden. Im Hinblick auf die genannten

---
749 *Müller*, in: Hoeren/Sieber/Holznagel, Multimedia-Recht, Teil 7.5 Rn. 4.
750 *Müller*, in: Hoeren/Sieber/Holznagel, Multimedia-Recht, Teil 7.5 Rn. 8.

gesetzlichen Vergütungsansprüche wird den Urhebern jedoch auch unabhängig davon, ob diese mit der jeweiligen Verwertungsgesellschaft einen Wahrnehmungsvertrag geschlossen haben, ihre Aktivlegitimation genommen. Grund hierfür ist, dass sich Verwerter so nicht einer Vielzahl von individuell anspruchsberechtigten Rechteinhabern gegenübersehen.[751] Als Kehrseite dieser Beschränkung der urheberrechtlichen Befugnisse unterliegen Verwertungsgesellschaften aber gemäß § 9 VGG einem Wahrnehmungszwang. Rechteinhaber können danach verlangen, dass ihre Rechte zu angemessenen Bedingungen wahrgenommen werden, sofern die Rechte, die Werke und sonstigen Schutzgegenstände sowie die Gebiete zum Tätigkeitsbereich der Verwertungsgesellschaft gehören (§ 9 S. 1 Nr. 1 VGG) und der Wahrnehmung keine objektiven Gründe entgegenstehen (§ 9 S. 1 Nr. 2 VGG). Die faktische Monopolstellung der Verwertungsgesellschaften in ihrem jeweiligen Tätigkeitsbereich, die aufgrund ihrer Funktion als zentrale Anlaufstellen für Verwerter durchaus erwünscht ist,[752] wird damit durch einen Kontrahierungszwang abgeschwächt.

Unter diesen Voraussetzungen können bzw. müssen sich im Grundsatz auch E-Book-Autoren zwecks Wahrnehmung der Rechte an ihren Werken an die Verwertungsgesellschaften halten. Aufgrund der verschiedenen Wahrnehmungstätigkeiten sind sie bei der Wahl der Verwertungsgesellschaft jedoch nicht frei. In Deutschland sind derzeit 13 Verwertungsgesellschaften nach § 77 VGG zugelassen.[753] Obgleich die Verwertungsgesellschaften bei der Wahl ihrer Wahrnehmungstätigkeit im Ausgangspunkt ungebunden sind,[754] ist diese durch den im Statut festgelegten Tätigkeitsbereich begrenzt.[755] Auf die selbst definierten Tätigkeitsbereiche beschränkt sich auch der Wahrnehmungszwang gemäß § 9 VGG, sodass Urheber keinen Anspruch auf Wahrnehmung ihrer Rechte außerhalb des jeweiligen Bereiches haben. Dies setzt eine objektive Begrenzung des Tätigkeitsbereiches voraus, was regelmäßig anhand der klassischen Werkarten des § 2 Abs. 1 UrhG sowie der verschiedenen Nutzungsarten erfolgt.[756] Es fragt sich daher, durch welche Verwertungsgesellschaft(en) E-Book-Autoren ihre Rechte wahrnehmen lassen können.

---

751 *Schack*, UrhR, Rn. 1339.
752 *Rehbinder/Peukert*, UrhR, Rn. 1201; vgl. auch § 79 Abs. 1 Nr. 3 VGG zur Versagung der Erlaubnis aufgrund mangelnder wirtschaftlicher Leistungsfähigkeit.
753 Siehe die Liste der Verwertungsgesellschaften unter <https://www.dpma.de/dpma/wir_ueber_uns/weitere_aufgaben/verwertungsges_urheberrecht/aufsicht_verwertungsges/liste_vg/index.html>.
754 BeckOK-UrhR/*Freudenberg*, § 9 VGG Rn. 30; zu der mit § 9 VGG insoweit vergleichbaren Vorgängervorschrift nach § 6 UrhWahrnG siehe *Reinbothe*, in: Schricker/Loewenheim, UrhR, § 6 UrhWahrnG a. F. Rn. 2; *Haertel*, UFITA 1967, 1 (17).
755 Siehe auch § 78 Nr. 3 VGG.
756 *Reinbothe*, in: Schricker/Loewenheim, UrhR, § 6 UrhWahrnG a. F. Rn. 2; *Müller*, in: Hoeren/Sieber/Holznagel, Multimedia-Recht, Teil 7.5 Rn. 171.

B. Rechtewahrnehmung durch die VG Wort

I. Tätigkeitsbereich

Für Wortautoren und ihre Verleger ist grundsätzlich die VG Wort zuständig.[757] Ihr Tätigkeitsbereich beschränkt sich gemäß § 3 Abs. 1 der Satzung VG Wort auf Sprachwerke i. S. v. § 2 Abs. 1 Nr. 1 UrhG sowie Darstellungen wissenschaftlicher und technischer Art einschließlich entsprechender Lichtbildwerke (§ 2 Abs. 1 Nr. 5 UrhG) und Lichtbilder (§ 72 UrhG), die vom Verfasser des Sprachwerkes für dieses geschaffen sind. In den Tätigkeitsbereich der VG Wort fallen damit zuvörderst Sprachwerke. Dies zeigt auch der Muster-Wahrnehmungsvertrag zwischen der VG Wort und Autoren.[758] Gemäß § 2 des Vertrages bezieht sich die jeweilige Rechteeinräumung auf alle Sprachwerke des Berechtigten, soweit diese bei Unterzeichnung des Vertrages geschaffen, mitgeschaffen oder deren einschlägige Rechte erworben sind, und solche Sprachwerke, die künftig während der Geltungsdauer dieses Wahrnehmungsvertrags geschaffen, mitgeschaffen oder deren einschlägige Rechte erworben werden. Sprachwerke unterfallen damit umfassend der Wahrnehmungstätigkeit der VG Wort, die jedenfalls insofern nicht weiter begrenzt ist.

Urheber von (klassischen oder enhanced) E-Books, denen ein urheberrechtlicher Schutz als Sprachwerk zukommt, haben damit einen Anspruch auf Wahrnehmung ihrer Rechte durch die VG Wort.[759] Durch die Begrenzung auf Sprachwerke i. S. v. § 2 Abs. 1 Nr. 1 UrhG liegen jedoch solche E-Books außerhalb der Wahrnehmungstätigkeit der VG Wort, die als Multimediawerk geschützt sind. Auch wenn der digitale Inhalt überwiegend durch seine Lesbarkeit und damit durch die Verwendung von Sprache geprägt ist, scheidet eine Wahrnehmung der Rechte an dem gesamten E-Book durch die VG Wort wegen der Verschmelzung mit anderen Ausdrucksformen aus. Möglich scheint nach der Satzung allerdings, dass jedenfalls die Rechte, die ausschließlich an den sprachlichen Bestandteilen des E-Books bestehen, seitens der VG Wort wahrgenommen werden.

---

757 Siehe die Präambel der Satzung der VG Wort, zuletzt geändert am 26.11.2016, genehmigt am 01.03.2017, abrufbar unter: <http://www.vgwort.de/fileadmin/pdf/satzung/Satzung_VG_Wort_neu.pdf>.
758 Fassung vom 10.09.2016, abrufbar unter: <http://www.vgwort.de/publikationen-dokumente/wahrnehmungsvertrag.html>.
759 Siehe *Graef*, Rn. 328.

II. Ausschüttungen für E-Books

Werden die Rechte an E-Books durch die VG Wort wahrgenommen, steht den Autoren gemäß §§ 23, 26 Nr. 1, 27 VGG eine Beteiligung an den Einnahmen zu. Zwecks Abrechnung und Verteilung der Einnahmen verlangt die VG Wort eine Anmeldung der jeweiligen Werke, die jedoch vor allem hinsichtlich online publizierter Werke und damit auch E-Books diversen Restriktionen unterworfen wird. Gemäß § 51 des Verteilungsplanes der VG Wort[760] entfallen auf online publizierte Werke nur Ausschüttungen, sofern eine hinreichende Kopierwahrscheinlichkeit besteht und die Werke in der dafür vorgesehenen Form angemeldet wurden. Eine Anmeldung von online publizierten Werken ist dabei ausschließlich in elektronischer Form über das Online-Meldeportal der VG WORT (T.O.M.)[761] möglich.[762] Meldefähig sind hier aber nur Texte ab einem Mindestumfang von 1800 Zeichen; Abweichendes gilt für Gedichte.[763] Zudem müssen Texte als geschriebener »stehender Text« vorliegen, womit Texte in Videos, Tonaufnahmen oder Multimediapräsentationen nicht gemeldet werden können.[764] Weitere Einschränkungen ergeben sich im Hinblick auf das jeweilige Dateiformat der Texte: »Neben direkt im Netz lesbaren Texten (HTML oder XHTML Dateien) sind [...] PDF Dokumente oder sog. ePubs meldefähig. Andere Dokumentenformate bzw. Bilddatei [sic!] sind nicht meldefähig.«[765] Schließlich sollen nur solche Texte gemeldet werden, die ohne einen technischen Kopierschutz publiziert werden, wenngleich spezielle Zugangshindernisse etwa für kostenpflichtige Angebote nicht schädlich sind.[766] E-Book-Autoren wird damit eine Mehrzahl an Obliegenheiten für die Veröffentlichung ihres Werkes auferlegt. Dies scheint im Hinblick auf ihre eigene fehlende Aktivlegitimation bei der Geltendmachung der jeweiligen gesetzlichen Vergütungsansprüche problematisch.

Zwar dürfen die Verwertungsgesellschaften feste Regeln für die Verteilung der Einnahmen durch einen Verteilungsplan aufstellen. Ein willkürliches Vorgehen ist gemäß § 27 Abs. 1 VGG dabei jedoch untersagt. § 27 Abs. 1 VGG konkretisiert damit § 23 S. 1 VGG, wonach die Verwertungsgesellschaften die Einnahmen mit der gebotenen Sorgfalt einzuziehen, zu verwalten und zu verteilen hat. Das

---

760 Verteilungsplan der VG Wort nach § 10 der Satzung, Fassung vom 20.05.2017, abrufbar unter: <http://www.vgwort.de/publikationen-dokumente/verteilungsplaene.html>.
761 Akronym für »Texte Online Melden«, siehe <https://tom.vgwort.de/portal/index>.
762 Siehe *Graef*, Rn. 335.
763 § 52 Abs. 3 des Verteilungsplanes der VG Wort, a. a. O.
764 *VG Wort*, METIS für Urheber, S. 5.
765 *VG Wort*, METIS für Urheber, S. 5.
766 *VG Wort*, METIS für Urheber, S. 5; siehe auch § 51 S. 2 des Verteilungsplanes der VG Wort, a. a. O.

Willkürverbot folgt dem Gedanken, dass die Verwertungsgesellschaften als Treuhänderinnen die Einnahmen aus ihrer Tätigkeit ausschließlich in dem Verhältnis an die Berechtigten zu verteilen haben, das dem Verhältnis der Einnahmen durch die Verwertung der Rechte und Geltendmachung von Ansprüchen der jeweiligen Berechtigten entspricht.[767] Auch die Meldefähigkeit von Werken, die sich nicht zwingend aus dem Verteilungsplan selbst ergibt, darf daher nicht willkürlich beschränkt werden. Maßstab für die Beurteilung des willkürlichen Handelns bildet dabei Art. 3 GG.[768] Obgleich den Verwertungsgesellschaften damit ein weiter Ermessensspielraum zukommt,[769] ist eine Gleichbehandlung von wesentlich Ungleichem oder eine Ungleichbehandlung von wesentlich Gleichem unzulässig. Für Differenzierungen in der Verteilung müssen vielmehr vernünftige, sachlich einleuchtende Gründe gegeben sein.[770] Fraglich ist, ob solche Gründe für die dargestellte Differenzierung von online publizierten Texten gegeben sind.

1. Ausschluss aufgrund fehlender Kopierrelevanz

Die Beschränkung der Verteilung der Einnahmen auf Autoren von E-Books, die ohne einen technischen Kopierschutz und als HTML- bzw. XHTML-Dateien, PDF-Dateien oder ePUB-Dateien publiziert werden, könnte dadurch gerechtfertigt sein, dass den sonstigen E-Books die Kopierrelevanz fehlt.

a. Einsatz technischer Schutzmaßnahmen

§ 51 des Verteilungsplans der VG Wort setzt für eine Ausschüttung an Urheber online publizierter Werke voraus, dass für die jeweiligen Werke eine hinreichende Kopierwahrscheinlichkeit besteht. Diese fehlt, sofern das Werk mittels einer wirksamen technischen Schutzmaßnahme i. S. v. § 95a Abs. 2 UrhG in den Verkehr gebracht wird, die gerade Vervielfältigungen unterbindet. Werden hierdurch auch an sich privilegierte Vervielfältigungshandlungen ausgeschlossen, fehlt es auch an den jeweiligen Vergütungsansprüchen, die durch die VG Wort geltend gemacht werden könnten. Mangels möglicher Einnahmen können solche Werke folgerichtig nicht bei der VG Wort gemeldet werden, die mit einem

---

[767] BGH GRUR 2016, 596 Rn. 30 – Verlegeranteil; BeckOK-UrhR/*Freudenberg*, § 27 VGG Rn. 9; *Reinbothe*, in: Schricker/Loewenheim, UrhR, § 7 UrhWahrnG a. F. Rn. 6.
[768] BGH GRUR 2014, 479 Rn. 25 – Verrechnung von Musik in Werbefilmen; BeckOK-UrhR/ *Freudenberg*, § 27 VGG Rn. 10; *Reinbothe*, in: Schricker/Loewenheim, UrhR, § 7 UrhWahrnG a. F. Rn. 3; *Gerlach*, in: Wandtke/Bullinger, UrhR, § 7 UrhWahrnG a. F. Rn. 2.
[769] BGH GRUR 2014, 479 Rn. 24 ff. – Verrechnung von Musik in Werbefilmen; BGH GRUR 2016, 596 Rn. 35 – Verlegeranteil.
[770] Ständige Rspr., siehe nur BVerfGE 1, 14 (52) – Südweststaat; BVerfGE 4, 144 (155) – Abgeordnetenentschädigung.

technischen Kopierschutz versehen sind. Dass »[e]in potentiell meldefähiger Text […] nicht mit einem technischen Kopierschutz (Stichwort DRM) versehen sein«[771] darf, ist damit sachlich gerechtfertigt und nicht willkürlich i. S. d. § 27 Abs. 1 VGG.[772]

b. Verschiedene Dateiformate

Gleiches könnte für die Beschränkung der meldefähigen Texte auf HTML- bzw. XHTML-Dateien, PDF-Dateien und ePUB-Dateien gelten. In Bezug auf E-Books ist auffällig, dass damit Texte in den proprietären Formaten von *Amazon* (mobi, AZW, KF8)[773] und *Apple* (ibooks)[774] sowie E-Books in Form von Apps[775] von der Beteiligung an Ausschüttungen ausgeschlossen werden. Die proprietären Dateiformate bewirken eine Bindung der Nutzung des E-Books an das jeweilige Vertriebssystem des Anbieters. Über die entsprechende Software sind die E-Books damit nur über die speziellen Kindle-Reader von *Amazon* oder über die verschiedenen Endgeräte von *Apple* lesbar. Die Dateiformate schränken die Nutzbarkeit der Inhalte damit entscheidend ein. Möglich bleibt trotz des Einsatzes des proprietären Dateiformats unbeachtet etwaiger DRM-Systeme aber etwa die Nutzung auf einer Mehrzahl plattformabhängiger Geräte verschiedener Nutzer. Das Dateiformat allein schließt damit die erforderliche Kopierwahrscheinlichkeit nicht aus. Vielmehr kann es trotz des Dateiformates zu Nutzungshandlungen kommen, die einen durch die VG Wort geltend zu machenden Vergütungsanspruch des Urhebers auslösen. Gleiches gilt für Apps. Auch hier fehlt es nicht bereits aufgrund des Formates an der hinreichenden Kopierwahrscheinlichkeit. Das Dateiformat ist daher kein taugliches Kriterium für eine Differenzierung bei der Ausschüttung der Einnahmen durch die VG Wort. In der Praxis ist die Begrenzung der meldefähigen Texte auf HTML- bzw. XHTML-Dateien, PDF-Dateien und ePUB-Dateien allerdings deswegen gerechtfertigt, da die übrigen Formate regelmäßig mit dem Einsatz von einem technischen Kopierschutz einhergehen. Eine Differenzierung nach Dateiformaten hat hier daher keine eigenständige Bedeutung.

---

771 *VG Wort*, METIS für Urheber, S. 5.
772 So auch *Graef*, Rn. 303.
773 Siehe oben S. 40.
774 Siehe oben S. 41.
775 Siehe oben S. 42f.

2. Ausschluss aufgrund ungeklärter Zuständigkeiten

a. Einfachgesetzliche Vorgaben

Multimediawerke fallen in ihrer Gesamtheit wie festgestellt nicht in den Tätigkeitsbereich der VG Wort. Denkbar ist jedoch, dass immerhin die Texte innerhalb multimedialer Erzeugnisse bei der VG Wort gemeldet werden. Allerdings wird auch die Meldefähigkeit von Texten in Videos, Tonaufnahmen oder Multimediapräsentationen seitens der VG Wort ausgeschlossen. Dieser Einschränkung liegt laut Aussage der VG Wort die generell ungeklärte Zuständigkeit der Verwertungsgesellschaften für multimediale Produkte zugrunde. Die offene Frage unter den Verwertungsgesellschaften führt dazu, dass Autoren von Texten, die in Multimediaprodukten publiziert werden, anders als Autoren sonstiger Texte nicht an den Ausschüttungen beteiligt werden. Diese Ungleichbehandlung könnte durch das Willkürverbot gemäß § 27 Abs. 1 VGG gerechtfertigt sein, das unter anderem das Verbot der Verteilung von Einnahmen an Nichtberechtigte (vgl. Art. 11 Abs. 4 RL 2014/26/EU[776]) beinhaltet.[777] Als Treuhänderin der Rechteinhaber darf die VG Wort ihre Einnahmen allein an diejenigen verteilen, durch deren Rechte und Ansprüche sie ihre Einnahmen erzielt hat.[778] Fraglich ist aber, ob Urheber von Texten, die in multimediale Produkte eingebettet sind, nach diesem Maßstab Nichtberechtigte oder Berechtigte sind. Da grundsätzlich gerade Urheber die jeweils durch gesetzliche Vergütungsansprüche Berechtigten sind, würde eine etwaige Ausschüttung an die betroffenen Urheber jedenfalls mit Blick auf die generelle Anspruchsberechtigung zunächst nicht an einen Nichtberechtigten erfolgen. Der einzelne Autor kann allenfalls Nichtberechtigter aus Sicht der einzelnen Verwertungsgesellschaft sein. Auch diesbezüglich scheint die Annahme der fehlenden Berechtigung der betroffenen Autoren gegenüber der VG Wort aber zweifelhaft. Der Tätigkeitsbereich der VG Wort umfasst sämtliche Sprachwerke. Auch die jeweiligen Verträge der VG Wort beschränken sich folglich nicht etwa auf die Abgeltung urheberrechtlicher Ansprüche für die Nutzung von Sprachwerken, die nicht in multimedialen Produkten eingebunden sind.[779] Unklarheiten bei der Generierung von Einnahmen scheinen allerdings in

---

[776] Richtlinie 2014/26/EU des Europäischen Parlaments und des Rates vom 26. Februar 2014 über die kollektive Wahrnehmung von Urheber- und verwandten Schutzrechten und die Vergabe von Mehrgebietslizenzen für Rechte an Musikwerken für die Online-Nutzung im Binnenmarkt.
[777] BGH GRUR 2016, 596 Rn. 30ff. – Verlegeranteil.
[778] BGH GRUR 2016, 596 Rn. 31, 33 – Verlegeranteil.
[779] Vgl etwa § 1 des Rahmenvertrages der VG Wort zur Vergütung von Ansprüchen nach § 52a UrhG (a. F.) bei Schriftwerken (Hochschulen): »Dieser Vertrag regelt die Abgeltung urheberrechtlicher Ansprüche aus § 52a UrhG für das öffentliche Zugänglichmachen von Schriftwerken und Teilen von Schriftwerken für Zwecke des Unterrichts und der For-

den Fällen möglich, in denen Gesamtverträge zwischen mehreren Verwertungsgesellschaften und einer Nutzervereinigung geschlossen werden,[780] bei denen keine Differenzierung nach Werkarten stattfindet. Durch eine pauschale Leistung der Vergütung durch die Nutzervereinigung kann die konkrete Verteilung unter den verschiedenen Verwertungsgesellschaften problematisch sein. Auch in einem solchen Fall ist die Annahme eines vernünftigen, sachlich einleuchtenden Grundes und damit die Rechtfertigung des Ausschlusses an der wirtschaftlichen Beteiligung von Urhebern, deren Texte in einen multimedialen Kontext eingebunden sind, aber fraglich. Vielmehr sieht sich die generelle Versagung der Vergütung der betroffenen Autoren im Hinblick auf die Funktion der gesetzlichen Vergütungsansprüche verfassungs- und unionsrechtlichen Bedenken ausgesetzt.

b. Grundrechtliche und unionsrechtliche Implikationen

Zwar hat das Ausbleiben der geschuldeten Vergütung der betroffenen E-Book-Autoren zunächst keinen Einfluss auf die Rechtmäßigkeit der Nutzungshandlung selbst.[781] Die Verwirklichung des Tatbestandes der gesetzlichen Lizenz löst lediglich den Vergütungsanspruch seitens des Urhebers aus, der eigenständig zu beurteilen ist. Dennoch ermöglicht die Statuierung eines Vergütungsanspruches teilweise überhaupt erst die gesetzliche Erlaubnisfreiheit der Werknutzung. So müssen die Rechteinhaber gemäß Art. 5 Abs. 2 lit. a, b, e RL 2001/29/EG zwingend einen gerechten Ausgleich als Kompensation erhalten, sofern die Mitgliedsstaaten von den jeweiligen fakultativen Schranken Gebrauch machen. Im Hinblick auf die Nutzung von E-Books ist ein gerechter Ausgleich damit vor allem für die Privatkopie von E-Books unionsrechtlich vorgegeben. Aber auch darüber hinaus kann die Zulässigkeit einer urheberrechtlichen Schranke einen Vergütungsanspruch des Urhebers bedingen. Zunächst greifen die urheberrechtlichen Schrankenbestimmungen in die gemäß Art. 14 Abs. 1 GG und Art. 17 Abs. 2 GrCh grundrechtlich gesicherte Position des Urhebers ein. Die kraft Gesetzes vorgesehene Vergütung verringert jedoch die Intensität des Eingriffes. Der Vergütungsanspruch lässt trotz aufgehobener Verfügungsbefugnis die wirtschaftliche Zuordnung des Urheberrechts unangetastet,[782] die ihrerseits selbst grundrechtlich abgesichert ist.[783] Im Einzelfall[784] kann dies dazu

---

schung.« abrufbar unter: <http://www.bibliotheksverband.de/dbv/vereinbarungen-und-vertraege/urheberrecht-gesamtvertraege.html>.
780 Zur Zulässigkeit solcher Gesamtverträge siehe BGH GRUR 2015, 61 Rn. 92 – Gesamtvertrag Tanzschulkurse; BGH GRUR 2017, 161 Rn. 30 – Gesamtvertrag Speichermedien.
781 *Melichar*, S. 13; *Melichar/Stieper*, in: Schricker/Loewenheim, UrhR, Vor §§ 44a ff. Rn. 44.
782 *Pflüger*, S. 143; siehe auch BGH GRUR 1999, 707 (713) – Kopienversanddienst.
783 BVerfG GRUR 1980, 44 (48) – Kirchenmusik.
784 Nicht jeder urheberrechtliche Vergütungsanspruch ist verfassungsrechtlich zwingend, siehe BVerfG GRUR 2016, 690 Rn. 79f. – Sampling.

führen, dass nur bei Gewährleistung einer Vergütung des Urhebers die Einschränkung des Urheberrechts verhältnismäßig ist und daher gerechtfertigt werden kann.[785]

Als Ersatz für die Aufhebung des Ausschließlichkeitsrechts wird ein gesetzlicher Vergütungsanspruch zudem im Rahmen der Gesamtabwägung innerhalb des sog. Dreistufentests (Art. 5 Abs. 5 RL 2001/29/EG) relevant. Der finanzielle Ausgleich kann hier eine ungebührliche Verletzung der berechtigten Interessen des Urhebers ausschließen.[786] Daher steht es den Mitgliedsstaaten gemäß ErwGr 36 RL 2001/29/EG frei, auch in anderen Fällen als denen nach Art. 5 Abs. 2 lit. a, b und e RL 2001/29/EG einen gerechten Ausgleich vorzusehen.

c. Konsequenzen

Fraglich ist, wie sich die ausbleibende Vergütung der betroffenen Urheber vor dem Hintergrund der im Einzelfall grundrechtlich und unionsrechtlich gebotenen Vergütung auswirkt.

(1) Einfluss technischer Schutzmaßnahmen

Gerade bei online publizierten Werken wie E-Books könnten sich Urheber zunächst durch den Einsatz technischer Schutzmaßnahmen gemäß § 95a Abs. 1 UrhG selbst vor einer zustimmungsfreien Nutzung ihrer Werke schützen. Zwar bestimmt § 95b Abs. 1 S. 1 UrhG die Durchsetzbarkeit ausgewählter Schrankenbestimmungen gegenüber den technischen Schutzmaßnahmen. Gemäß § 95b Abs. 3 UrhG ist die Durchsetzbarkeit der in § 95b Abs. 1 UrhG aufgezählten Schrankenbestimmungen jedoch dann ausgeschlossen, soweit Werke und sonstige Schutzgegenstände der Öffentlichkeit aufgrund einer vertraglichen Vereinbarung in einer Weise zugänglich gemacht werden, dass sie Mitgliedern der Öffentlichkeit von Orten und zu Zeiten ihrer Wahl zugänglich sind. Die zulässige Nutzung von E-Books richtet sich damit allein nach den technisch und vertraglich vorgegebenen Möglichkeiten.[787] Bereits diese Möglichkeit des Selbstschutzes könnte dem verfassungs- und unionsrechtlichen Gebot der wirtschaftlichen Beteiligung des Urhebers gerecht werden.

Problematisch ist an dem Verweis der Urheber auf die Möglichkeit des Einsatzes technischer Schutzmaßnahmen jedoch zunächst, dass der Vertrieb von E-Books und damit die Entscheidung über den Einsatz technischer Schutz-

---

[785] Siehe etwa BVerfG GRUR 1972, 481 (484) – Kirchen- und Schulgebrauch; BVerfG GRUR 1980, 44 (74ff.) – Kirchenmusik; BVerfG GRUR 1989, 193 (195) – Vollzugsanstalten; siehe auch *Pflüger*, S. 142f.; *Senftleben*, GRUR Int 2004, 200 (211).
[786] *Melichar/Stieper*, in: Schricker/Loewenheim, UrhR, Vor §§ 44a ff. Rn. 31; EuGH GRUR 2014, 1078 Rn. 48 – TU Darmstadt/Eugen Ulmer; im Hinblick auf Art. 9 Abs. 2 RBÜ auch *Pflüger*, S. 35f.
[787] Siehe oben S. 178ff.

maßnahmen regelmäßig durch Verlage und nicht durch die Urheber erfolgt.[788] Zudem würden im Gegensatz zu den gesetzlichen Vergütungsansprüchen der Urheber durch das entstehende Zustimmungserfordernis wiederum regelmäßig die Verlage als Inhaber des ausschließlichen Verlagsrechts (vgl. § 8 VerlG)[789] profitieren.

Darüber hinaus ist fraglich, ob das Fehlschlagen des gesetzlichen Interessenausgleiches mittels der urheberrechtlichen Schranken durch die Rechteinhaber selbst korrigiert werden muss. Zwar stehen Vergütung und der Einsatz von technischen Schutzmaßnahmen in einem Wechselverhältnis zueinander. So soll nach ErwGr 35 S. 5 RL 2001/29/EG für die Bestimmung der Höhe des gerechten Ausgleiches der Einsatz technischer Schutzmaßnahmen berücksichtigt werden. Allerdings wird hier der Einsatz der technischen Schutzmaßnahmen gerade vorausgesetzt, der freiwillig durch den Rechteinhaber erfolgt.[790] Die Möglichkeit des freiwilligen Einsatzes technischer Schutzmaßnahmen kann aber nicht dazu führen, dass hierdurch vor allem im digitalen Bereich stets die Verhältnismäßigkeit einer urheberrechtlichen Schranke begründet werden kann. Auch der EuGH hat in Bezug auf den Einfluss technischer Schutzmaßnahmen auf die Pflicht zum gerechten Ausgleich im Rahmen einer Privatkopie-Schranke nach Art. 5 Abs. 2 lit. b RL 2001/29/EG daher zu Recht geurteilt, dass es die Aufgabe der Mitgliedsstaaten sei, die korrekte Anwendung der Schranke und damit einen gerechten Ausgleich sicherzustellen.[791] Hieraus folgt, dass die Nichtanwendung möglicher Schutzmaßnahmen seitens des Rechteinhabers nicht von der wirtschaftlichen Beteiligung des Urhebers an der Nutzung seines Werkes entbindet.[792] Die Möglichkeit des Einsatzes technischer Schutzmaßnahmen kann damit nicht das Ausbleiben der gesetzlich vorgesehenen Vergütung rechtfertigen.

(2)   Ausschluss der Schrankenanwendung

Vielmehr ist es denkbar, dass eine grundrechtskonforme Auslegung sowie eine Auslegung anhand der unionsrechtlichen Vorgaben (Art. 5 Abs. 2 lit. a, b, e RL 2001/29/EG) inklusive des Dreistufentests[793] in den Fällen, in denen eine Vergütung der Urheber von Texten in multimedialen Produkten aufgrund ungeklärter Zuständigkeiten innerhalb der verschiedenen Verwertungsgesellschaften ausbleibt, bereits zum Ausschluss der Schrankenanwendung führen.

---

788 *Graef*, Rn. 268.
789 Zur Anwendung des VerlG auf den E-Book-Vertrieb siehe *Henke*, AfP 2016, 393 ff.
790 EuGH GRUR 2013, 812 Rn. 58 – VG Wort/Kyocera.
791 EuGH GRUR 2013, 812 Rn. 53, 59 – VG Wort/Kyocera; im Anschluss daran BGH GRUR 2014, 984 Rn. 72 – PC III; so auch EuGH GRUR 2015, 48 Rn. 70 f. – Copydan/Nokia.
792 EuGH GRUR 2013, 812 Rn. 57 – VG Wort/Kyocera; zustimmend *Stieper*, EuZW 2013, 699 (700).
793 In Bezug auf Art. 9 Abs. 2 RBÜ siehe BGH GRUR 1997, 459 (463) – CB-Infobank I.

Damit würde der Nachteil des Urhebers, der keine Vergütung durch die Verwertungsgesellschaft erhält, in einen Nachteil des Nutzers gewandelt, der für die jeweilige Nutzungshandlung die Zustimmung durch den Rechteinhaber benötigte. Dieser Lösung steht jedoch entgegen, dass die VG Wort bei der Geltendmachung der gesetzlichen Vergütungsansprüche umfassend die Rechte an Sprachwerken und damit auch solche innerhalb von multimedialen Produkten wahrnimmt. Auch die verschiedenen Gesamtverträge der VG Wort differenzieren daher nicht zwischen reinen Schriftwerken und Schriftwerken in multimedialen Produkten. Werden Gesamtverträge gemeinsam mit anderen Verwertungsgesellschaften geschlossen, findet ein Ausschluss von multimedialen Werken oder von Sprachwerken in multimedialen Kontexten aus den jeweiligen Vereinbarungen ebenfalls nicht statt.[794] Hieraus folgt, dass die Schuldner für die Nutzung von Sprachwerken in multimedialen Kontexten die gesetzlich geforderte Vergütung zahlen. Zudem hat der Nutzer keinen Einfluss auf die Vergütung des einzelnen Urhebers durch die Verwertungsgesellschaft, weshalb ihm ein Ausschluss der Schrankenanwendung bei ausbleibender Vergütung durch die Verwertungsgesellschaft nicht zumutbar ist.

Im Übrigen führte der Ausschluss der Schrankenanwendung wegen der fehlenden Vergütung der betroffenen Urheber zu einem zirkulären Schluss. Eine Ausschüttung an den Urheber verlangt gerade das Bestehen eines gesetzlichen Vergütungsanspruches, der nur durch eine kraft Anwendung der jeweiligen Schranke zulässige Nutzungshandlung ausgelöst wird. Umgekehrt kann die tatsächliche Ausschüttung an den Urheber aber nicht zur Voraussetzung der Schrankenanwendung gemacht werden. Führte das Ausbleiben der Ausschüttung an den Urheber zur Unzulässigkeit der Nutzung, so fehlt es auch an einem Vergütungsanspruch, womit eine Ausschüttung schon im Ausgangspunkt nicht möglich wäre.

Die grundrechtlichen und unionsrechtlichen Implikationen der gesetzlich vorgesehenen Vergütung führen trotz der fehlenden Beteiligung der Urheber durch die VG Wort damit jedenfalls nicht zum Ausschluss der Schrankenanwendung für Texte in multimedialen Kontexten.

---

794 Siehe etwa § 1 Abs. 1 Vergütungsvereinbarung zur Abgeltung von Ansprüchen für Nutzungen nach § 52a UrhG (a. F.): »Für die Abgeltung der urheberrechtlichen Ansprüche nach § 52a UrhG für das öffentliche Zugänglichmachen von Werken und Werkteilen mit Ausnahme von Schriftwerken für Zwecke des Unterrichts und der Forschung an Hochschulen oder sonstigen Einrichtungen [...] vereinbaren die Länder und die Verwertungsgesellschaften abschließend die in Absatz 3 genannten pauschalierten Summen.«, abrufbar unter: <http://www.bibliotheksverband.de/dbv/vereinbarungen-und-vertraege/urheberrecht-gesamtvertraege.html>.

(3) Modifizierung des Maßstabs für die Einnahmenverteilung
Schließlich könnte eine grundrechts- sowie richtlinienkonforme Auslegung der §§ 23, 27 Abs. 1 VGG zu einer Beteiligung der Urheber von Texten in multimedialen E-Books führen.

Jedenfalls in den Fällen des Art. 5 Abs. 2 lit. b RL 2001/29/EG ist es zwingend, dass die Rechteinhaber einen gerechten Ausgleich erhalten. Dies gilt selbst dann, wenn nachvollziehbare Gründe gegen eine Beteiligung an den Einnahmen durch die VG Wort sprechen. Richtlinienkonform ausgelegt, erfordert die nach § 23 S. 1 VGG gebotene Sorgfalt bei der Einnahmenverteilung zwingend eine Beteiligung der Urheber an den Einnahmen gemäß § 54 i. V. m. § 53 UrhG. Unklarheiten über die Zuständigkeit zwischen den Verwertungsgesellschaften dürfen nicht zu Lasten der Urheber gehen. Vielmehr müssen Urheber von Sprachwerken, die grundsätzlich im Tätigkeitsbereich der VG Wort liegen, auch dann an den Einnahmen der VG Wort beteiligt werden, wenn ihre Texte in einen multimedialen Kontext eingebunden sind.

Gleiches gilt aber auch über den Anwendungsbereich des Art. 5 Abs. 2 lit. b RL 2001/29/EG hinaus. In den Fällen der §§ 60a, 60c, 60e i. V. m. §§ 60h, 54h Abs. 1 UrhG dürfen die Regeln der Verteilung von Einnahmen durch die VG Wort ebenfalls nicht bewirken, dass eine Vergütung von Urhebern von Werken in einem multimedialen Kontext grundsätzlich ausgeschlossen bleibt. Angesichts der verfassungsrechtlich gesicherten Position der Urheber dürfen Unklarheiten unter den verschiedenen Verwertungsgesellschaften über die generelle Zuständigkeit für multimediale Produkte nicht dazu führen, dass diese derart zum Nachteil der Urheber von Sprachwerken in multimedialen Produkten gereichen, dass die jeweiligen E-Book-Autoren bei Ausschüttungen gänzlich unberücksichtigt bleiben. Dies gilt umso mehr, als die Einnahmen der Verwertungsgesellschaften aus den gesetzlichen Vergütungsansprüchen aufgrund der jeweiligen Verträge nicht nur durch Sprachwerke, die nicht in multimedialen Produkten eingebunden sind, generiert werden.

Vor dem Hintergrund des grundrechtlich gesicherten Interesses des Urhebers verlangt eine Verwaltung der Einnahmen mit der gebotenen Sorgfalt gemäß § 23 S. 1 VGG die Beseitigung etwaiger Unklarheiten zwischen den Verwertungsgesellschaften. Bis dahin führt eine grundrechts- und unionsrechtskonforme Auslegung der §§ 23, 27 Abs. 1 VGG dazu, insoweit einen strengeren Maßstab an die Rechtmäßigkeit der Verteilung der Einnahmen anzulegen, als eine Beteiligung der Urheber von Texten in multimedialen E-Books an den Ausschüttungen grundsätzlich gewährleistet sein muss. Da Sprachwerke in den Tätigkeitsbereich der VG Wort fallen, haben Urheber von Texten in multimedialen E-Books damit einen Anspruch auf Beteiligung an den Ausschüttungen gegen die VG Wort. Das Willkürverbot gemäß § 27 Abs. 1 UrhG beschränkt sich im Anschluss daran an die konkrete Höhe der Ausschüttungen, die jedenfalls nicht auf null reduziert werden kann.

3. Ausschluss aufgrund von Unwirtschaftlichkeit

Verwertungsgesellschaften sind den Rechteinhabern insgesamt auch zu einer wirtschaftlich sinnvollen Auswertung der jeweiligen Rechte verpflichtet.[795] Die Kosten bei der Verwaltung bzw. Verteilung der Einnahmen müssen daher in einem angemessenen Verhältnis zu den jeweiligen Einnahmen selbst stehen.[796] Hinsichtlich der Verteilung der Einnahmen ist daher neben der fehlenden Kopierrelevanz grundsätzlich auch die Wirtschaftlichkeit ein taugliches Differenzierungskriterium. Dieses Kriterium soll die Forderung eines Mindestumfangs von 1800 Zeichen für die Meldefähigkeit von online publizierten Texten grundsätzlich rechtfertigen.[797] Da bei Werken minimalen Umfangs der Anteil der Ausschüttungen an den Berechtigten im Verhältnis zu den Gesamteinnahmen nur geringfügig ist, wird angenommen, dass eine Beteiligung an den Einnahmen hier außer Verhältnis zu den durch die Ausschüttung bedingten Kosten stünde. Die Forderung eines Mindestumfangs durch den Verteilungsplan der VG Wort soll insoweit nicht willkürlich sein.[798] Vor dem Hintergrund der grundrechtlichen und unionsrechtlichen Relevanz der gesetzlich vorgesehenen Vergütung[799] scheint eine generelle Versagung der wirtschaftlichen Beteiligung aber auch hier problematisch. Angesichts der niedrigen Grenze fehlt diesem Kriterium für E-Books aber ohnehin regelmäßig die Bedeutung.

III. Ergebnis

Klassische E-Books fallen als Sprachwerke umfassend in den Tätigkeitsbereich der VG Wort. Allein bei der Ausschüttung der Einnahmen ergeben sich hier Besonderheiten, die aber jedenfalls im Ergebnis gerechtfertigt sind. Demgegenüber ergeben sich für Autoren von multimedialen E-Books, die nicht als »stehender Text« eingeordnet werden können, erhebliche Einschränkungen bei der kollektiven Rechtewahrnehmung durch die VG Wort. Zunächst fallen Mul-

---

795 BGH GRUR 2005, 757 (760) – PRO-Verfahren.
796 OLG München ZUM 2002, 747 (748) – Verteilungsplan Fotokopiergebühren.
797 Zum Mindestumfang von Wortbeiträgen von mindestens zwei Schreibmaschinenseiten siehe OLG München ZUM 2002, 747 (748) – Verteilungsplan Fotokopiergebühren.
798 BeckOK-UrhR/*Freudenberg*, § 27 VGG Rn. 25; *Reinbothe*, in: Schricker/Loewenheim, UrhR, § 7 UrhWahrnG a. F.; Rn. 7; *Gerlach*, in: Wandtke/Bullinger, UrhR, § 7 UrhWahrnG a. F. Rn. 5.
799 Siehe oben S. 190f.

timediawerke von vornherein nicht in den Tätigkeitsbereich der VG Wort. Darüber hinaus werden aber auch für Texte als solche innerhalb multimedialer Produkte keine Einnahmen an die jeweiligen (Text-)Urheber ausgeschüttet, was sich im Ergebnis als rechtswidrig erwiesen hat.

C. Rechtewahrnehmung durch die VG Bild-Kunst

Die Wahrnehmung der Rechte an multimedialen E-Books könnte jedoch in den Tätigkeitsbereich der VG Bild-Kunst fallen, die laut der Präambel ihrer Satzung Rechte an den Werkkategorien der bildenden Kunst und der Lichtbild- und Filmwerke einschließlich ähnlicher Werke wahrnimmt.[800]

I. Tätigkeitsbereich

Enhanced E-Books in Form von Multimediawerken müssten dafür solche ähnlichen Werke sein. § 2 der Satzung VG Bild-Kunst konkretisiert den Tätigkeitsbereich jedoch auf die treuhänderische Wahrnehmung und Abrechnung von Rechten und Vergütungsansprüchen an Werken, die nach § 2 Abs. 1 Nr. 3–7 UrhG sowie §§ 4, 72 UrhG geschützt werden. Auch dieser Tätigkeitsbereich ist damit durch die urheberrechtlich konkret gefassten Werkarten bzw. sonstigen Schutzgegenstände abgesteckt. Dass Multimediawerke außerhalb des Tätigkeitsbereichs der VG Bild-Kunst liegen, zeigen auch die Berufsgruppen potenzieller Mitglieder gemäß § 6 Abs. 2 Satzung VG Bild-Kunst. Mitglieder können demnach nur Urheber von Werken der bildenden Künste einschließlich der Werke der Baukunst und der angewandten Kunst (lit. a), von Lichtbildwerken einschließlich der Werke, die ähnlich wie Lichtbildwerke geschaffen werden, und von Darstellungen wissenschaftlicher und technischer Art (lit. b) sowie von Film- und Fernsehwerken einschließlich der Werke, die ähnlich wie Film- und Fernsehwerke geschaffen werden (lit. c), sein. Auch die ähnlichen Werke gemäß der Präambel sind damit an die Werkkategorien des § 2 Abs. 1 Nr. 5, 6 UrhG geknüpft, womit die Rechte an Multimediawerken von E-Book-Autoren nicht durch die VG Bild-Kunst wahrgenommen werden.

---

800 Siehe die Präambel der Satzung der VG Bild-Kunst in der Fassung laut Beschlüssen der Mitgliederversammlung vom 19.07.2017, abrufbar unter: <http://www.bildkunst.de/uploads/media/Vereinssatzung_Fassung_29.07.2017.pdf>.

II. Verteilung der Einnahmen

Im Gegensatz zur VG Wort nimmt die VG Bild-Kunst auch Rechte an Werken gemäß § 2 Abs. 1 Nr. 3–7 UrhG wahr, wenn diese in einen multimedialen Kontext eingebunden sind. Um bei den Ausschüttungen der Einnahmen beteiligt werden zu können, sind auch hier die einzelnen Werke zu melden. Speziell für solche Werke, die in E-Books eingebunden sind, ist die Meldefähigkeit jedoch ausgeschlossen.[801] Hierdurch bleibt unberücksichtigt, dass auch die Veröffentlichung eines Werkes der bildenden Kunst oder eines Lichtbild- sowie Filmwerkes in einem E-Book zu einer kraft Gesetzes möglichen Nutzungen (etwa gemäß §§ 53, 60a, 60c, 60e UrhG) führen kann, die einen verwertungsgesellschaftspflichtigen Vergütungsanspruch des Urhebers auslöst. Dies bestätigt die grundsätzliche Meldefähigkeit von in E-Books veröffentlichten Sprachwerken bei der VG Wort.[802] Allein die Veröffentlichung eines Werkes in einem E-Book kann den Ausschluss der Meldefähigkeit nicht rechtfertigen. Insofern handelt die VG Bild-Kunst damit in Bezug auf die Verteilung der Einnahmen willkürlich i. S. v. § 27 Abs. 1 VGG und damit rechtswidrig.

D. Zusammenfassung

Darüber hinaus ist wegen der jeweils eng abgegrenzten Tätigkeitsbereiche eine kollektive Wahrnehmung von Rechten an Multimediawerken auch durch die sonstigen Verwertungsgesellschaften ausgeschlossen.[803] Obwohl der Katalog der Werkarten gemäß § 2 Abs. 1 UrhG nur beispielhaft und für die Begründung des urheberrechtlichen Schutzes nicht konstitutiv ist,[804] ist § 2 Abs. 1 UrhG letztlich dennoch Maßstab für die kollektive Rechtewahrnehmung durch die Verwertungsgesellschaften. Im Ergebnis können die Rechte an den einschlägigen multimedialen E-Books nicht zentral durch eine Verwertungsgesellschaft wahrgenommen werden.

Auch die dezentrale Wahrnehmung der Rechte an verschiedenen Bestandteilen von multimedialen E-Books sieht sich seitens der VG Wort und der VG Bild-Kunst beachtlichen Hürden gegenüber. Zum einen werden Sprachwerke in multimedialen Produkten nicht durch die VG Wort vergütet. Zum anderen schließt auch die VG Bild-Kunst Ausschüttungen für Werke, die in E-Books

---

801 *VG Bild-Kunst*, Merkblatt zur Meldekarte Buch, abrufbar unter: <http://www.bildkunst.de/service/formulare-fuer-mitglieder.html>.
802 Siehe oben S. 185 ff.
803 Siehe auch *Müller*, in: Hoeren/Sieber/Holznagel, Multimedia-Recht, Teil 7.5 Rn. 143, 171.
804 *Rehbinder/Peukert*, UrhR, Rn. 208; *Schack*, UrhR, Rn. 180; siehe auch BT-Drucks IV/270, S. 37.

publiziert werden, kategorisch aus. Beides stellt sich im Ergebnis jedoch als rechtswidrig dar. Jedenfalls erhalten im Hinblick auf E-Books damit derzeit letztlich nur Urheber von Sprachwerken in klassischen E-Books die jeweils vorgesehene Vergütung. Für die übrigen Urheber steigt damit der Anreiz für den Einsatz technischer Schutzmaßnahmen, der den urheberrechtlichen Interessenausgleich vollständig der Praxis der Rechteinhaber und damit regelmäßig der Verlage überlässt.

10. Kapitel: Perspektiven für die Wissensgesellschaft

Die technische Modernisierung des Buches bewirkt durch seine erweiterten Nutzungsmöglichkeiten zunächst faktisch eine Öffnung des Zugangs zu Informationen in Buchform. Gleichzeitig wirken sich die technischen Neuerungen unmittelbar auf die urheberrechtlichen Nutzungsmöglichkeiten aus, die für elektronische Bücher im Vergleich zu ihren analogen Vorgängern eingeschränkt sind. Das bisherige Verhältnis von Ausschließlichkeitsrecht und Nutzungsfreiheit in der Buchkultur hat sich daher technisch bedingt verschoben. Will man den Ausgleich von Ausschluss und Zugang nicht sich selbst überlassen, bedarf es daher einer Anpassung der urheberrechtlichen Vorschriften. Angesichts der Bedeutung des Zugangs zu Informationen in der Wissensgesellschaft wurde die Entwicklung der Digitaltechnik durch das UrhWissG bereits aufgegriffen, das im Kern die Regulierung der erlaubnisfreien Nutzung für Bildung und Wissenschaft zum Gegenstand hatte. Die Ausführungen bezüglich der urheberrechtlichen Behandlung von E-Books haben jedoch gezeigt, dass trotz der kürzlich erfolgten Anpassung des Urheberrechts Handlungsbedarf besteht. Die gewonnenen Erkenntnisse können daher für die weitere Diskussion der Perspektiven des Urheberrechts fruchtbar gemacht werden. Dabei sollen im Folgenden allein die Friktionen aufgegriffen werden, die in der Untersuchung der urheberrechtlichen Behandlung von elektronischen Büchern sichtbar wurden. Insofern ist das Ziel der Überlegungen, eine interessengerechte Perspektive für das Urheberrecht unter Berücksichtigung des technologischen Umfeldes zu schaffen.

A. Begründung urheberrechtlichen Schutzes

Im Hinblick auf die Begründung des urheberrechtlichen Schutzes kann an der insofern exemplarischen Untersuchung bezüglich E-Books eine ausreichende Unabhängigkeit von konkreten Medien konstatiert werden. Auch solche E-Books, die sowohl durch Multimedialität als auch durch Interaktivität gekennzeichnet sind, können als persönlich geistige Schöpfung gemäß § 2 Abs. 2

UrhG urheberrechtlichen Schutz genießen. Zwar lassen sie sich nicht unter den Katalog der Werkarten nach § 2 Abs. 1 UrhG subsumieren. Die einschlägigen E-Books können dennoch der unbenannten Werkart »Multimediawerk« zugeordnet werden. Zu deklaratorischen Zwecken kann die explizite Aufnahme von Multimediawerken als eigene Werkart durch den Gesetzgeber in Betracht gezogen werden. Obwohl die Beurteilung der urheberrechtlichen Schutzfähigkeit durch den Werkkatalog an sich unangetastet bleibt, kann die explizite Nennung in § 2 Abs. 1 UrhG vor allem mit Blick auf die kollektive Rechtewahrnehmung durch die Verwertungsgesellschaften einen wertvollen Impuls darstellen. Verwertungsgesellschaften stecken ihre Tätigkeitsbereiche anhand des Kataloges von Werkarten gemäß § 2 Abs. 1 UrhG sowie der verschiedenen Nutzungsarten ab. Die Aufnahme von Multimediawerken in den Katalog der benannten Werkarten könnte damit auch für die kollektive Rechtewahrnehmung in Bezug auf Multimediawerke sensibilisieren, an der es bislang fehlt.[805]

B. Schutzumfang

Gegenüber der urheberrechtlichen Schutzfähigkeit kann der jeweilige Schutzumfang von Werken je nach Trägermedium divergieren. Bestehende Schrankenregelungen knüpfen an das Vorliegen von Werken in einem konkreten Format teils verschiedene Rechtsfolgen.[806] Allerdings hat die vorangegangene Untersuchung gezeigt, dass schon eine genaue Begriffsbestimmung hinsichtlich des Buches schwerfällt.[807] Die Unterscheidung von verschiedenen Medienformen im digitalen Bereich begegnet ungleich höheren Hürden und kann wie im Fall des E-Books regelmäßig nur im Wege einer wertenden Gesamtbetrachtung erfolgen.[808] Bei Onlinemedien wie beispielsweise Blogs und E-Journals ist eine klare Trennung häufig nicht auszumachen. Die Entwicklungen in der Digitaltechnik unterstreichen damit das rechtspolitische Postulat der Technologieneutralität. Entschärft wird die Technologieabhängigkeit in den aktuellen urheberrechtlichen Vorschriften jedoch teilweise dadurch, dass gerade in Bezug auf die tatbestandliche Anknüpfung an Werke in Zeitungen und Zeitschriften regelmäßig auch sonstige Werke geringen Umfangs genutzt werden dürfen. Schwierigkeiten der Abgrenzung verschiedener Medien haben im Hinblick auf eine Einordnung eines Mediums als Zeitung oder Zeitschrift hier damit nur geringe Auswirkung. Insgesamt ist eine solche sowohl technologieneutrale als auch werkneutrale

---

805 Siehe oben S. 183 ff.
806 Siehe oben S. 19 f. und S. 77 ff.
807 Siehe oben S. 79 f.
808 Siehe oben S. 31 ff.

Regelung zu befürworten.[809] Die Diskussion um das E-Book hat gezeigt, dass die Digitaltechnik sowohl Grenzen zwischen verschiedenen Medien als auch zwischen verschiedenen Werkarten unscharf werden lässt.

C. Grenzen des Postulats der Technologieneutralität

Die Ausführungen haben zudem hervorgebracht, dass sich technisch bedingte Friktionen auch dort ergeben können, wo das Gesetz selbst technologieneutral formuliert ist. Dies wird vor allem für die Schranken für Wissenschaft und Bildung aktuell. Vor allem Multimediawerke lassen sich wegen der Verschmelzung audiovisueller Inhalte mit Computerprogrammen nur digital umsetzen. Dies führt dazu, dass sowohl auf der Computer- als auch auf der Nutzerebene verschiedene potenziell urheberrechtlich geschützte Objekte auftreten können, wobei erst die Synthese beider Ebenen den digitalen Inhalt bildet.

Aber auch unabhängig von einem urheberrechtlichen Schutz der Computerebene kann gerade diese Synthese eine erlaubnisfreie Nutzung des Gesamtwerkes im Rahmen der vorgesehenen Schranken faktisch verhindern. So kann der duale Charakter des Vervielfältigungsstückes eine Teilung des Gesamtwerkes praktisch ausschließen, womit die technische Umsetzung des Werkes der Verwirklichung von Schrankenregelungen, die lediglich die Nutzung von Teilen eines Werkes erlaubt, entgegensteht. Allerdings wird nur bei Vorliegen einer technischen Schutzmaßnahme, an der es hier mangels einer objektiven Bestimmung zum Schutz gemäß § 95a Abs. 2 S. 1 UrhG fehlt, über § 95b UrhG ein Instrument zur Verwirklichung der gesetzlichen Privilegierung von Nutzungshandlungen gegenüber dem technisch vermittelten, faktischen Schutz des Werkes vorgesehen. Mit Blick auf die zunehmende Digitalisierung des Werkschaffens stellt sich damit aber de lege ferenda die Frage, inwiefern diese technische Abhängigkeit der Werknutzung durch die urheberrechtlichen Vorschriften korrigiert werden kann.

Hinter dem Problem der Verwirklichung einer erlaubnisfreien Nutzung, die faktisch durch die konkrete technische Umsetzung des Werkes selbst ausgeschlossen wird, steht die Frage nach der Rechtsnatur der urheberrechtlichen Schrankenbestimmungen. Als tatbestandliche Begrenzung des Ausschließlichkeitsrechts des Urhebers vermitteln die Schranken dem Nutzer zunächst keine Mindestrechte.[810] § 95b UrhG bildet dabei eine Ausnahme, indem hier für ausgewählte Schranken eine Verpflichtung des Rechteinhabers vorgesehen wird, die

---

809 Siehe auch *de la Durantaye*, S. 224f.; grundlegend auch *Dreier*, in: FS Erdmann, S. 73 (78ff.).
810 *Stieper*, S. 153ff.

zur Verwirklichung der jeweiligen Schranke erforderlichen Mittel zur Verfügung zu stellen. Aus den Ausnahmen vom Ausschließlichkeitsrecht des Urhebers kann sich aber keine Pflicht des Urhebers ableiten lassen, das Werk in einer den Schranken entsprechend nutzbaren Weise technisch umzusetzen.[811] Demgegenüber steht dem Nutzer die Möglichkeit der technischen Umgestaltung im Rahmen von zulässigen Vervielfältigungshandlungen etwa in Form der Konvertierung in andere Dateiformate zur Verfügung. Einer expliziten Erlaubnis zur technischen Umgestaltung der Festlegung des Werkes auf der Computerebene etwa nach Vorbild des § 60e Abs. 1 UrhG bedarf es insoweit nicht mehr.

Über die Möglichkeit der technischen Umgestaltung seitens des Nutzers hinaus könnte die technische Abhängigkeit kraft der auf der Digitaltechnik basierenden Synthese von Computer- und Nutzerebene mit Blick auf die faktisch ausgeschlossene Nutzung von Werkteilen durch eine Regelung überwunden werden, die eine Nutzung des gesamten Werkes jedenfalls dann erlaubt, wenn nur so eine Werknutzung zu den jeweils privilegierten Zwecken möglich ist. Eine solche Anpassung der einschlägigen Vorschriften stünde jedenfalls mit Art. 5 Abs. 1, 2 RL 2001/29/EG in Einklang, der eine Begrenzung auf die Nutzung von Werkteilen nicht vorsieht. Vor diesem Hintergrund steht auch der sog. Dreistufentest gemäß Art. 5 Abs. 5 RL 2001/29/EG einer Nutzung eines gesamten Werkes nicht per se entgegen. Dieser erfordert zwar eine umfassende Interessenabwägung.[812] Ein genereller Vorrang der Interessen der Rechteinhaber an der uneingeschränkten Verwertung des Werkes in seiner Gesamtheit ist dabei aber gerade nicht auszumachen. Diese sind vielmehr mit den (gegebenenfalls auch verfassungsrechtlich gesicherten) öffentlichen Interessen in Einklang zu bringen.[813]

Wenig belastbar für die Nutzung eines gesamten Werkes und damit einer Abschwächung des urheberrechtlichen Schutzes im Vergleich zum Status quo ist dabei jedoch das Postulat der Technologieneutralität selbst. Die Forderung nach einer technikneutralen Ausgestaltung der urheberrechtlichen Schranken zielt darauf ab, mit künftigen technischen Entwicklungen Schritt halten zu können. Dies bezweckt eine möglichst dauerhafte Gewährleistung des Interessenausgleiches zwischen Urhebern und Nutzern.[814] Er trifft jedoch keine Aussage darüber, wie dieser Interessenausgleich zu erfolgen hat. Auch ergibt sich aus der Forderung einer technikneutralen Ausgestaltung des Urheberrechts keine Pflicht, eine Nutzung von analog und digital vorliegenden Werken gleichermaßen zu gewährleisten. Es ist lediglich zu fordern, dass sich technische Ent-

---

811 *Schack*, ZUM 2002, 497 (504).
812 Siehe unten S. 206 f.
813 *Geiger/Hilty/Griffiths/Suthersanen*, JIPITEC 2010, 119 (120).
814 *Sucker*, S. 13; *Poeppel*, S. 54.

wicklungen nicht unreflektiert auf das Urheberrecht auswirken.[815] Dies gilt umso mehr, als sowohl das Werkschaffen als auch die Werknutzung zunehmend auf ein konkretes technisches, digitales Umfeld angewiesen sind. Der Gesetzgeber ist gehalten, diese faktische Technologieabhängigkeit bei der Abwägung von Urheber- und Allgemeininteressen zu berücksichtigen.

D. Subsidiarität urheberrechtlicher Schranken

I. Relevanz kommerzieller Online-Angebote

Wie E-Books werden auch sonstige digitale Inhalte überwiegend im Wege der öffentlichen Zugänglichmachung vertrieben. Vermittelt über § 95b Abs. 3 UrhG führt dies dazu, dass die Nutzung von digitalen Inhalten trotz verschiedener urheberrechtlicher Privilegierungstatbestände von der Zustimmung der Rechteinhaber abhängig gemacht und somit zunächst dem individuellen Interessenausgleich überlassen wird.[816] Der Regelungsanspruch des Urheberrechts ist in Bezug auf digitale Inhalte damit stark eingeschränkt. Grund hierfür kann die Digitalisierung selbst sein. Sie führt insgesamt zur schnellen und individuellen Vernetzung, was die Möglichkeiten des faktischen Zugangs zu Informationen und kulturellen Gütern erweitert. Darauf basierend lässt sich perspektivisch aber schon generell die gesetzliche Privilegierung von Vermittlungstätigkeiten (die vor allem durch Bibliotheken wahrgenommen werden) in Bezug auf digitale Inhalte – auch unabhängig von dem Einsatz technischer Schutzmaßnahmen – infrage stellen.

Eine ähnliche Perspektive lässt sich auch auf europäischer Ebene erkennen. Gemäß ErwGr 51 S. 2 der RL 2001/29/EG sollten »[d]ie Mitgliedstaaten [...] freiwillige Maßnahme der Rechtsinhaber, einschließlich des Abschlusses und der Umsetzung von Vereinbarungen zwischen Rechtsinhabern und anderen interessierten Parteien, fördern«, kraft derer ein urheberrechtlicher Interessenausgleich geschaffen werden kann. Auch die Europäische Kommission hat jedenfalls die Frage aufgeworfen, ob die Praxis der Verlage unabhängig von gesetzlichen Regelungen den Online-Zugang zu Werken ausreichend gewährleistet.[817]

Dieser Haltung des europäischen Gesetzgebers scheint sich auch der deutsche Gesetzgeber anzunähern. So steht auch die durch das UrhWissG neu eingeführte

---

815 *Hofmann*, ZGE 2016, 482 (489).
816 Siehe oben S. 178 ff.
817 Grünbuch »Urheberrechte in der wissensbestimmten Wirtschaft«, KOM(2008) 466 endg., S. 12.

Privilegierung der Erstellung von Zitationsarchiven durch die Deutsche Nationalbibliothek sowie durch die Pflichtexemplarbibliotheken der Länder (§ 21 S. 2 DNBG) in § 16a Abs. 2 DNBG letztlich unter dem Vorbehalt von Online-Angeboten durch die Rechteinhaber. Die Bibliotheken dürfen zwar grundsätzlich im Auftrag eines Nutzers Werke für die nicht kommerzielle wissenschaftliche Forschung zur Erleichterung von Zitaten vervielfältigen und öffentlich zugänglich machen. Allerdings gilt diese Erlaubnis dann nicht, wenn die dauerhafte Erreichbarkeit der Werke durch Dritte gesichert ist, etwa dadurch, dass die Werke über andere, entgeltliche oder unentgeltliche Dienste erreichbar sind, § 16a Abs. 2 S. 2 DNBG. Jedoch konnte sich für die übrigen Schrankenbestimmungen innerhalb des UrhWissG nur in den Fällen des § 60g Abs. 2 UrhG ein Vorrang von vertraglichen Vereinbarungen durchsetzen. Damit wurde sogar von der Regelung des § 53a Abs. 1 S. 3 UrhG a. F. Abstand genommen, wo bereits bloße Online-Angebote die Zulässigkeit des elektronischen Kopienversands durch Bibliotheken ausgeschlossen haben. So war der elektronische Kopienversand nur dann zulässig, wenn der Zugang zu den Beiträgen oder Werkteilen den Mitgliedern der Öffentlichkeit nicht offensichtlich von Orten und zu Zeiten ihrer Wahl mittels einer vertraglichen Vereinbarung zu angemessenen Bedingungen ermöglicht wurde. Abgesehen von § 16a Abs. 2 DNBG genügen Online-Angebote seitens der Rechteinhaber nunmehr nicht zur Verdrängung der gesetzlichen Privilegierung der bibliothekarischen Bestandsvermittlung.

II. Vorgaben des Dreistufentests

Nach wie vor könnte der sog. Dreistufentest gemäß Art. 5 Abs. 5 RL 2001/29/EG jedoch eine solche subsidiäre Ausgestaltung gesetzlicher Nutzungsbefugnisse hinter Online-Angeboten gebieten. Danach sind Beschränkungen des Urheberrechts nur dann zulässig, wenn sie bestimmte Sonderfälle betreffen, in denen die normale Verwertung des Werkes nicht beeinträchtigt wird und die berechtigten Interessen des Rechtsinhabers nicht ungebührlich verletzt werden. Indem die zweite Stufe die Beeinträchtigung der normalen Verwertung des Werkes verbietet, sollen intakte Märkte geschützt und das Auskommen der Urheber gesichert werden.[818] Dabei erfasst diese Schranken-Schranke nicht nur bestehende Märkte, sondern soll den Urheber auch davor schützen, neue Verwertungsmöglichkeiten aufgrund der urheberrechtlichen Schrankenregelungen nicht realisieren zu können.[819] Gerade für digitale Inhalte bietet das Internet aber

---

818 *Senftleben*, GRUR Int 2004, 200 (208).
819 *Poll/Braun*, ZUM 2004, 266 (275).

einen ubiquitären Markt, dessen individuelle Auswertung zwingende Schrankenregelungen in ihrem Anwendungsbereich grundsätzlich entgegenstehen.[820]
In Bezug auf die bibliothekarischen Vermittlungstätigkeiten könnte eine Beeinträchtigung des Marktes aber gerade durch eine Subsidiarität der Schranke hinter Online-Angeboten der Rechteinhaber verhindert werden. Im Hinblick auf die rechtspolitische Forderung der Regulierung des E-Book-Verleihs wäre etwa eine Regelung vorstellbar, wonach Bibliotheken E-Books verleihen dürfen, sofern das Werk den Mitgliedern der Öffentlichkeit nicht offensichtlich von Orten und zu Zeiten ihrer Wahl mittels einer vertraglichen Vereinbarung zu angemessenen Bedingungen ermöglicht wird. Zwar schreibt Art. 6 Abs. 1 RL 2006/115/EG für den Verleih inklusive des elektronischen Verleihs[821] vor, dass bei einer Ausnahme vom öffentlichen Verleihrecht jedenfalls die Urheber eine angemessene Vergütung erhalten müssen. Dies gilt jedoch nur für eine Ausnahme vom öffentlichen Verleihrecht, die bei vorhandenen Angeboten – etwa des Verlages – gerade nicht greift. Durch eine subsidiäre Geltung der gesetzlichen Schranke betreffend den E-Book-Verleih hinter Online-Angeboten der Rechteinhaber würden damit aber vornehmlich die derivativen Rechteinhaber begünstigt werden, wohingegen sich für die Urheber der zwingende Charakter der Schranke als vorteilhafter erweisen kann.[822]

Auch wenn durch eine subsidiäre Geltung der Schranke die normale Verwertung des Werkes am geringsten beeinträchtigt würde (zweite Stufe), ist ein Vorrang der Angebote der Rechteinhaber damit nicht per se die Lösung, die den Interessen von Urhebern, Verwertern, Vermittlern und der Allgemeinheit am ehesten gerecht wird. Gerade für den Verleih zeigt Art. 6 Abs. 1 RL 2006/115/EG, dass in besonderen Maßen die Interessen der Urheber zu berücksichtigen sind, was durch eine stufenweise Umsetzung des sog. Dreistufentests nicht sichergestellt würde. Demensprechend muss Art. 5 Abs. 5 RL 2001/29/EG dahingehend verstanden werden, dass dieser eine umfassende Gesamtprüfung verlangt.[823] Die in Art. 5 Abs. 5 RL 2001/29/EG genannten Kriterien sind hierbei gleichrangig zu berücksichtigen.[824]

---

820 *Senftleben*, GRUR Int 2004, 200 (208), verlangt daher, dass eine Werkverwertung nicht in erheblichen Maße eingeschränkt werden darf; zustimmend *Reschke*, S. 90f.
821 EuGH GRUR 2016, 1266 Rn. 59 – Vereniging Openbare Bibliotheken.
822 *Stieper*, GRUR 2016, 1270.
823 *Geiger/Hilty/Griffiths/Suthersanen*, JIPITEC 2010, 119 (119f.).
824 Auch die Rechtsprechung durch BGH und EuGH nimmt regelmäßig keine konsequente chronologische Prüfung vermeintlicher Stufen vor, siehe *Reschke*, S. 118ff., 130, und *Bengeser*, S. 151.

III. Gesamtabwägung

Für die Frage der Subsidiarität des gesetzlichen Interessensausgleiches de lege ferenda ist damit eine umfassende Abwägung sämtlicher Interessen erforderlich. Gleiches gilt nach herkömmlichem Verständnis bezüglich des Dreistufentests, wonach die Gesamtprüfung jedoch erst im Rahmen der dritten Stufe vorzunehmen ist.[825]

Eine Subsidiarität der Schrankenanwendung wird den Interessen der Urheber immer dann widersprechen, wenn die Schranke selbst eine angemessene Vergütung gerade der Urheber vorsieht und hierdurch eine höhere wirtschaftliche Beteiligung an der Verwertung seiner Werke als durch den derivativen Rechteinhaber verspricht, was im Einzelfall freilich nicht zwingend ist.[826] Demgegenüber würde die Subsidiarität vor allem dem wirtschaftlichen Interesse der derivativen Rechteinhaber an der eigenständigen Verwertung dienen. Offen ist damit aber noch, inwiefern eine Subsidiarität einer Schranke hinter Online-Angeboten der Rechteinhaber den Interessen der Bibliotheken als Werkvermittler sowie den Interessen der Werknutzer entspricht. Seitens der Bibliotheken wird einem solchen Vorrang von Angeboten der Rechteinhaber vorgehalten, mit einem prohibitiv organisatorischen Mehraufwand einherzugehen. Da die Zulässigkeit ihrer Vermittlertätigkeit nur unter Vorbehalt besteht, müssten sie im Einzelfall das Vorhandensein eines jeweiligen Angebotes überprüfen.[827] Auch wenn dieser Mehraufwand durch die Beschränkung auf offensichtliche Angebote begrenzt werden kann,[828] bliebe im Einzelfall zu klären, ob der Zugang zu angemessenen Bedingungen eröffnet wird. Ob ein Angebot angemessen ist, soll anhand aller Komponenten wie der Preisgestaltung sowie der dauerhaften und zuverlässigen Gewährleistung des Werkzugangs unter Berücksichtigung der unternehmerischen Freiheit zu beurteilen sein.[829] In Bezug auf die Anwendung des § 53a UrhG a. F. blieb in der Praxis aber unklar, wie die Angemessenheit im Einzelfall festgestellt werden sollte.[830]

Gleichzeitig hätte ein Verweis auf die Angebote der Verlage eine Dezentralisierung der Informationsversorgung der Werknutzer in elektronischer Form zur Folge, was die Zwecksetzung von Bibliotheken konterkariert. Über den Aufbau

---

825 *Melichar/Stieper*, in: Schricker/Loewenheim, UrhR, Vor §§ 44a ff. Rn. 31; *Senftleben*, GRUR Int 2004, 200 (208 ff.); *Reschke*, S. 91 ff.
826 *Hilty*, GRUR 2009, 633 (640).
827 *Sandberg*, ZUM 2006, 818 (827), in Bezug auf § 53a UrhG a. F.
828 Siehe auch der Vorschlag einer Allgemeinen Bildungs- und Wissenschaftsschranke von *de la Durantaye*, S. 214, 232, wonach offensichtliche Angebote jedenfalls im Rahmen der Gebotenheit einer Nutzung zu berücksichtigen sind.
829 Betreffend § 53a UrhG a. F. siehe BT-Drucks 16/5939, S. 45; *Jani*, in: Wandtke/Bullinger, UrhR, § 53a Rn. 34f.
830 *Jani*, in: Wandtke/Bullinger, UrhR, § 53a Rn. 36.

eines Bestandes sowie dessen Erhaltung und Eröffnung des Zugangs kommt ihnen auch die Aufgabe zu, die gesammelten Informationen zu organisieren. § 2 Nr. 1 DNBG bestätigt dies exemplarisch. Danach hat die Deutsche Nationalbibliothek den gesetzlichen Auftrag, Medienwerke zu sammeln, zu inventarisieren, zu erschließen und bibliografisch zu verzeichnen, auf Dauer zu sichern und für die Allgemeinheit nutzbar zu machen sowie zentrale bibliothekarische und nationalbibliografische Dienste zu leisten. Auch für die urheberrechtlichen Vorschriften kann es daher nicht nur auf die bloße Eröffnung des Zugangs zu Informationen ankommen, die grundsätzlich unmittelbar durch die Rechteinhaber erfolgen kann. Vor allem in einer Wissensgesellschaft bedarf die Sammlung von Informationen einer zuverlässigen Organisation, was gleichermaßen Berücksichtigung bei der Privilegierung der Nutzungshandlungen inklusive einer effizienten Bestandsvermittlung durch Bibliotheken finden muss. Auch wenn die vom Dreistufentest geforderte Abwägung die Anpassungsfähigkeit der Märkte in jedem Fall nicht unberücksichtigt bleiben darf,[831] verspricht ein Vorrang von Online-Angeboten der Rechteinhaber keine Perspektive, bei der sämtliche Interessen angemessen Beachtung finden.

IV. Konsequenzen für den Einsatz technischer Schutzmaßnahmen

Da der Dreistufentest gemäß Art. 5 Abs. 5 RL 2001/29/EG ein Vorrang von Online-Angeboten des Rechteinhabers vor der gesetzlichen Privilegierung nicht vorgibt, kann auch die Regelung des § 95b Abs. 3 UrhG bzw. dessen europarechtliche Grundlage (Art. 6 Abs. 4 Uabs. 4 RL 2001/29/EG) infrage gestellt werden. Danach ist die Durchsetzbarkeit ausgewählter Schrankenbestimmungen (vgl. § 95b Abs. 1 UrhG) dann ausgeschlossen, soweit Werke und sonstige Schutzgegenstände der Öffentlichkeit aufgrund einer vertraglichen Vereinbarung in einer Weise zugänglich gemacht werden, dass sie Mitgliedern der Öffentlichkeit von Orten und zu Zeiten ihrer Wahl zugänglich sind. Dies führt wie gesehen dazu, dass sich die zulässige Nutzung von online erworbenen Inhalten allein nach den technisch und vertraglich vorgegebenen Möglichkeiten richtet. Wenngleich eine Kontrolle der vertraglichen Vereinbarungen auf ihre Angemessenheit möglich ist, werden hierdurch online verwertete Werke gegenüber sonstigen Verwertungsformen ungerechtfertigt besser gestellt.[832] Trotz der leichten Möglichkeit der Vernetzung ist es widersprüchlich, den öffentlichen

---

831 So *Peifer*, GRUR 2009, 22 (25); siehe auch *Sattler*, S. 110.
832 *Dreyer*, in: Dreyer/Kotthof/Meckel, UrhR, § 95b Rn. 21; *Schweikart*, UFITA 2005, 7 (13); *Lauber-Rönsberg*, S. 272; siehe auch *Lindhorst*, S. 127, wonach es sich um eine unausgewogene Regelung handelt.

Interessen bezüglich analog vorliegender Werke Vorrang gegenüber den Interessen der Rechteinhaber einzuräumen, in Bezug auf digital vorliegende Werke, die typischerweise online verwertet werden, den Interessenausgleich jedoch der Selbstregulierung zu überlassen.[833] Eine Motivation der Rechteinhaber zur Eröffnung eigener Online-Angebote[834] durch den generellen Vorrang technischer Schutzmaßnahmen vor den Schrankenbestimmungen beim Online-Vertrieb vermag diesen Widerspruch jedenfalls nicht mehr zu rechtfertigen. Es gilt daher Art. 6 Abs. 4 Uabs. 4 RL 2001/29/EG auf europäischer Ebene zu überdenken.[835]

---

833 *Dreyer*, in: Pahlow/Eisfeld, Grundlagen und Grundfragen des Geistigen Eigentums, S. 221 (244).
834 BT-Drucks 18/12329, S. 25, siehe oben S. 181.
835 So auch *Schack*, UrhR, Rn. 836.

11. Kapitel: Gesamtergebnis

Die Buchkultur war regelmäßig Triebkraft für urheberrechtliche Entwicklungen. Die vorangegangene Untersuchung zeigt, dass sich auch an der technologischen Weiterentwicklung des Buches in Form des E-Books in besonderem Maße urheberrechtliche Probleme herauskristallisieren, womit die Buchkultur abermals den Blick für eine zeitgemäße Anpassung des Urheberrechts schärfen kann.

Zunächst wurde deutlich, dass die Einordnung eines Medienproduktes als E-Book letztlich nur durch eine wertende Gesamtbetrachtung erfolgen kann. Gleiches konnte jedoch auch für das analoge Buch festgestellt werden. Medienregulierung steht damit insgesamt vor der Herausforderung, ihren Regelungsgegenstand konkret abzugrenzen. Urheberrechtliche Vorschriften, welche die mediale Kommunikation betreffen, müssen angesichts des dualen Charakters von Medien zudem berücksichtigen, dass bei digitalen Mediengütern sowohl dem Perzeptionsmedium auf Nutzerebene als auch dem Informationsaustauschmedium auf Computerebene urheberrechtliche Relevanz zukommen kann. Im Hinblick auf die urheberrechtliche Behandlung hybrider Werke ist diesem Umstand durch eine einzelfallabhängige Beurteilung des jeweils anzuwendenden Rechts zu begegnen, was für die Nutzung von E-Books aufgrund der Schutzrichtung der Sondervorschriften für Computerprogramme regelmäßig zur Anwendung der allgemeinen Vorschriften führt.

In Bezug auf die Buchkultur ist das nationale Urheberrecht im Ausgangspunkt den klassischen Druckerzeugnissen verhaftet. Anders als seine analogen Vorgänger wird das elektronische Buch damit nicht aus dem Kreis sonstiger Mediengüter herausgehoben. Als digitales Produkt wird das E-Book vielmehr wie sonstige digitale Güter durch die Vorschriften des Urheberrechts behandelt. Die durch das UrhG anerkannte Buchkultur umfasst im Grunde folglich nur das analoge Buch. So gelten das absolute Kopierverbot für vollständige Bücher gemäß § 53 Abs. 4 lit. b UrhG, die Schranke für verwaiste Werke in § 61 Abs. 2 Nr. 1 UrhG sowie die Wahrnehmungsbefugnis der Verwertungsgesellschaften für vergriffene Werke in § 51 Abs. 1 Nr. 1 VGG zunächst nur für das analoge Buch. Demgegenüber zeigen sich urheberrechtliche Vorschriften auf der Ebene des Unionsrechts offener. Dies führt auf nationaler Ebene im Ergebnis allerdings allein bei den Vorschriften über verwaiste Werke im Wege der richtlinienkonformen Auslegung zu einem weiten Verständnis des Buchbegriffes. Anders als das absolute Kopierverbot für vollständige Bücher und die Wahrnehmungsbefugnis für vergriffene Werke lässt sich hier eine Beschränkung des Anwendungsbereiches auf das analoge Buch zudem nicht mit den Unterschieden zwischen analogen und elektronischen Büchern hinsichtlich ihrer Nutzung sowie Herstellungs- und Vertriebsweise rechtfertigen.

Ferner werden die urheberrechtlichen Privilegierungen hinsichtlich E-Books dem bibliothekarischen Auftrag zur Sammlung, Bewahrung und Vermittlung von kulturellem Erbe nicht vollends gerecht. Zwar werden E-Books der Praxis entsprechend grundsätzlich als Bestand einer Bibliothek i. S. d. § 60e UrhG anerkannt, womit E-Books etwa standortgebunden an Terminals ohne Zustimmung des Urhebers (§ 60e Abs. 4 UrhG) genutzt werden können. Vor allem für die Bestandsvermittlung außerhalb der Räume der Bibliothek ergeben sich im Vergleich zum klassischen Buch aber erhebliche Einschränkungen. Wesentlich ist hierfür die unterschiedliche dogmatische Ausgestaltung des Verleihrechts auf nationaler und europäischer Ebene. Auch wenn der EuGH über die Auslegung der RL 2006/115/EG den Weg für die Mitgliedsstaaten bereitet hat, den elektronischen Verleih durch Bibliotheken gegen eine angemessene Vergütung der Urheber zu erlauben, bleibt es bisher dabei, dass Bibliotheken für den Verleih von E-Books einer Nutzungsrechtseinräumung durch den jeweiligen Rechtsinhaber bedürfen. Eine genaue Betrachtung der dogmatischen Grundlagen des Verleihrechts zeigt jedoch, dass die Bibliothekstantieme gemäß § 27 Abs. 2 UrhG in unionsrechtskonformer Anwendung über den Wortlaut hinaus für den Verleih sämtlicher Vervielfältigungsstücke zu zahlen ist, deren Weiterverbreitung aufgrund einer Schrankenbestimmung vergütungsfrei zulässig ist.

Auch bei den durch das UrhWissG neu gefassten Schranken für Bildung und Wissenschaft gemäß §§ 60a, 60c UrhG ergeben sich für E-Books im Vergleich zu gedruckten Büchern zahlreiche Einschränkungen. Dies überrascht insoweit, als durch die gesetzlichen Neuerungen jedenfalls auch auf den Vorwurf reagiert werden sollte, dass die zuvor geltenden Schrankenbestimmungen zu Zwecken der Bildung und Forschung für den Einsatz neuer Medien ungeeignet gewesen seien. So bleibt eine urheberrechtlich zulässige Werknutzung von Werkteilen (vgl. etwa §§ 60a, 60c UrhG) dort ausgeschlossen, wo eine Teilbarkeit des Werkes wie regelmäßig bei E-Books aus technischen Gründen nicht besteht. Die technische Umsetzung eines Buchinhaltes bleibt damit entscheidender Faktor für den urheberrechtlich zulässigen Informationsaustausch. Insofern wirkt sich die Technologieabhängigkeit moderner Schöpfungsprozesse unmittelbar auf den gesetzlich vorgesehenen Interessenausgleich zwischen Urhebern und Nutzern aus, was es rechtspolitisch auch angesichts der Forderung des verstärkten Einsatzes digitaler Medien in Bildung und Forschung zu berücksichtigen gilt. Auch wenn das Postulat der Technologieneutralität selbst keine inhaltlichen Aussagen über den vorzunehmenden Interessenausgleich trifft, dürfen sich technische Entwicklungen nicht unreflektiert auf das Urheberrecht auswirken.

In der Untersuchung der Auswirkungen des Einsatzes von technischen Schutzmaßnahmen in Bezug auf das E-Book wurde zudem deutlich, dass der Zugang zu elektronischen Medien primär dem individuellen Interessenausgleich überlassen wird. Insoweit erkennen die urheberrechtlichen Regelungen das elektronische Buch mehr als Privatgut denn als Kulturgut an. Zwar können verlegerische Tätigkeiten durch die elektronische Verwertung der jeweiligen Werke vielfältige, auf individuelle Interessen abgestimmte Nutzungsmöglichkeiten eröffnen. Indem die urheberrechtlichen Schranken aber regelmäßig durch den Einsatz technischer Schutzmaßnahmen verdrängt werden, bleibt die Nutzung von E-Books den freien Kräften des Marktes überlassen. Dem Steuerungsanspruch des Urheberrechts entsprechend bedarf es auch in der digitalen Wissensgesellschaft zwingender und durchsetzbarer Schranken. Mit Blick auf den Untersuchungsgegenstand ist der Gesetzgeber insofern gefordert, zur Transformation der Buchkultur in die digitale Wissensgesellschaft beizutragen.

Eine solche Transformation muss auch durch die Verwertungsgesellschaften begleitet werden, welche die kollektive Rechtewahrnehmung in Bezug auf E-Books derzeit zum Teil noch besonderen Restriktionen unterwerfen. Vor dem Hintergrund der unionsrechtlich und grundrechtlich geschützten Beteiligung des Urhebers an der Verwertung seines Werkes lassen sich diese Beschränkungen nicht ohne Weiteres rechtfertigen. Insbesondere dürfen sich Friktionen bei der Abgrenzung der jeweiligen Tätigkeitsbereiche der Verwertungsgesellschaften aufgrund der potenziell multimedialen und interaktiven Inhalte von E-Books nicht zu Lasten der Autoren auswirken.

Insgesamt zeigt sich damit, dass die technologische Weiterentwicklung des Buches erhebliche Auswirkungen auf den Interessenausgleich zwischen Autoren, Lesern und Werkmittlern hat. Die dargestellten Probleme sind allerdings nicht auf die buchnahe Ausgestaltung eines digitalen Inhalts beschränkt, sondern lassen sich weitgehend auf sonstige digitale Mediengüter übertragen. Allerdings sind gerade E-Books besonders praxisrelevant, da sich die Verbreitung von Informationen an der Buchkultur orientiert und Informationen daher buchnah ausgestaltet werden. Im Ergebnis ist es für die Wissensgesellschaft derzeit von entscheidender Bedeutung, ob ein urheberrechtlich geschütztes Werk als gedrucktes oder elektronisches Buch in den Verkehr gebracht wird.

Literaturverzeichnis

Adelung, Johann Christoph, Grammatisch-kritisches Wörterbuch der hochdeutschen Mundart, Nachdr. d. 2. Aufl. (1793), Hildesheim 1970

Ahlberg, Hartwig/Götting, Horst-Peter (Hrsg.), Beck'scher Online-Kommentar Urheberrecht, Stand: 20.04.2018, Edition: 20, München (zit.: BeckOK-UrhR/»Bearbeiter«)

Amazon, Amazon Kindle Publishing Guidelines. Version 2018.2, abrufbar unter: <http://kindlegen.s3.amazonaws.com/AmazonKindlePublishingGuidelines.pdf>

Anding, Markus/Hess, Thomas, Was ist Content? Zur Definition und Systematisierung von Medieninhalten, Arbeitspapiere des Instituts für Wirtschaftsinformatik und Neue Medien 05/2003

Apel, Simon, Anmerkung zu EuGH, Urt. v. 10. November 2016 – C-174/15 – Vereniging Openbare Bibliotheken, MR-Int 2016, S. 104–107

Arlt, Christian, Ansprüche des Rechteinhabers bei Umgehung seiner technischen Schutzmaßnahmen, MMR 2005, S. 148–155

Arlt, Christian, Digital Rights Management Systeme. Der Einsatz technischer Maßnahmen zum Schutz digitaler Inhalte, München 2006

Armstrong, Chris, Books in a virtual world: The evolution of the e-book and its lexicon, Journal of Librarianship and Information Science 2008, S. 193–206

Arnold, Bernhard/Timmann, Tobias, Ist die Verletzung des § 95a Abs. 3 UrhG durch den Vertrieb von Umgehungsmitteln keine Urheberrechtsverletzung?, MMR 2008, S. 286–291

Bappert, Walter, Wege zum Urheberrecht. Die geschichtliche Entwicklung des Urheberrechtsgedankens, Frankfurt am Main 1962

Baumgartner, Ulrich/Ewald, Konstantin, Apps und Recht, 2. Aufl., München 2016

Bechtold, Stefan, Der Schutz des Anbieters von Informationen – Urheberrecht und Gewerblicher Rechtsschutz im Internet, ZUM 1997, S. 427–450

Becker, Stefanie, Anwendung des ermäßigten Steuersatzes auf E-Books, DStR 2014, S. 462–466

Beisler, Peter, Die angemessene Vergütung literarischer Urheber, in: Schmitz, Wolfgang (Hrsg.), Probleme des neuen Urheberrechts für die Wissenschaft, den Buchhandel und die Bibliotheken, Wiesbaden 2008, S. 23–33

Bengeser, Nicole, Der Dreistufentest im internationalen, europäischen und deutschen Urheberrecht, Aachen 2015

Berger, Christian, Die Neuregelung der Privatkopie in § 53 Abs. 1 UrhG im Spannungsverhältnis von geistigem Eigentum, technischen Schutzmaßnahmen und Informationsfreiheit, ZUM 2004, S. 257–265

Berger, Christian, Die öffentliche Zugänglichmachung urheberrechtlicher Werke für Zwecke der akademischen Lehre. Zur Reichweite des § 52a I Nr. 1 UrhG, GRUR 2010, S. 1058–1064

Berger, Christian, Aktuelle Entwicklungen im Urheberrecht – Der EuGH bestimmt die Richtung, ZUM 2012, S. 353–361

Berger, Christian, Die Wiedergabe eines Werks auf einem elektronischen Bildschirm ist Vervielfältigung, in: Schierholz, Anke (Hrsg.), Kunst, Recht und Geld. Festschrift für Gerhard Pfennig zum 65. Geburtstag, München 2012, S. 3–14

Berlin-Brandenburgische Akademie der Wissenschaften, Goethe-Wörterbuch, Stuttgart 1989

Bilo, Albert, Anpassung oder Strukturwandel. Elektronische Publikationen und digitale Bibliotheken aus der Sicht bibliothekarischer Praxis, in: Tröger, Beate (Hrsg.), Wissenschaft online, Frankfurt am Main 2000, S. 121–144

Blümlein, Andreas, eBooks. Von den technischen Grundlagen über die Vermarktung bis zur öffentlichen Wahrnehmung, Hamburg 2013

Bornhauser, Jonas, Anwendungsbereich und Beschränkung des urheberrechtlichen Vervielfältigungsrechts im digitalen Kontext, Bern 2010

Börsenverein des Deutschen Buchhandels, Kopierrecht. Vorschläge zur Änderung der Vervielfältigungsbestimmungen des Urheberrechtsgesetzes (UrhG), Frankfurt am Main 1978

Brunn, Inka Frederike/Nordmeyer, Arne, Anmerkung zu EuGH, Urt. v. 23. Januar 2014 – C-355/12 – Nintendo/PC Box, CR 2014, S. 226–228

Bullinger, Winfried/Czychowski, Christian, Digitale Inhalte: Werk und/oder Software?, GRUR 2011, S. 19–26

Busch, Thomas, Zur urheberrechtlichen Einordnung der Nutzung von Streamingangeboten, GRUR 2011, S. 496–503

Calliess, Christian/Ruffert, Matthias (Hrsg.), EUV/AEUV. Das Verfassungsrecht der Europäischen Union mit Europäischer Grundrechtecharta. Kommentar, 5. Aufl., München 2016 (zit.: »Bearbeiter«, in: Callies/Ruffert)

Carvajal, Doreen, Long Line Online for Stephen King E-Novella, The New York Times v. 16.03.2000, abrufbar unter: <http://www.nytimes.com/2000/03/16/books/long-line-online-for-stephen-king-e-novella.html>

Cichon, Caroline, Urheberrechte an Webseiten, ZUM 1998, S. 897–902

Clement, Michel/Blömeke, Eva/Sambeth, Frank, Herausforderungen in der Buchbranche, in: Clement, Michel/Blömeke, Eva/Sambeth, Frank (Hrsg.), Ökonomie der Buchindustrie, Wiesbaden 2009, S. 11–23

Dambach, Otto Wilhelm Rudolf, Die Gesetzgebung des Norddeutschen Bundes betreffend das Urheberrecht an Schriftwerken, Abbildungen, musikalischen Kompositionen und dramatischen Werken, Berlin 1871

Damke, Christian, Strategische Analyse neuer Technologien für die Vermarktung von Büchern, in: Clement, Michel/Blömeke, Eva/Sambeth, Frank (Hrsg.), Ökonomie der Buchindustrie, Wiesbaden 2009, S. 207–228

Daude, Paul, Die Reichsgesetze über das Urheberrecht an Werken der Literatur und der Tonkunst und das Verlagsrecht vom 19. Juni 1901, Berlin 1910

de la Durantaye, Katharina, Die Nutzung verwaister und vergriffener Werke – Stellungnahme zu dem Gesetzentwurf der Bundesregierung, ZUM 2013, S. 437–445

de la Durantaye, Katharina, Allgemeine Bildungs- und Wissenschaftsschranke, Münster 2014

de la Durantaye, Katharina, Neues Urheberrecht für Bildung und Wissenschaft – eine kritische Würdigung des Gesetzentwurfs, GRUR 2017, S. 558–567

de la Durantaye, Katharina/ Linda Kuschel, Der Erschöpfungsgrundsatz – Josef Kohler, UsedSoft, and Beyond, ZGE 2016, S. 195–217

Denker, Christian/Hartl, Norbert/Denker, Marcus, Apps, in: Solmecke, Christian/Taeger, Jürgen/Feldmann, Thorsten (Hrsg.), Mobile Apps. Rechtsfragen und rechtliche Rahmenbedingungen, Berlin 2013, S. 1–8

Dora, Cornel, Natürliche Feinde? Die Bibliotheken und das Urheberrecht in der Schweiz, in: Schmitz, Wolfgang (Hrsg.), Probleme des neuen Urheberrechts für die Wissenschaft, den Buchhandel und die Bibliotheken, Wiesbaden 2008, S. 101–108

Dreier, Thomas, Urheberrecht an der Schwelle des 3. Jahrtausends, CR 2000, S. 45–49

Dreier, Thomas, Die Umsetzung der Urheberrechtsrichtlinie 2001/29/EG in deutsches Recht, ZUM 2002, S. 28–43

Dreier, Thomas, Konvergenz und das Unbehagen des Urheberrechts, in: Ahrens, Hans-Jürgen (Hrsg.), Festschrift für Willi Erdmann zum 65. Geburtstag, Köln 2002, S. 73–88

Dreier, Thomas/Euler, Ellen/Fischer, Veronika/van Raay, Anne, Museen, Bibliotheken und Archive in der Europäischen Union. Plädoyer für die Schaffung des notwendigen urheberrechtlichen Freiraums, ZUM 2012, S. 273–281

Dreier, Thomas/Schulze, Gernot, Urheberrechtsgesetz. Urheberrechtswahrnehmungsgesetz, Kunsturhebergesetz; Kommentar, 5. Aufl., München 2015 (zit.: »Bearbeiter«, in: Dreier/Schulze, UrhG)

Dreyer, Gunda, Urheberrechtliche Probleme des Digital Rights Managements, in: Pahlow, Louis/Eisfeld, Jens (Hrsg.), Grundlagen und Grundfragen des Geistigen Eigentums, Tübingen 2008, S. 221–250

Dreyer, Gunda/Kotthoff, Jost/Meckel, Astrid, Urheberrecht. Urheberrechtsgesetz, Urheberrechtswahrnehmungsgesetz, Kunsturhebergesetz, 3. Aufl., Heidelberg 2013 (zit.: »Bearbeiter«, in: Dreyer/Kotthof/Meckel, UrhR)

Duppelfeld, Monika, Das Urheberrecht der Bibliotheken im Informationszeitalter, Tübingen 2014

Enders, Theodor, Digital Rights Management Systeme (DRMS) als besondere Herausforderung an das Urheberrecht, ZUM 2004, S. 593–605

Engisch, Karl, Einführung in das juristische Denken, 11. Aufl., Stuttgart 2010

Ernsthaler, Jürgen, Streaming und Urheberrechtsverletzung, NJW 2014, S. 1553–1558

Euler, Ellen, Das kulturelle Gedächtnis im Zeitalter digitaler und vernetzter Medien und sein Recht, Bad Honnef 2011

Euler, Ellen/Steinhauer, Eric W., Pflichtexemplare im digitalen Zeitalter – Ist alles geregelt oder besteht Nachbesserungsbedarf?, in: Hinte, Oliver/Steinhauer, Eric W. (Hrsg.), Die digitale Bibliothek und ihr Recht – ein Stiefkind der Informationsgesellschaft?, Münster 2014, S. 109–140

Fechner, Frank, Geistiges Eigentum und Verfassung. Schöpferische Leistungen unter dem Schutz des Grundgesetzes, Tübingen 1999

Fezer, Karl-Heinz, Preisbindung elektronischer Verlagserzeugnisse, WRP 1994, S. 669–679

Fezer, Karl-Heinz, Anmerkung zu KG Berlin, Beschl. v. 17. Mai 1995 – Kart 14/94, WRP 1995, S. 946–948

Friedrichsen, Mike/Grüblbauer, Johanna/Haric, Peter, Strategisches Management von Medienunternehmen. Einführung in die Medienwirtschaft mit Case-Studies, 2. Aufl., Wiesbaden 2015

Fromm, Friedrich Karl/Nordemann, Wilhelm, Urheberrecht. Kommentar zum Urheberrechtsgesetz, zum Verlagsgesetz und zum Urheberrechtswahrnehmungsgesetz, 11. Aufl., Stuttgart 2014 (zit.: »Bearbeiter«, in: Fromm/Nordemann, UrhR)

Ganzhorn, Marco, Rechtliche Betrachtung des Vertriebs und der Weitergabe digitaler Güter, Frankfurt am Main 2015

Geiger, Christophe/Hilty, Reto M./Griffiths, Jonathan/Suthersanen, Uma, Declaration – a Balanced Interpretation of the »Three-Step Test« in Copyright Law, JIPITEC 2010, S. 119–122

Gerlach, Tilo, Gesetzliche Vergütungsansprüche – Stiefkinder der kollektiven Rechtewahrnehmung?, in: Schierholz, Anke (Hrsg.), Kunst, Recht und Geld. Festschrift für Gerhard Pfennig zum 65. Geburtstag, München 2012, S. 351–357

Gersdorf, Hubertus/Paal, Boris (Hrsg.), Beck'scher Online-Kommentar. Informations- und Medienrecht. Stand: 1.5.2018, Edition: 20, München (zit.: BeckOK-InfoMedienR/»Bearbeiter«)

Giesecke, Michael, Von den Mythen der Buchkultur zu den Visionen der Informationsgesellschaft, Frankfurt am Main 2002

Goebel, Jürgen/Hackemann, Martin/Scheller, Jürgen, Zum Begriff des Erscheinens beim Elektronischen Publizieren, GRUR 1986, S. 355–361

Gräbig, Johannes, Abdingbarkeit urheberrechtlicher Schranken, GRUR 2012, S. 331–337

Grabitz, Eberhard/Hilf, Meinhard/Nettesheim, Martin (Hrsg.), Das Recht der Europäischen Union, Stand: Dezember 2017, München (zit.: »Bearbeiter«, in: Grabitz/Hilf/Nettesheim)

Graef, Ralph Oliver, Recht der E-Books und des Electronic Publishing, München 2016

Grages, Jan-Michael, Verwaiste Werke. Lizenzierung in Abwesenheit des Rechtsinhabers, Tübingen 2013

Grünberger, Michael, Bedarf es einer Harmonisierung der Verwertungsrechte und Schranken?, ZUM 2015, S. 273–290

Grützmacher, Malte, Digitale Umbrüche im Urheberrecht – und ihre Auswirkungen insbesondere bei softwarebasierten hybriden Werke, ZGE 2017, S. 423–446

Haberstumpf, Helmut, Der Ablauf eines Computerprogramms im System der urheberrechtlichen Verwertungsrechte, CR 1987, S. 409–416

Haberstumpf, Helmut, Der urheberrechtliche Schutz von Computerprogrammen, in: Lehmann, Michael (Hrsg.), Rechtsschutz und Verwertung von Computerprogrammen, 2. Aufl., Köln 1993, S. 69–167

Haberstumpf, Helmut, Handbuch des Urheberrechts, 2. Aufl., Neuwied 2000

Haberstumpf, Helmut, Das System der Verwertungsrechte im harmonisierten Urheberrecht, GRUR Int 2013, S. 627–635

Haertel, Kurt, Verwertungsgesellschaften und Verwertungsgesellschaftengesetz, UFITA 1967, S. 1-22

Hagner, Michael, Zur Sache des Buches, Göttingen 2015

Hammerl, Michaela/Kempf, Klaus/Schäffler, Hildegard, E-Books in wissenschaftlichen Bibliotheken: Versuch einer Bestandsaufnahme, ZfBB 2008, S. 68-78

Hänel, Frederike, Die Umsetzung des Art. 6 Info-RL (technische Schutzmaßnahmen) ins deutsche Recht, Frankfurt am Main 2005

Hansen, Hauke/Wolff-Rojczyk, Oliver, Anmerkung zu EuGH, Urt. v. 3. Juli 2012 – C-128/11 – UsedSoft, GRUR 2012, S. 908-910

Harder, Jörn, Digitale Universitätsbibliotheken aus urheberrechtlicher Sicht, Marburg 2007

Hartmann, Thomas, Weiterverkauf und »Verleih« online vertriebener Inhalte, GRUR Int 2012, S. 980-989

Hauck, Ronny, Gebrauchthandel mit digitalen Gütern, NJW 2014, S. 3616-3619

Hassold, Markus, Wille des Gesetzgebers oder objektiver Sinn des Gesetzes – subjektive oder objektive Theorie der Gesetzesauslegung, ZZP 1981, S. 192-210

Heckmann, Jörn/Weber, Marc Philipp, Elektronische Netzpublikationen im Lichte des Gesetzes über die Deutsche Nationalbibliothek (DNBG), AfP 2008, S. 269-276

Heidenreich, Martin, Merkmale der Wissensgesellschaft, 2002, abrufbar unter: <http://www.sozialstruktur.uni-oldenburg.de/dokumente/blk.pdf>

v. Hellfeld, Axel, Sind Algorithmen schutzfähig?, GRUR 1989, S. 471-485

Henke, Hannes, Modernes Lesen in altem Recht – Zur Anwendung des Verlagsgesetzes auf den E-Book-Vertrieb, AfP 2016, S. 393-397

Henke, Hannes, Bestandsaufnahme und Perspektiven des Verleihrechts, in: Hennemann, Moritz/Sattler, Andreas (Hrsg.), Immaterialgüter und Digitalisierung, Baden-Baden 2017, S. 183-197

Heyden, Truiken, Anmerkung zu EuGH, Urt. v. 3. Juli 2012 – C-128/11 – UsedSoft, MMR 2012, S. 591-593

Hilgert, Felix, Keys und Accounts beim Computerspielvertrieb, CR 2014, S. 354-360

Hiller, Helmut/Füssel, Stephan, Wörterbuch des Buches, 7. Aufl., Frankfurt am Main 2006

Hiller, Simon, Buchhandelsstrategien im digitalen Markt. Reaktionen der großen Buchhandelsketten auf technologische Neuerungen, Berlin 2016

Hilty, Reto M., Vergütungssystem und Schrankenregelungen – Neue Herausforderungen an den Gesetzgeber, GRUR 2005, S. 819-828

Hilty, Reto M., Renaissance der Zwangslizenzen im Urheberrecht? Gedanken zu Ungereimtheiten auf der urheberrechtlichen Wertschöpfungskette, GRUR 2009, S. 633-644

Hochschulbibliothekszentrum des Landes Nordrhein-Westfalen (Hrsg.), Deutsche Bibliotheksstatistik 2016 – Wissenschaftliche Bibliotheken – Gesamtstatistik, abrufbar unter: <https://wiki1.hbz-nrw.de/display/DBS/05.+Wissenschaftliche+Bibliotheken+-+Gesamtauswertung+ab+2004>

Hoeren, Thomas, Softwareüberlassung an der Schnittstelle von Urheber- und Vertragsrecht, GRUR 1988, S. 340-349

Hoeren, Thomas, Kleine Werke? – Zur Reichweite von § 52a UrhG, ZUM 2011, S. 369-375

Hoeren, Thomas/Jakopp, Sebastian, Der Erschöpfungsgrundsatz im digitalen Umfeld, MMR 2014, S. 646-649

Hoeren, Thomas/Sieber, Ulrich/Holznagel, Bernd, Handbuch Multimedia-Recht. Rechtsfragen des elektronischen Geschäftsverkehrs Stand: Januar 2018, München (zit.: »Bearbeiter«, in: Hoeren/Sieber/Holznagel, Multimedia-Recht)

Hoeren, Thomas/Wehkamp, Nils, Individualität im Quellcode? Softwareschutz und Urheberrecht, CR 2018, S. 1–7

Hofmann, Franz, Grundsatz der Technikneutralität im Urheberrecht?, ZGE 2016, S. 482–512

Hofmann, Franz, E-Lending – Elektronisches Vermieten und elektronisches Verleihen aus urheberrechtlicher Sicht, ZUM 2018, S. 107–114

Hrubesch-Millauer, Stephanie, Das schweizerische Urheberrecht: Heutige Rechtslage und künftige Entwicklungen. Ein Überblick, in: Schmitz, Wolfgang (Hrsg.), Probleme des neuen Urheberrechts für die Wissenschaft, den Buchhandel und die Bibliotheken, Wiesbaden 2008, S. 49–63

Hurtz, Simon, Jetzt hat sogar Adobe selbst kapiert, dass Flash sterben muss. Kommentar, Süddeutsche Zeitung v. 03.12.2015, abrufbar unter: <http://www.sueddeutsche.de/digital/internet-jetzt-hat-sogar-adobe-selbst-kapiert-dass-flash-sterben-muss-1.2765493>

Immenga, Ulrich/Mestmäcker, Ernst-Joachim (Hrsg.), Wettbewerbsrecht. Band 2. GWB, Kommentar zum Kartellrecht, 5. Aufl., München 2014 (zit.: »Bearbeiter«, in: Immenga/Mestmäcker, GWB)

International Digital Publishing Forum, EPUB Packages 3.1, abrufbar unter: <http://www.idpf.org/epub/31/spec/epub-packages-20170105.html>

Iordanidis, Martin, Digitale Langzeitarchivierung – Risikoebenen und Lösungsstrategien im nachhaltigen Umgang mit digitalen Ressourcen, in: Hinte, Oliver/Steinhauer, Eric W. (Hrsg.), Die digitale Bibliothek und ihr Recht – ein Stiefkind der Informationsgesellschaft?, Münster 2014, S. 141–160

Janello, Christoph, Wertschöpfung im digitalisierten Buchmarkt, Wiesbaden 2010

Jani, Ole, Es gibt keinen Flohmarkt für gebrauchte E-Books, K&R 2012, S. 297–299

Jochum, Uwe, Bücher. Vom Papyrus zum E-Book, Darmstadt 2015

Jotzo, Florian, Der EuGH als Interimsnormgeber im digitalen Urheberrecht, ZGE 2017, S. 447–470

Kämmerle, Andreas, EPUB3 und KF8 verstehen. Die E-Book-Formate EPUB3 und KF8 – Möglichkeiten und Anreicherungen im Vergleich, Tübingen 2012

Kann, Bettina/Hintersonnleitner, Michael, Volltextsuche in historischen Texten, Bibliothek – Forschung und Praxis 2015, S. 73–79

Kappes, Florian, Gesetzliche Vergütungsansprüche bei der privaten Nutzung von computergestützten Informationssammlungen, GRUR 1997, S. 338–349

Karl, Harald, Anmerkung zu EuGH, Urt. v. 23. Januar 2014 – C-355/12 – Nintendo/PC Box, EuZW 2014, S. 306–307

Katko, Peter/Maier, Tobias, Computerspiele – die Filmwerke des 21. Jahrhunderts?, MMR 2009, S. 306–311

Katzenberger, Paul, Elektronische Printmedien und Urheberrecht, AfP 1997, S. 434–442

Kersken, Sascha, IT-Handbuch für Fachinformatiker, 8. Aufl., Bonn 2017

Kirchgäßner, Adalbert, Das Angebot elektronischer Bücher, Bibliotheksdienst 2006, S. 429–438

Kirchner, Hildebert, Bibliotheks- und Dokumentationsrecht, Wiesbaden 1981

Kitz, Volker, Anwendbarkeit urheberrechtlicher Schranken auf das eBook, MMR 2001, S. 727–730

Koch, Frank, Rechtsschutz für Benutzeroberflächen von Software, GRUR 1991, S. 180–192

Koch, Frank, Software-Urheberrechtsschutz für Multimedia-Anwendungen, GRUR 1995, S. 459–469

Koch, Frank, Grundlagen des Urheberrechtsschutzes im Internet und in Online-Diensten, GRUR 1997, S. 417–430

König, Mark Michael, Das Computerprogramm im Recht. Technische Grundlagen, Urheberrecht und Verwertung, Überlassung und Gewährleistung, Köln 1991

König, Robert, Die Wiedergabe von Werken an elektronischen Leseplätzen, Baden-Baden 2015

Kreutzer, Till, Computerspiele im System des deutschen Urheberrechts, CR 2007, S. 1–7

Krüger, Stefan/Biehler, Manuel/Apel, Simon, Keine »Used Games« aus dem Netz. Unanwendbarkeit der »UsedSoft«-Entscheidung des EuGH auf Videospiele, MMR 2013, S. 760–765

Kubach, Laura, Musik aus zweiter Hand – ein neuer digitaler Trend?, CR 2013, S. 279–284

Kübler, Gunhild, Was ist ein Buch?, in: Wunderlich, Werner (Hrsg.), Die Zukunft der Gutenberg-Galaxis, Bern 2008, S. 25–32

Kuhlen, Rainer, Wie umfassend soll/darf/muss sie sein, die allgemeine Bildungs- und Wissenschaftsschranke?, ZGE 2015, S. 77–125

Kuß, Christian, Gutenberg 2.0 – der Rechtsrahmen für E-Books in Deutschland, K&R 2012, S. 76–81

Lachenmann, Matthias, Entwicklungs-, Vertriebs- und Endkundenverträge, in: Solmecke, Christian/Taeger, Jürgen/Feldmann, Thorsten (Hrsg.), Mobile Apps. Rechtsfragen und rechtliche Rahmenbedingungen, Berlin 2013, S. 25–136

Larenz, Karl/Canaris, Claus-Wilhelm, Methodenlehre der Rechtswissenschaft, 3. Aufl., Berlin 1995

Lauber-Rönsberg, Anne, Urheberrecht und Privatgebrauch. Eine rechtsvergleichende Untersuchung des deutschen und des britischen Rechts, Baden-Baden 2011

Lebert, Marie, Project Gutenberg (1971–2008), 2008, abrufbar unter: <http://www.guten berg.org/ebooks/27045>

Lehmann, Michael/v. Tucher, Tobias, Urheberrechtlicher Schutz von multimedialen Webseiten, CR 1999, S. 700–706

Leistner, Matthias/Bettinger, Torsten, Creating Cyberspace. Immaterialgüterrechtlicher und wettbewerbsrechtlicher Schutz des Web-Designers, CR-Beilage 1999, S. 1–31

Lenski, Sophie-Charlotte, Öffentliches Kulturrecht. Materielle und immaterielle Kulturwerke zwischen Schutz, Förderung und Wertschöpfung, Tübingen 2013

v. Lewinski, Silke, Die urheberrechtliche Vergütung für das Verleihen und Vermieten von Werkstücken (§ 27 UrhG). Eine rechtsvergleichende Untersuchung, München 1990

v. Lewinski, Silke, Die Bibliothekstantieme im Rechtsvergleich, GRUR Int 1992, S. 432–444

Lindhorst, Hermann, Schutz von und vor technischen Schutzmaßnahmen, Osnabrück 2002

Loewenheim, Ulrich, Benutzung von Computerprogrammen und Vervielfältigung im Sinne des § 16 UrhG, in: Erdmann, Willi (Hrsg.), Festschrift für Otto-Friedrich Frhr. v. Gamm, Köln 1990, S. 423–436

Loewenheim, Ulrich, Urheberrechtliche Probleme bei Multimediaanwendungen, GRUR 1996, S. 830–836

Loewenheim, Ulrich, Urheberrechtliche Probleme bei Multimedia-Anwendungen, in: Erdmann, Willi (Hrsg.), Festschrift für Henning Piper zum 65. Geburtstag, München 1996, S. 709–724

Loewenheim, Ulrich (Hrsg.), Handbuch des Urheberrechts, 2. Aufl., München 2010 (zit.: »Bearbeiter«, in: Loewenheim, Hdb. d. UrhR)

Maas, Heiko, Kulturelle Werke – mehr als nur ein Wirtschaftsgut, ZUM 2016, S. 207–211

Manovich, Lev, The language of new media, Cambridge 2001

Marly, Jochen, Praxishandbuch Softwarerecht, 7. Aufl., München 2018

Marly, Jochen/Wirz, Anna-Lena, Die Weiterverbreitung digitaler Güter, EuZW 2017, S. 16–19

Melichar, Ferdinand, Die Wahrnehmung von Urheberrechten durch Verwertungsgesellschaften. Am Beispiel der VG WORT, München 1983

Melichar, Ferdinand, Die Begriffe »Zeitung« und »Zeitschrift« im Urheberrecht, ZUM 1988, S. 14–18

Melichar, Ferdinand, Virtuelle Bibliotheken und Urheberrecht, CR 1995, S. 756–762

Merz, Thomas/Drümmer, Olaf, Die PostScript- & PDF-Bibel, 2. Aufl., München 2002

Metelski, Beatrix, Urheberrechtsschutz und Erschöpfung bei Multimediawerken, Köln 2015

Metzger, Axel/Kreutzer, Till, Richtlinie zum Urheberrecht in der »Informationsgesellschaft« – Privatkopie trotz technischer Schutzmaßnahmen?, MMR 2002, S. 139–142

Meyer, Joseph, Meyers großes Konversations-Lexikon, Band 3, 6. Aufl., Leipzig 1907

Mittermaier, Bernhard/Reinhardt, Werner, Die Lizenzierung elektronischer Medien, in: Griebel, Rolf/Schäffler, Hildegard/Söllner, Konstanze (Hrsg.), Praxishandbuch Bibliotheksmanagement, Berlin 2015, S. 205–226

Mittrowann, Andreas, Aktuelle Tendenzen und Herausforderungen beim Bestandsmanagement von Nonbooks und Netzpublikationen in Öffentlichen Bibliotheken, in: Schade, Frauke/Umlauf, Konrad/Becker, Tom (Hrsg.), Handbuch Bestandsmanagement in Öffentlichen Bibliotheken, Berlin 2012, S. 39–69

Möllers, Thomas M. J., Juristische Methodenlehre, München 2017

Monopolkommission, Die Buchpreisbindung in einem sich ändernden Marktumfeld. Sondergutachten 80. Sondergutachten der Monopolkommission gemäß § 44 Abs. 1 Satz 4 GWB, 2018, abrufbar unter: <http://www.monopolkommission.de/images/PDF/SG/s80_volltext.pdf>

Münchener Kommentar zum Bürgerlichen Gesetzbuch, Band 2 (§§ 241–432), 7. Aufl., München 2016 (zit.: MüKo-BGB/»Bearbeiter«)

Münz, Stefan/Gull, Clemens, HTML5-Handbuch, 10. Aufl., Haar 2014

Neuber, Michael, Online-Erschöpfung doch nur für Software?, WRP 2014, S. 1274–1279

OECD, E-books: Developments and Policy Considerations, OECD Digital Economy Papers No. 208, Paris 2012

Oechsler, Jürgen, Das Vervielfältigungsrecht für Prüfungszwecke nach § 53 III Nr. 2 UrhG, GRUR 2006, S. 205–210

Ohly, Ansgar, Urheberrecht in der digitalen Welt – Brauchen wir neue Regelungen zum Urheberrecht und zu dessen Durchsetzung?, NJW-Beil. 2014, S. 47–50

Oprysk, Liliia/Matulevičius, Raimundas/Kelli, Aleksei, Development of a Secondary Market for E-books: The Case of Amazon, JIPITEC 2017, S. 128–138

Orgelmann, Lutz, Die rechtlichen Grenzen der Nutzung von E-Books, Berlin 2017

Peifer, Karl-Nikolaus, Wissenschaftsmarkt und Urheberrecht: Schranken, Vertragsrecht, Wettbewerbsrecht, GRUR 2009, S. 22–28

Peifer, Karl-Nikolaus, Vertrieb und Verleih von E-Books – Grenzen der Erschöpfungslehre, AfP 2013, S. 89–93

Peifer, Karl-Nikolaus, Die gesetzliche Regelung über verwaiste und vergriffene Werke, NJW 2014, S. 6–12

Peukert, Alexander, Der Schutzbereich des Urheberrechts und das Werk als öffentliches Gut. Insbesondere: Die urheberrechtliche Relevanz des privaten Werkgenusses, in: Hilty, Reto M./Peukert, Alexander (Hrsg.), Interessenausgleich im Urheberrecht, Baden-Baden 2004, S. 11–46

Pflüger, Claudius, Gerechter Ausgleich und angemessene Vergütung, Baden-Baden 2017

Picot, Arnold/Janello, Christoph, Wie das Internet den Buchmarkt verändert. Ergebnisse einer Delphistudie, Berlin 2007

Poeppel, Jan, Die Neuordnung der urheberrechtlichen Schranken im digitalen Umfeld, Göttingen 2005

Pohlmann, Hansjörg, Privilegienwesen und Urheber-Recht, UFITA 1961, S. 169–204

Poll, Günter, Neue internetbasierte Nutzungsformen. Das Recht der Zugänglichmachung auf Abruf (§ 19a UrhG) und seine Abgrenzung zum Senderecht (§§ 20, 20b UrhG), GRUR 2007, S. 476–483

Poll, Günter/Braun, Thorsten, Privatkopien ohne Ende oder Ende der Privatkopie?, ZUM 2004, S. 266–279

Prase, Eva, Mediengeschichte Printmedien, in: Altendorfer, Otto/ Hilmer, Ludwig (Hrsg.), Medienmanagement, Band 2, Wiesbaden 2016, S. 153–175

Prengel, Timo, Bildzitate von Kunstwerken als Schranke des Urheberrechts und des Eigentums mit Bezügen zum Internationalen Privatrecht, Frankfurt am Main 2011

Raue, Benjamin, Das subjektive Vervielfältigungsrecht – eine Lösung für den digitalen Werkgenuss?, ZGE 2017, S. 514–538

Rauer, Nils, Entscheidung im Musterverfahren zu § 52a UrhG: Plädoyer gegen die Abschaffung der Norm durch die richterliche Hintertür, GRUR Prax 2012, S. 226–229

Raunig, Michael/Lackner, Elke/Geier, Gerald, Interaktive E-Books – technische und didaktische Empfehlungen. Leitfaden zur Erstellung und didaktischen Gestaltung von E-Books, 2. Aufl., Graz 2016

Redeker, Helmut, Das Konzept der digitalen Erschöpfung – Urheberrecht für die digitale Welt, CR 2014, S. 73–78

Rehbinder, Manfred/Peukert, Alexander, Urheberrecht. Ein Studienbuch, 17. Aufl., München 2015

Rehbinder, Manfred/Schmaus, Stefan, Rechtsfragen beim E-Book-Verlagsvertrag, ZUM 2002, S. 167–171

Reimer, Franz, Juristische Methodenlehre, Baden-Baden 2016

Reschke, Johannes, Die verfassungs- und dreistufentestkonforme Auslegung der Schranken des Urheberrechts. Zugleich eine Überprüfung von § 52b UrhG, Göttingen 2010

Riesenhuber, Karl, Die Auslegung, in: Riesenhuber, Karl (Hrsg.), Europäische Methodenlehre, 3. Aufl., Berlin 2015, S. 199–224

Rippert, Stephan/Weimer, Katharina, Rechtsbeziehungen in der virtuellen Welt, ZUM 2007, S. 272–281

Roth, Wulf-Henning/Jopen, Christian, Die richtlinienkonforme Auslegung, in: Riesenhuber, Karl (Hrsg.), Europäische Methodenlehre, 3. Aufl., Berlin 2015, S. 263–296

Russ, Christian, VerlG. Kommentar, Köln 2014

Sandberg, Georg, Behindert das Urheberrecht den Zugang zu wissenschaftlichen Publikationen?, ZUM 2006, S. 818–828

Sattler, Susen, Der Status quo der urheberrechtlichen Schranken für Bildung und Wissenschaft. Eine Untersuchung anhand der konventions- und europarechtlichen sowie der verfassungsrechtlichen Vorgaben, Baden-Baden 2009

Schack, Haimo, Urheberrechtliche Gestaltung von Webseiten unter Einsatz von Links und Frames, MMR 2001, S. 9–17

Schack, Haimo, Schutz digitaler Werke vor privater Vervielfältigung – zu den Auswirkungen der Digitalisierung auf § 53 UrhG, ZUM 2002, S. 497–511

Schack, Haimo, Rechtsprobleme der Online-Übermittlung, GRUR 2007, S. 639–645

Schack, Haimo, Urheber- und Urhebervertragsrecht, 8. Aufl., Tübingen 2017

Schack, Haimo, Urheberrechtliche Schranken für Bildung und Wissenschaft, ZUM 2016, S. 266–284

Schack, Haimo, Das neue UrhWissG – Schranken für Unterricht, Wissenschaft und Institutionen, ZUM 2017, S. 802–808

Schapiro, Leo, Media Commerce, B. eBooks, in: Bräutigam, Peter/Rücker, Daniel (Hrsg.), E-Commerce, München 2017, S. 514–521

Schippel, Robert, E-Books im Spiegel des Immaterialgüterrechts, MMR 2016, S. 802–807

Schlatter, Sibylle, Der Rechtsschutz von Computerspielen, Benutzeroberflächen und Computerkunst, in: Lehmann, Michael (Hrsg.), Rechtsschutz und Verwertung von Computerprogrammen, 2. Aufl., Köln 1993, S. 169–220

Schmaus, Stefan, Der E-Book-Verlagsvertrag, Baden-Baden 2002

Schmidt, Jan Hendrik, Maximalschutz im internationalen und europäischen Urheberrecht, Göttingen 2018

Scholz, Jochen, Nutzung und Weitergabe digitaler Werke nach der UsedSoft-Entscheidung des EuGH, ITRB 2013, S. 17–21

Schrape, Jan-Felix, Der Wandel des Buchhandels durch Internet und Digitalisierung. SOI Discussion Paper 2011-01, Stuttgart 2011

Schricker, Gerhard (Hrsg.), Urheberrecht auf dem Weg zur Informationsgesellschaft, Baden-Baden 1997

Schricker, Gerhard/Loewenheim, Ulrich (Hrsg.), Urheberrecht. Kommentar, 5. Aufl., München 2017 (zit.: »Bearbeiter«, in: Schricker/Loewenheim, UrhR)

Schröder, Markus, Rechtmäßigkeit von Modchips – Stellt der Vertrieb von Modchips eine Urheberrechtsverletzung dar?, MMR 2013, S. 80–83

Schulz, Julia/Ayar, Zuhal, Rechtliche Fragestellungen und Probleme rund um das E-Book, MMR 2012, S. 652–655

Schulze, Gernot, Werkgenuss und Werknutzung in Zeiten des Internets, NJW 2014, S. 721–726

Schulze, Marcel, Materialien zum Urheberrechtsgesetz, Band 1, 2. Aufl., Weinheim 1997

Schumann, Matthias/Hess, Thomas/Hagenhoff, Svenja, Grundfragen der Medienwirtschaft, 5. Aufl., Berlin 2014

Schweikart, Philipp, Zum Verbraucherschutz im Urheberrecht, UFITA 2005, S. 7-18

Schweyer, Florian, Die rechtliche Bewertung des Reverse Engineering in Deutschland und den USA. Eine rechtsvergleichende Abgrenzung zwischen geistigem Eigentum und Gemeinfreiheit bei der Analyse von Konkurrenzprodukten, Tübingen 2012

Seifert, Fedor, Über Bücher, Verleger und Autoren – Episoden aus der Geschichte des Urheberrechts, NJW 1992, S. 1270-1276

Senftleben, Martin, Grundprobleme des urheberrechtlichen Dreistufentests, GRUR Int 2004, S. 200-211

Sieber, Ulrich, Urheberrechtlicher Reformbedarf im Bildungsbereich, MMR 2004, S. 715-719

Singer, Otto, Aktueller Begriff – E-Books; Deutscher Bundestag – Wissenschaftliche Dienste (Hrsg.), 02/12 v. 23.01.2012

Sjurts, Insa (Hrsg.), Gabler Lexikon Medienwirtschaft, 2. Aufl., Wiesbaden 2011

Sölch, Otto/Ringleb, Karl, Umsatzsteuergesetz. Kommentar. Stand: März 2018, Edition: 82, München (zit.: »Bearbeiter«, in: Sölch/Ringleb, UStG)

Spindler, Gerald, Europäisches Urheberrecht in der Informationsgesellschaft, GRUR 2002, S. 105-120

Spindler, Gerald, Ein Durchbruch für die Retrodigitalisierung?, ZUM 2013, S. 349-357

Spindler, Gerald/Schuster, Fabian (Hrsg.), Recht der elektronischen Medien, 3. Aufl., München 2015

Staats, Robert, Regelungen für verwaiste und vergriffene Werke – Stellungnahme zu dem Gesetzentwurf der Bundesregierung, ZUM 2013, S. 446-454

Stalder, Felix, Kultur der Digitalität, Berlin 2016

Stamatoudi, Irini A./Torremans, Paul (Hrsg.), EU copyright law. A commentary, Cheltenham 2014 (zit.: »Bearbeiter«, in: Stamatoudi/Torremans, EU copyright law)

Statista (Hrsg.), Dossier E-Books, 2017, abrufbar unter: <https://de.statista.com/statistik/studie/id/6689/dokument/e-books-statista-dossier/>

Steinhauer, Eric W., Der Standort des elektronischen Leseplatzes und seine Nutzung in den Räumen der Bibliothek, ZGE 2010, S. 55-74

Steinhauer, Eric W., EU-Kommission will Digitalisierung verwaister Werke ermöglichen – Auswirkungen der geplanten Richtlinie auf Recht und Gesetzgebung in Deutschland, GRUR Prax 2011, S. 288-290

Steinhauer, Eric W., Wissen ohne Zukunft? Der Rechtsrahmen der digitalen Langzeitarchivierung von Netzpublikationen, in: Klimpel, Paul/Keiper, Jürgen (Hrsg.), Was bleibt?, Berlin 2013, S. 61-80

Stieper, Malte, Rechtfertigung, Rechtsnatur und Disponibilität der Schranken des Urheberrechts, Tübingen 2009

Stieper, Malte, Big Brother is watching you – Zum ferngesteuerten Löschen rechtswidrig vertriebener E-Books, AfP 2010, S. 217-222

Stieper, Malte, Import von Nachbildungen geschützter Designermöbel als Verletzung des urheberrechtlichen Verbreitungsrechts, ZGE 2011, S. 227-243

Stieper, Malte, Anmerkung zu EuGH, Urt. v. 3. Juli 2012 – C-128/11 – UsedSoft, ZUM 2012, S. 668-670

Stieper, Malte, Rezeptiver Werkgenuss als rechtmäßige Nutzung – Urheberrechtliche Bewertung des Streaming vor dem Hintergrund des EuGH-Urteils in Sachen FAPL/Murphy, MMR 2012, S. 12-17

Stieper, Malte, Harmonisierung der Urheberrechtsschranken durch den EuGH?, ZGE 2012, S. 443–451

Stieper, Malte, Neuordnung der urheberrechtlichen Geräteabgabe durch den EuGH, EuZW 2013, S. 699–702

Stieper, Malte, Anmerkung zu BGH, Urt. v. 28. November 2013 – I ZR 76/12 – Meilensteine der Psychologie, ZUM 2014, S. 532–534

Stieper, Malte, Digital ist besser – Die Bereitstellung digitaler Inhalte als eigenständiger Vertragstypus?, in: Alexander, Christian/Bornkamm, Joachim (Hrsg.), Festschrift für Helmut Köhler zum 70. Geburtstag, München 2014, S. 729–743

Stieper, Malte, Grenzüberschreitender Zugang zu digitalen Inhalten – oder Reform des europäischen Urheberrechts?, GRUR 2015, S. 1145–1151

Stieper, Malte, Anmerkung zu EuGH, Urt. v. 10. November 2016 – C-174/15 – Vereniging Openbare Bibliotheken, GRUR 2016, S. 1270–1274

Stieper, Malte, Von der Verbreitung »unkörperlicher« Vervielfältigungsstücke zum Recht auf Weitergabe in elektronischer Form, in: Dreier, Thomas/Peifer, Karl-Nikolaus/Specht, Louisa (Hrsg.), Anwalt des Urheberrechts. Festschrift für Gernot Schulze zum 70. Geburtstag, München 2017, S. 107–115

Stöhr, Monika, Gesetzliche Vergütungsansprüche im Urheberrecht, Baden-Baden 2007

Sucker, Reinhard, Der digitale Werkgenuss im Urheberrecht, Tübingen 2014

Süßenberger, Christoph/Czychowski, Christian, Das »Erscheinen« von Werken ausschließlich über das Internet und ihr urheberrechtlicher Schutz in Deutschland. Einige Argumente Pro und Contra, GRUR 2003, S. 489–494

Ulmer, Detlef/Hoppen, Detlef, Was ist das Werkstück des Software-Objektcodes?, CR 2008, S. 681–685

Ulmer, Eugen, Einspeicherung und Wiedergewinnung urheberrechtlich geschützter Werke durch Computer-Anlagen, GRUR 1971, S. 297–303

Ulmer, Eugen, Urheber- und Verlagsrecht, 3. Aufl., Berlin 1980

Ulmer-Eilfort, Constanze/Obergfell, Eva Inés, Verlagsrecht. Kommentar, München 2013 (zit.: »Bearbeiter«, in: Ulmer-Eilfort/Obergfell, Verlagsrecht)

UNESCO, Überarbeitete Empfehlung über die internationale Standardisierung von Statistiken über die Herstellung und den Vertrieb von Büchern, Zeitungen und Zeitschriften, 1985, abrufbar unter: <https://www.unesco.de/mediathek/dokumente/unesco/unesco-empfehlungen>

Urban, Thomas/Carjell, Andreas, Praxishandbuch Multimedia-Marketing, Konstanz 2015

VG Wort, METIS für Urheber. Ihr Weg zur Ausschüttung, Version 1.8, 2018, abrufbar unter: <https://tom.vgwort.de/Documents/pdfs/dokumentation/metis/DOC_Urhebermeldung.pdf>

v. Ungern-Sternberg, Joachim, Die Rechtsprechung des EuGH und des BGH zum Urheberrecht und zu den verwandten Schutzrechten im Jahre 2013, GRUR 2014, S. 209–224

Wadle, Elmar, Geistiges Eigentum. Bausteine zur Rechtsgeschichte, Band 1, Weinheim 1996

Wallenfels, Dieter, 5. Kapitel. Recht der Preisbindung für Verlagserzeugnisse, in: Wegner, Konstantin/Wallenfels, Dieter/Kaboth, Daniel (Hrsg.), Recht im Verlag, 2. Aufl., München 2011, S. 267–301

Wallenfels, Dieter/Russ, Christian, BuchPrG. Kommentar, 7. Aufl., München 2018

Walter, Michael M./v. Lewinski, Silke (Hrsg.), European Copyright Law. A commentary, Oxford 2010 (zit.: »Bearbeiter«, in: Walter/v. Lewinski, European Copyright Law)
Wandtke, Artur-Axel, Schrankenlose Bildung und Wissenschaft im Lichte des Urheberrechts, GRUR 2015, S. 221–227
Wandtke, Artur-Axel, Werkbegriff im Urheberrechts-Wissensgesellschafts-Gesetz, NJW 2018, S. 1129–1135
Wandtke, Artur-Axel/Bullinger, Winfried (Hrsg.), Praxiskommentar zum Urheberrecht, 4. Aufl., München 2014 (zit.: »Bearbeiter«, in: Wandtke/Bullinger, UrhR)
Wang, Victor, E-Books mit ePUB. Von Word zu E-Books mit XML, Heidelberg 2011
Wank, Rolf, Die juristische Begriffsbildung, München 1985
Warner, Ansgar, Das große e-book & e-reader abc, Berlin 2014
Wiebe, Andreas/Funkat, Dörte, Multimedia-Anwendungen als urheberrechtlicher Schutzgegenstand, MMR 1998, S. 69–75
Wischenbart, Rüdiger, Global eBook 2017. A report on market trends and developments, Wien 2017
Zscherpe, Kerstin, Urheberrechtsschutz digitalisierter Werke im Internet, MMR 1998, S. 404–411

Alle angegebenen Internetquellen wurden zuletzt am 03.07.2018 abgerufen.

Weitere Bände dieser Reihe

Band 45: Fei Yang
Die Haftung von Plattformbetreibern für die Mitwirkung an fremden Rechtsverletzungen nach deutschem und chinesischem Recht
2018. 176 Seiten, gebunden
€ 35,– D
ISBN 978-3-8471-0854-2

Band 44: Victoria-Sophie Stracke
Die öffentliche Wiedergabe nach § 15 Abs. 2 UrhG am Beispiel sozialer Medien
2018. 175 Seiten, gebunden
€ 35,– D
ISBN 978-3-8471-0836-8

Band 43: Jan Hendrik Schmidt
Maximalschutz im internationalen und europäischen Urheberrecht
2018. 264 Seiten, gebunden
€ 40,– D
ISBN 978-3-8471-0800-9

Band 42: Lukas Mezger
Die Schutzschwelle für Werke der angewandten Kunst nach deutschem und europäischem Recht
2017. 237 Seiten, gebunden
€ 40,– D
ISBN 978-3-8471-0696-8

Band 41: Dominik König
Das einfache, unentgeltliche Nutzungsrecht für jedermann
2016. 333 Seiten, gebunden
€ 55,– D
ISBN 978-3-8471-0610-4

Band 40: Antonia Kutscher
Der digitale Nachlass
2015. 193 Seiten, gebunden
€ 40,– D
ISBN 978-3-8471-0436-0

Band 39: Jann Hendrik Cornels
Die Schranken des Designrechts
2015. 162 Seiten, gebunden
€ 40,– D
ISBN 978-3-8471-0435-3

Band 38: Bastian Selck
Entschädigungsansprüche und andere Sanktionen vor Vollrechtserwerb im Gewerblichen Rechtsschutz
2014. 146 Seiten, gebunden
€ 35,– D
ISBN 978-3-8471-0318-9

Band 37: Constanze Thönebe
Kunstwerke in der Ausstellungs- und Verkaufswerbung und in Museumskatalogen
2014. 458 Seiten, gebunden
€ 70,– D
ISBN 978-3-8471-0225-0

Vandenhoeck & Ruprecht Verlage

www.vandenhoeck-ruprecht-verlage.com